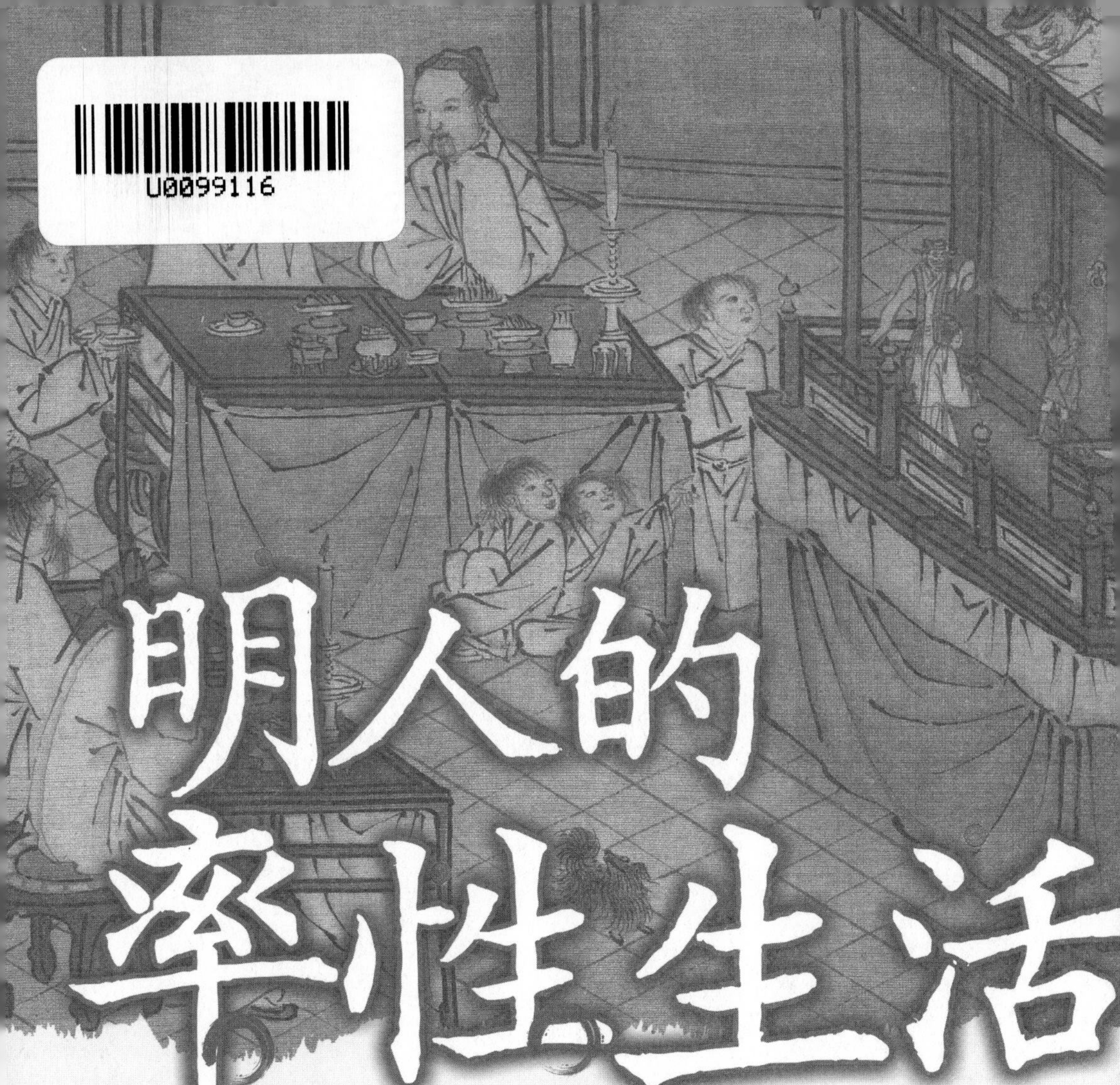

明人的率性生活

在嚴酷《大明律》下的明朝人，都在忙著享受自己的生活！

朝堂上的打打殺殺，
永遠比不上朝堂外的吃喝拉撒！

食鵝的無上誘惑
西湖上的文人交際
納妾與揚州瘦馬
晚明悍婦緣何多
戴「狗頭帽」的浙東墮民

明史
袁燦

前言

明代的開國皇帝朱元璋是個控制欲極強的人，他登基之後，對社會生活的各方面皆加以控制。民眾的飲食、衣著、婚姻、出行、住宅等，無不被打上了他的烙印，無不處於嚴格控制之下。

以衣著為例，總結元代滅亡的經驗，朱元璋認為元代風氣過於奢靡，僭越禮法，一般民眾衣食起居與公卿無異，奴僕往往肆侈於鄉曲，導致「貴賤無等，僭禮敗度」。於是乎，一場生活上的整風運動開始，衣著服飾自然是雷霆所指。

洪武元年（一三六八）二月，朱元璋下詔「復衣冠如唐制」，詳細規定了皇帝、太子、大臣的服裝。此後他又以婦人繡花般的細心，上百次地頒布涉及服飾的各項規定。不但官僚集團的朝服、常服有著繁瑣規定，就連引車賣漿的平民的服飾，朱元璋也親自過問，參與設計，再三修改。洪武三年（一三七〇），他就庶民衣著做了詳細規定。如男女衣服不得用金繡、錦繡，鞋子不得裁製花樣，不准用金線裝飾。佩戴的首飾只准用銀，不許用金玉、朱翠等。

到了洪武六年（一三七三），朱元璋又下令庶民巾環不准用金玉、瑪瑙、琥珀之類。平民的帽子不准用頂，帽珠只許用水晶、香木。朱元璋甚至規定，庶民不准穿靴子。可是北方冬季寒冷，總不能讓平民穿著單薄的鞋子外出吧。迫不得已之下，朱元璋只好做出變通，徐州以北，可以穿靴，以禦寒冬。直到洪武三十年（一三九七），他仍然就衣著問題，不斷加以指導、調整。

在這樣一個充滿控制欲的皇帝的高壓之下，明代前期的社會生活是枯燥壓抑的。到了明代中後期，社會經濟的發展，社會生活的繁榮，曾嚴厲萬分的控制漸漸消融。此時連皇帝也已厭倦了一成不變的穿著，宮廷之內，不論皇帝還是太監，都美滋滋地穿著曾被朱元璋所痛斥的「胡服」曳撒。在民間，打破禮法，隨意穿著的現象比比皆是，也無人擔心被處罰。

到了明代中後期，整個社會呈現出一種開放、多樣的態勢。

在信仰上，呈現出了百花齊放的態勢。各行各業、各地民眾，根據自己的需要和喜好，捧出自己供奉的神來，建個小廟，塑個泥像，自行祭拜。在時尚潮流上，形成了潮流中心蘇州。蘇州流行的吃穿住行、娛樂方式及各類器物，統稱為「蘇樣」，被全國所效法。

此時，就連僧人也按耐不住寂寞了。朱元璋曾禁令僧人娶妻，違禁者民眾可以對其責打，並向其索取錢財。到了明代中後期，僧人已不受限制，一概「葷娶」。在建築上，朱元璋曾就構亭館、開池塘、禁用重栱及繪藻井、顏色使用之類加以規定。到了明代中後期，大量私家園林中出現了違規建造的建築，也無人追究。一切限制生活的規定，此時都被打破，人們對美好生活的追求，終究讓皇權的禁錮消融。

本書從日常飲食、文化娛樂、吃穿住行、民間信仰、女性生活、魚龍江湖等角度，對明代人的率性生活加以展示。之所以稱之為率性，一則，當日的人們敢於打破禮法，引領社會風潮；二則，當日的社會生活中，不管是品茶飲酒，抑或是器物造型、書畫文字，都被演繹到了極致，故而以明人率性生活為本書之名。

中晚明時期是一個動盪而又繁榮的時代。這個時代之中，既有著狂躁、跳躍，也有著內斂、靜思；既有著叛逆、超脫，也有著回歸、守成。這樣的時代之中，無數的生動人物，在日常生活中演繹了無數的精彩故事，又用文字加以記載。後人翻閱明人的筆記，將是一場何其精彩的旅行。這場旅行之中，將一些玩物精細到極致的張岱，會讓你膜拜；將一切禮法打破、特立獨行的屠隆，會讓你心驚。

在明代人的生活史上，這些名字可以被銘記，唐寅、袁中道、王世貞、屠隆、李開先、張岱、汪汝謙、陳洪綬、陳繼儒、達觀、馮夢龍、錢謙益、董小宛等。此外，有一個人不可不提，那就是西門慶，他雖是文學人物，可《金瓶梅》中所反映的卻是明代生活的極致。當然，還有許多將社會生活演繹到極致的人物，但礙於各種限制，在本書之中無法一一寫入。

在電子書籍日益發達的今日，紙質書的閱讀已是心靈上的體驗，是藝術品的鑑賞。本書努力讓讀者朋友們能有一場與明人的對話之旅，一卷在手，融入那極致的明人生活世界之中，徘徊流連。

目錄

第二章：文化娛樂

第三章：超脫的穿住行

第四章：跳躍的信仰

第五章：女性生活

第六章：魚龍江湖

第一章：燕飲歡歌

食鵝的無上誘惑

「鵝，鵝，鵝，曲項向天歌。白毛浮綠水，紅掌撥清波。」

中國人詩歌的啟蒙，就這樣在對鵝的美好印象中開始。可鵝卻很鬱悶，雖然牠的身姿是如此優美，羽毛如此潔白，被文人們所鍾愛。可文人們卻一手提筆，大力吹捧鵝的高雅，一手操刀，要將牠斬殺了吃肉。

當代某畫家為了表現自己的風雅，特意在家中養了隻鵝。這隻鵝精力無限，每日叫個不停，被鄰居投訴。大畫家一怒之下操刀殺鵝。鵝從風雅之物到盤中美食的轉換，就在一念之間。

中國人食鵝的歷史悠久，早在先秦時期，鵝就被視為六禽之一，在歷朝歷代，鵝一直被視為無上佳餚。任何食材，一旦與奢華掛鉤，就有各種千奇百怪的烹調方法；只要與鮮美相連，就難逃饕餮之徒的追殺。於鵝而言，列入珍貴、鮮美食材的行列，也是悲催命運的開始。

歷史上鵝的各般殘酷烹飪方法，足以寫就《鵝的十大酷刑》。南北朝時期，鵝肉被取下後切成細丁，用竹籤串成一條，用急火烤炙後迅速食用，鮮美無比。唐代烹製鵝的方法更加奇特，一種做法是將鵝去毛、去內臟，放入羊腹中縫好，待烤熟後去羊而吃鵝，稱「渾羊歿忽」。也有將鵝放入大鐵籠，中間燒起炭火，外用銅盆盛五味汁。鵝繞火而行，渴了即飲汁，如是輪迴。在炮烙之刑中，鵝最終毛脫盡肉熟，五味汁也滲入鵝之骨髓。

宋代食鵝風氣盛行，達官貴人之間以鵝作為禮物饋贈。南宋臨安每家大飯店的菜單上，必然要列上林林總總的鵝類大菜。《夢粱錄》中收羅了一堆與鵝相關的菜餚，如鵝簽、繡吹鵝、閒筍蒸鵝、鵝排吹大骨、八糙鵝鴨、白炸春鵝、炙鵝、糟鵝等等，讓人食指大動。

宋代還有一道鵝筋飯，《事林廣記》中載「客有赴豪貴之席者，及飯至，食之珍美，不知何米。詢之，則曰鵝足筋細銼為之。以鵝筋入飯，所費鵝不知幾何」。

呂紀《獅頭鵝圖局部》

鵝在明代依然是備受追捧的美食，且明人將鵝的烹製發揮到了極致。《竹嶼山房雜部》中記載了「燒鵝」的三種烹製方法。

「一用全體，遍挼鹽、酒、縮砂仁、花椒、蔥，架鍋中燒之。稍熟，以香油漸燒，復燒黃香。」

「一塗醬、蔥、椒，油澆。」

「一塗以蜜，燒。」

《宋氏養生部》中記載了燒鵝、烹鵝、油爆鵝、油炒鵝、蒸鵝、酒烹鵝及熟鵝酢、生鵝酢等十餘種烹製方法。

朱元璋素來主張節儉，在宮中大吃豆腐，但鵝依然是宮中佳餚的必備之物。祝允明《野記》載：「御膳日用三羊、八鵝。孝宗即位，減，羊一鵝三。」

弘治帝朱祐堂堪稱節儉，仍日用一羊三鵝，飯桌之上，一隻羊是過過場，三隻鵝才是皇帝下筷的地方。

宮廷之中，一年四季，鵝的烹製不斷變換花樣。正月，宮內吃暴醃鵝，也就是今日的鹽水鵝。三月初四，宮內換穿羅衣，皇帝至回龍觀賞海棠，萬象更新之時，自然得來一道嫩筍燒鵝。三月二十八日，皇帝到東嶽廟進香，操勞一番後，來份燒筍鵝補補身體。到了十一月，皇帝的菜譜上又有鵝肫掌，作為滋補之品。

京師市面上有各種燒鵝製品，供京師內的饕餮之徒享用，宮內也不時從街肆上採購燒鵝製品，讓皇帝換換口味。崇禎初年，負責皇室開支的內侍向皇帝做開銷報告。崇禎聽了報告後很是不快，指出：「炙鵝、醃鱘、肉鮓，在某肆市之，錢半百耳！」內侍聽了後無不驚愕，想不到皇帝也知道市面上菜餚的價格。

崇禎與皇后每月都要持齋多次，可持齋之後嘴巴淡了，嫌御膳房做的菜食無味。御膳房的廚師無奈，只好祭出殺手鐧——鵝。廚師將鵝褪毛，「從後穴去腸穢，納蔬菜於中」。然後將鵝放在沸湯中煮熟，取出後用酒洗乾淨，再用麻油烹煮之後獻上。

這道鵝裹蔬菜，香嫩無比，崇禎吃後大為讚賞，也不再提倡什麼節儉了，為國事操勞的心稍得放鬆。

宮中除了日常食用家禽外，在各種祭奠上也需要家禽。為了保證供給，上林苑蓄養了大量的家禽。上林苑所蓄家禽中，鵝的數量最多，以滿足宮廷對鵝的需要。據《棗林雜俎》載，上林苑養鵝八千四百餘，鴨二千六百餘，雞五千五百餘。除了上林苑養的鵝外，各地也將鵝作為貢品進獻，如湖北麻城地區所產的麻城貢鵝。麻城鵝以高粱、綠豆飼養，養成後肉色紅鮮，滋味醇厚，為皇室所喜愛。只是飼養麻城鵝耗時耗力，「一鵝之肥幾人瘦」。

鵝的價格在各類家禽之中最為昂貴。天啟年間，南京市面上：「鵝一隻，錢五百餘文；鴨一隻，錢二百餘文；雞一隻，錢二百餘文；豬肉一斤，錢四十餘文；羊肉一斤，錢四十餘文；牛肉一斤，錢二十餘文。」

一隻鵝可以換兩隻雞，或兩隻鴨，或十餘斤豬、羊肉，或二十餘斤牛肉。

鵝被視作奢侈食物，官員們嘴饞要吃，會壞了官風。故而朝廷派出御史四處巡查，吃飯時間直奔大酒樓包廂而去，探訪可有官員在吃鵝。打鐵必須自身硬，御史們要做出表率，堅持不吃鵝。《湧幢小品》載：「食品以鵝為重，故祖制，御史不許食鵝。」

雖有御史監督，可官員們終究還是俗人，飲食男女，被鵝之美味所吸引也是自然而然的事。為了遮人耳目，官員們吃鵝時，命人將鵝的頭尾去掉，用雞或鴨的頭尾代替，也不怕御史前來巡查。

被查到了，大不了指鵝為雞、鴨。

明代中期以後，皇帝或是胡鬧，或是懶得管事，對官員們的管理不再嚴格。吃鵝已成為官員餐桌上極為平常之食物，士大夫們吃鵝時也不再掩飾。

「御史不許食鵝」的傳統也難以保持，嘴饞的御史們也開始試水吃鵝。據王世貞記載，他的父親王忬從御史職務上離職，賦閒在家時，有巡撫過來拜訪。王忬留客吃飯時招待飯菜很簡單，葷素菜不超過十道。可招待貴客，怎麼也得上一隻鵝啊。「進子鵝，必去其首尾，而以雞首尾蓋之。曰：御史毋食鵝，例也。」

明初文人舉辦宴席時尚有所收斂，唯恐招惹結黨營私的嫌疑。到明代中期以後，宴席漸漸走向奢華。作為六禽之一的鵝，自然是宴席上的必備之物，有「無鵝不成宴」之說。何良俊在《四友齋叢說》中記載，有士大夫請客時一次就殺鵝三十餘隻。《菽園雜記》中記載，常熟有陳某，家境富裕，豪奢無度，設宴請客時每個人前面必有鵝之頭尾，表示一個人就有一隻鵝。

鵝的烹飪方法被演繹到了極致，甚至到了殘酷的地步。無錫有土豪「安百萬」，富甲江左，在吃上面尤為奢侈。為了吃鵝，安百萬特意築了一座莊園，養有「子鵝」數千隻，日宰三四隻。有時安百萬半夜想吃鵝，來不及宰殺，就割下鵝的一肢應急，待他吃罷，鵝尚未死。若是明代有動物保護主義者，必然要憤慨萬分地去解救被虐殺的鵝了。

在明代的食譜中，不時可以看到「子鵝」的記載。「子鵝」是古代名貴的食用鵝，白居易有詩云「粽香筒竹嫩，炙脆子鵝鮮」。《戒庵老人漫筆》中載，金罈的子鵝「擅江南之美」，子鵝色白且肥，肉味鮮美，士大夫以此為招待賓客的佳饌，有條件的都要建個養鵝場。

鵝在明代地位尊崇無比，至正餐開始時，如果第一道菜是鵝，則證明此宴席是上等酒席。《金瓶梅》中，西門慶迎娶李瓶兒為妾，擺下酒宴請親友，正餐的頭一道就是燒鵝下飯。

西門慶為兒子擺滿月酒，第一道大菜又是鵝，「須臾，酒過五巡，湯陳三獻。廚役上來割了頭一道小割燒鵝」。其他講體面的人設宴，也離不開鵝。喬大戶的娘子宴請吳月娘，「廚役上來獻了頭一道水晶鵝，月娘賞了二錢銀子」。

《金瓶梅》中宴席的設置、鵝的吃法，與今日又有不同。《金瓶梅》中所描述的宴席，一般是兩人一桌，首席一人一桌，宴席上三湯五割。五割之首，就是燒鵝，之後依次才是鴨、雞、豬、羊，「五割」都是整隻，由廚師切割後分給客人取食。

在商業來往中，請客吃飯如果不上道鵝，這生意就沒法談了。《見聞樂紀》載，浙江桐鄉烏、青二鎮地方上的牙人（中間商）以招商為業，有富商至時，牙人熱情款待，「割鵝開宴，招妓演戲以為常」。鵝一上，自然財源滾滾，黃金萬兩。

杭州人喜歡吃鵝，據嘉靖中期統計，「約日屠（鵝）一千三百有奇」。每日清晨，西湖邊上開始屠鵝，哀號之聲不絕於耳。一些遊湖的士人聽了後於心不忍，可一看到餐桌上的美味鵝肉，就忘了鵝的哀號。

鵝除了食用之外，在南方，如紹興等地，還被用作祭品。逢年過節，在供桌上鵝斷不可少。紹興地方上用來祭祀的鵝，要用精穀餵養，稱「棧鵝」。之所以如此稱呼，是因為養鵝時要用竹柵將其圈養，使暗伏不見天日，這樣養出來的鵝品相佳，肉味好。鵝也是訂婚時男方饋送的禮物，萬曆《山陰縣誌》中載「具豬鵝茶餅之類饋送」。

鵝也是社會交往中的饋贈物品，走親訪友，不帶上一隻鵝當禮物都上不了檯面。一名窮酸秀才節衣縮食買了隻鵝給學官。可逢年過節，學官家裡的鵝收得多了，看著又有隻鵝送來，學官無奈地道：「我受你的鵝，又無食與牠吃，可不餓死？欲待不受，又失一節，如何是好？」意思是，收了你的鵝，家裡沒那麼多糧餵，不收又是不給你面子，我真是左右為難。

秀才很是精明，趕緊道：「請師傅收下，餓（鵝）死事小，失節事大。」

吃鵝風氣盛行，也與鵝的藥用價值相關。《飲膳正要》認為：「鵝味甘平，無毒，利五臟。」鵝肉性平味甘，益氣補虛，和胃止渴，可治虛羸。鵝肉雖是好東西，能滋補身體，不過《本草綱目》中載：「鵝，氣味俱厚，發風發瘡，莫此為甚。」

據此，民間認為吃鵝會導致動火發瘡，發疽之人應當忌食，由此也催生了徐達吃鵝肉身死的傳說。傳說徐達長了背疽，正在小心養病時，朱元璋賜下蒸鵝一隻，徐達只好含淚吃鵝，不久疽發身亡。其實發疽之後，只是忌食鵝肉，偶爾吃上一次也不會致命。徐達之死與吃鵝肉無關，只是病發而死罷了。

到了後世，隨著食材的豐富，食量大、養殖成本高的鵝，不再那麼討喜，鵝的烹製方法也開始趨於單調。

西門慶的美酒

杯中天地廣闊，酒裡乾坤無限，一壺濁酒，足以映射明人生活。

酒、鹽，在明以前都是政府專賣，是政府的重要稅源。歷史上，一些軍閥為了籌集軍費，設坊釀酒創收。

讓人驚訝的是，控制欲望無窮的朱元璋，對於酒水竟然沒有加以管制。朱元璋未稱帝時，攻擊元王朝以酒水專賣擾民；做了皇帝後，自然不能前後矛盾，落人話柄，乾脆取消了酒水專賣。酒水一放鬆控制，民間釀酒隨之發達起來，各地出產了能讓人忘情的好酒。

酒色不分家，《金瓶梅》中自然不能缺了美酒。那麼，西門慶日常飲用的是什麼酒？他最喜歡的又是什麼酒？

要回答這個問題，先要簡要回顧一下「酒史」。

先秦以降，人們所飲主要是發酵酒。發酵酒分為「濁」與「清」二種，濁酒用曲量較少，投料較粗，發酵期短，酒液渾濁，味甜酒精度低，稱「白酒」（也稱濁醪）。因為未過濾乾淨的濁酒上常漂浮著米渣，又被文人戲稱為「浮蟻」。

清酒用曲量較多，投料較精，發酵期較長，酒液清澈，故稱「清酒」。優質的發酵酒，色黃，被稱為「鵝黃」。發酵酒中高等級的鵝黃，釀造工藝完備，時間長遠，顏色深醇，被稱為「老酒」。

西門慶混出了名堂，很多人為了討好他，送禮給他。《金瓶梅》第十五回中，三個穿青衣黃板鞭者，手裡捧著一個盒兒，盛著一隻燒鵝，提著兩瓶老酒，吆喝著：「大節間來孝順大官人貴人。」

此處老酒，必然是黃酒中的佳品了，不然也入不了西門慶的法眼。

明代廉價的濁酒依然存在，仍稱「白酒」，此白酒與今日白酒完全不同。很多地方出產的濁酒，都冠以「白」字，如惠山白、秋露白、花露白等。白酒色澤渾濁，略顯白色，價格低廉，「黃酒價貴買論升，白酒價賤買論斗」。也有使用紅麴釀造的酒，色澤鮮紅，稱為「紅酒」，「紅酒桃花色，東風吹更鮮」。

在《金瓶梅》中可見白酒的描寫，潘金蓮讓秋菊：「取白酒來與你爹吃。」結果秋菊拿來的白酒沒有加熱，被潘金蓮一通大罵。秋菊則抱怨，西門慶最近常吃冰鎮的白酒，不想今日改了口味。西門慶請胡僧吃飯，打開腰州精製的紅泥頭，將滋陰摔白酒倒在倒垂蓮蓬高腳鐘內，遞與胡僧吃。

豆酒也是發酵酒的一種，多出自南方，以綠豆為曲釀成，又稱「綠豆酒」。《客坐贅語》中認為，紹興、淮安兩地的豆酒最佳，淮安所產綠豆酒被稱為「綠珠香液」。紹興陳家、朱家所釀豆酒品質最佳，徐渭稱讚道：「陳家豆酒名天下，朱家之酒亦其亞。」

《金瓶梅》第七十五回中，荊都監送了一罈豆酒給西門慶。西門慶讓家人打開嚐嚐味道如何，「呷了一呷，碧靛般清，其味深長」。

第七十九回中，西門慶到燈市鋪子內吃酒，「鋪內有南邊帶來的豆酒，打開一罈，擺在樓上」。明代有「越酒行天下」之說，南邊帶來的豆酒，很可能就是紹興豆酒。

不過豆酒卻不是西門慶的最愛，他最喜歡的酒是金華酒。

王士性在《廣志繹》卷四之中，總結了浙江的四大物產，「嚴之漆，衢之橘，溫之漆器，金之酒」。

金之酒，即金華酒。

金華酒在明代聲名遠播，為宴席上必備之物。金華酒屬黃酒，品質在全國領先，王世貞曾評價金華酒「色如金，味甘而性純」。金華酒之佳，以上層社會舉辦酒宴時，「士大夫所用惟金華酒」。致當時有「杜詩顏字金華酒，海味圍棋左傳文」之說。

《金瓶梅》第一回中，西門慶與人結拜，「叫家人來興兒買了一口豬、一口羊、五六罈金華酒和香燭紙劄、雞鴨案酒之物」。

談情說愛時，少不了金華酒。西門慶與李瓶兒兩個，相憐相

陳洪綬《蕉林酌酒圖》（局部）

愛，邊飲著金華酒邊說話，到半夜方才上床就寢。到次日起來，李瓶兒想喝酒，就將「昨日剩的銀壺裡金華酒篩來」。拿甌子陪著西門慶吃酒。此處的甌子，在北方官話中指小盅、小杯子，有茶甌、酒甌之類。

金華酒還是佐餐的必備品，《金瓶梅》第三十五回中，月娘吩咐小玉：「屋裡還有些葡萄酒，篩來與你娘每吃。」

金蓮快嘴說道：「吃螃蟹，得些金華酒吃才好。」金華酒佐食螃蟹，在明人看來是最好的飲食搭配，這也說明了金華酒的品質之佳。

不過，在蘇州酒崛起、蘇州戲流行之後，浙江的金華酒與弋陽戲地位便下降了，甚至被稱為「兩厭」之物。蘇州所出的酒是發酵酒中的精品，顧家三白酒、秋露白等黃酒是其主打產品，風靡一時。《金瓶梅》中不見有蘇州美酒的描寫，所涉及的多是浙江酒，大約作者寫作時蘇州酒業尚未發達。

葡萄美酒也是西門慶的所好。

葡萄酒因其美味，歷來被作為御用物品進貢。至明代，素來簡樸的朱元璋以勞民傷財為由，下令停止從太原及西域進貢葡萄酒。葡萄酒雖不再屬於貢品，不過因其美味爽口，在民間還是有一定消費。

《金瓶梅》對葡萄酒有描寫，第十九回中，西門慶吩咐春梅：「把別的菜蔬都收下去，只留下幾碟細果子兒，篩一壺葡萄酒來我吃。」春梅篩上酒來，兩個一遞一口兒飲酒咂舌，咂得舌頭一片響。在劉太監莊上做客時，西門慶看到杯中尤物，不能自禁，「灌了十數杯葡萄酒」，以至於在馬上時就要嘔吐。

十一月仲冬天氣，西門慶在奶娘如意兒屋裡過夜，如意兒準備弄點金華酒篩給他吃。西門慶道：「下飯你們吃了吧，只拿幾個果碟兒來，我不吃金華酒。」並吩咐丫鬟繡春：「你打個燈籠，往藏春軒書房內，還有一罈葡萄酒，你問王經要了來，篩與我吃。」這一罈葡萄酒，不存放在西門慶藏酒的庫房，卻存在書房，以備隨時取用。葡萄酒取來後，打開篩熱了，斟在酒鐘內，「西門慶嚐了嚐，十分清美」。

蒸餾酒在中國釀製的時間眾說紛紜，有唐宋說，也有元代說。到了明代蒸餾酒釀造技術已經成熟，蒸餾酒消費也已普及。蒸餾酒被稱為「燒酒」或者「火酒」。燒酒使用大麥、高粱等原料，經過蒸餾而得，「其清如水，味極濃烈」。燒酒的優點是能長久儲存，在一些釀酒業不發達的地區，可以大量採購存儲。燒酒的易儲存性與口感，也讓作為酒類後輩的它地位提升，與黃酒並重。

北方地區流行用高粱釀製燒酒，高粱作為食物，口感較差，但適宜釀製燒酒。京師出產的燒酒尤其辛辣，「不啻無刃之斧斤」，被好酒之徒稱為「燒刀」。京師一帶製作燒酒的作坊稱「燒鍋」，燒鍋即今日二鍋頭的始祖。至於南方，則使用大麥、糯米釀製燒酒，口味更為醇和，廣東番禺地方流行用薯類釀造燒酒。

二流子韓二跑到哥哥韓道國家中，向嫂子王六兒討酒吃，說道：「嫂，我哥還沒來哩，我和你吃壺燒酒。」一幫閒應伯爵為了將轎夫灌醉，買了三分銀子燒酒，足見燒酒酒性之烈。永福寺中「只有幾個僊賴和尚，養老婆，吃燒酒」，和尚吃了烈酒，將佛性抛在腦後，縱情聲色去了。

胡僧賜給西門慶藥丸時，囑咐他要用燒酒服下。此後西門慶每服用藥丸時，都要用燒酒送服，酒性、藥性一起發作，渾身燥熱難當。此處燒酒被拿來作藥引，以催發藥性。明代還有一種蟠桃酒，用人乳等釀成，藥性更烈。蟠桃酒釀造太費時力，屬皇室高官的專用酒，西門慶這種地方土豪縱使富有財力也消費不起。

西門慶平日裡黃酒吃多了，不時會吃燒酒換換口味。某日西門慶給了姘頭王六兒五錢銀子，囑咐她買一瓶南燒酒來吃。王六兒笑道：「爹老人家，別的酒吃厭了，想起來又要吃南燒酒了。」這南燒酒，自然是南方出產的高度酒了。紹興所產南燒，是黃酒過濾後的酒糟，經過蒸餾回收而成，稱「糟燒」或「紹燒」，酒性濃烈，格外誘人。

明代燒酒的飲用方式很多，以優質高粱酒為酒基，加入珍貴藥材，經過加工之後，形成了竹葉青露酒，色澤微綠透明。傳說紹興東浦有家竹葉青酒坊，牌號「孝貞」，係正德皇帝所題。紹興所產的竹葉青，以本地糟燒浸泡而成，口味極其辛辣。

西門慶送了一罈竹葉青給姘頭王六兒，特意介紹：「是個內臣送我的竹葉清酒哩，裡頭有許多藥味，甚是峻利。」

「峻利」二字，點明了竹葉青的辛辣特點。

在燒酒中浸泡花瓣，提高酒的香氣與利口性，在明代頗是流行，所使用的花有菊花、茉莉花、玫瑰等。

一次，西門慶開了庫房，拿出一罈菊花酒來。打開碧靛清封泥，酒香噴鼻滿庭香。西門慶未急著飲酒，先攙了一瓶涼水，以去其蓼辣之性，然後貯於布甑內，篩出來，醇厚味好，又不輸葡萄酒。紹興釀酒時使用辣蓼草，「蓼辣之性」是紹興酒的特徵，所以要攙涼水。

西門慶家中還有茉莉花酒。西門慶看到玳安買了一罈金華酒回來，就叫道：「啊呀，家裡見放著酒，又去買。」並吩咐玳安：「拿鑰匙，前邊廂房有雙料茉莉酒，提兩罈攙著這酒吃。」

至冬季，西門慶時常飲「頭腦酒」，這是一種將肉圓、餛飩、雞蛋等食物與酒水混在一起飲用的酒。

一日，西門慶起早，何千戶來了，兩人吃了頭腦酒，起身同往郊外送侯巡撫去了。西門慶至京師時，何太監在宮中值班房招待西門慶，道：「我曉得大人朝下來，天氣寒冷，拿個小盞來，沒甚麼肴，褻瀆大人，且吃個頭腦兒罷。」

西門慶女婿陳經濟與愛姐勾搭上，愛姐的母親便安排了雞子、肉丸子，做了個頭腦酒給他吃了暖身。

頭腦酒有諸多別稱，如投腦酒、腦兒酒、頭腦湯、惱兒酒等，主要功效是冬日用來暖身。《湧幢小品》載：「凡冬月客到，以肉及雜味置大碗中，注熱酒遞客，名曰『頭腦酒』，蓋以避風寒也。」至於頭腦酒的來歷，有云，朱元璋體恤下屬，冬至後以頭腦酒賜給殿前將軍、甲士禦寒。

頭腦酒的飲法也被民間所仿效，早上飲用，充作早餐，做法多是用熱酒沖泡食物。酒，是甜酒。所用食物，各地不一，一般都有肉丸、雞蛋、餛飩之類。四川地方上的頭腦酒是用熱酒沖泡豆干、蔬菜、肉食等而成。

西門慶也時常飲用羊羔酒，此酒歷史久遠，至明代仍十分流行。高濂《遵生八箋》中記載了羊羔酒的製法，取米一石，依照通常辦法浸漿。再取肥羊肉七斤，酒麴十四兩（諸曲皆可），將羊肉切成四方塊形，煮爛後與杏仁一斤同煮，去掉羊肉，留下湯汁，與米飯、酒麴拌勻，加木香一兩釀酒。十天之後可以釀成，「味極甘滑」，脂香濃郁。《事物紺珠》中載：「羊羔酒出汾州，色白瑩，饒風味。」

《本草綱目》中認為羊羔酒大補元氣，健脾胃，益腰腎，對食欲不振、腰膝痠軟等症狀有良好效果。羊羔酒在當時很受歡迎，西門慶這種縱欲過度之徒，自然要時常飲用羊羔酒了。

《金瓶梅》中有許多羊羔酒的記載，如：「堂中畫燭高燒，壺內羊羔滿泛」「黃昏誤入銷金帳，且把羔兒獨自斟」「丫鬟篩上酒來，端的金壺斟美釀，玉盞泛羊羔」「酒泛羊羔，寶鴨香飄」「須臾，圍爐添炭，酒泛羊羔，安排上酒來」。

《金瓶梅》中關於飲酒的場景描寫較多，其中最常見的臺詞是：「篩酒吃。」篩酒吃，是先將酒加熱，然後再將酒過濾。明代所飲的主要是黃酒，飲用時加熱，再濾去其中的雜質。利瑪竇在中國時發現，中國人喜歡將酒加溫後再喝，歐洲人則冷飲。比較起來，利瑪竇更喜歡中國人的飲酒方式，認為利於健康。

《金瓶梅》第三十五回中，西門慶命來安兒，將金華酒用銅甑兒篩熱了拿來。第四十二回中，琴童用「銅布甑兒篩酒」。此處的銅甑兒是溫酒器，能裝熱水溫酒，至於「銅布甑兒」中的布，則用來過濾酒中的渣滓。

篩酒還有斟酒的意思，第二十二回中西門慶陪應伯爵吃酒，拿小銀鐘篩金華酒，每人吃三杯，還剩下半壺。第五十回中，平安篩了一甌子酒，遞與玳安道：「你快吃了，接爹去罷。」

《金瓶梅》中還有諸多狂歡濫飲場面的描寫，也是當日飲酒風氣的反映。成化之後，隨著社會風氣的放開，世家子弟一改往昔淳厚拘謹的風格，「多事豪飲，以夜為晝」。至明代晚期，士人嗜酒成風，甚至出現了飲酒排行榜，有酒王、酒相、酒將、酒後、酒孩兒之稱。每次聚會都狂飲無度，「然既醉則歡嘩沸騰，杯盤狼藉」。

酒是色媒人，風流如西門慶，自然離不開美酒佳釀。西門慶飲酒沒有特別的偏好，什麼酒都喝，且時常換換口味，嚐嚐新鮮，就如同他在女性上喜新厭舊一般。西門慶所飲用的酒水，以浙江釀造的居多。考慮到西門慶的身分地位，浙江酒因其品質優良而在上流社會中流行，西門慶多飲浙江酒也是正常不過。只是《金瓶梅》中甚少出現山東本地美酒，不知是作者有意而為，還是作者不喜山東酒。

饕餮之欲：胡椒與辣椒

饕餮之欲的追求，不死不休。味蕾的刺激，美食的誘惑，讓一些來自偏遠地區的香料，出現在中國人的餐桌上。

在胡椒、辣椒傳入前，中國人對辣味的認識，是以「辛」來表達的。《呂氏春秋》中載「調和之事，必以甘、酸、苦、辛、鹹。」在胡椒、辣椒傳入中國之前，花椒、薑、食茱萸是民間使用的主要辛辣味調料，稱「三香」。

花椒是三香之首，也是最早使用的辛辣調料，屈原《九歌》中記載了花椒泡醋的飲食習俗。三國時陸璣《詩疏》中載，蜀人作茶，吳人作茗時，都要放花椒煮飲。薑的使用，歷史悠遠，《呂氏春秋》中載「陽朴之薑」。食茱萸中的小白點，被蜀人稱為「艾子」。漢晉時期，蜀人將艾子搗碎後取汁烹調菜餚，味道辛辣。宋代四川人喝酒時，以「艾子」一粒投入，頓時香滿盂盞。

花椒、薑、食茱萸味道雖辛，辣味與胡椒相比卻不足。

胡椒原產自印度、東南亞，其精確傳入中國的時間已不可考。

在晉代的《博物誌》中就有胡椒酒的製作方法，可見其傳入中國的時間不會晚於晉代。胡椒傳入時，被視為良藥。葛洪則在《肘後備急方》中記載：「孫真人治霍亂，以胡椒三四十粒，以飲吞之。」這卻是良藥辣口了。

胡椒分為黑胡椒、白胡椒。將採下的鮮果堆在一起發酵，或用滾水浸泡數分鐘後，使其顏色發黑，曬乾即為黑胡椒。將摘下的胡椒鮮果放在布袋中，置於流水中浸泡幾日，使外皮腐爛，再用清水沖去果皮，曬乾後即為白胡椒。乾胡椒磨成粉，即為胡椒粉。

胡椒輸入中國後，其濃郁的香味，醇厚的辣勁，讓中國人的味蕾立刻跳躍起來。胡椒在中國古代屬於奢侈品。唐代胡椒被視為珍稀藥物，只有在「胡盤肉食」中才使用胡椒。權臣元載失勢，被抄沒家產時，「得胡椒九百石」。

宋元時期，胡椒依賴於進口，價格昂貴，專屬於上層社會使用。南宋紹興二十六年（一一五六），三佛濟國一次進貢胡椒萬斤。元代時，馬可波羅在其遊記中記載，杭州每日所食胡椒四十四擔，每擔價值二百二十三鎊。

當中世紀的歐洲人用胡椒烹製大塊的肉時，卻不知東方的清雅之士，正將漂洋過海而來的胡椒，演繹出了多種充滿格調的食用方法。可以在茶中來點胡椒，茶香與胡椒香一起繚繞彌漫，勾起人的食欲。後世的茶葉蛋，大約是從此中發展而出。胡椒也可煮酒，甜酒辣香，別有風味。食用胡椒是身分及有品味的生活的象徵，士人或土豪出門，身上都要沾些雅嚐胡椒後留下的香味。今日阿拉伯的王子們，據說身上會噴種類似胡椒味的香水，卻不知千年前中國人已這麼做過。

明代，透過朝貢貿易，中國獲得了所需的各類物品，其中就包括胡椒等香料。由於明王朝「厚往薄來」的政策，朝貢國能獲得較高利潤，因此對朝貢十分積極。一百斤胡椒在蘇門答臘不過銀一兩，運到中國後能賣到二十兩的高價。雖然明王朝規定三年一貢或一年一貢，但因被利潤所吸引，各國還是頻繁派遣使團來華朝貢，並進行貿易。朝貢物品中，香料居多，如洪武十一年（一三七八），彭亨國王貢物中有胡椒兩千斤、蘇木四千斤等。洪武十五年（一三八二），瓜哇貢物有胡椒七萬五千斤。來華使團還可以攜帶私人物品，這部分物品或由朝廷作價收購，或在市場上進行貿易。

鄭和下西洋的主要目的就是採辦香料。如柯枝國「土無他產，只出胡椒，人多置園圃種椒為業」，蘇門答臘國「胡椒廣產」。

在一些蠻荒之地，因為土著不知香料為何物，鄭和甚至親自帶領隨從入山採集香料。靠近滿剌加國（馬來西亞）的熱帶雨林中盛產沉香，但當地民眾並不知道這些天價香料的價格。永樂七年，鄭和派人進山采到沉香六株，這些沉香香清味遠，黑花細紋，實屬罕見。

由於各國頻繁來華進貢，導致香料堆積如山，皇帝遂將香料或賞賜給臣子，或抵官俸。永樂十三年（一四一五），朝廷將胡椒折算為布匹，賞賜給駐京各衛軍士。絹一匹折胡椒四兩，布一匹折胡椒三兩。永樂二十二年（一四二四），賞賜給漢王、趙王、晉王各胡椒五千斤、蘇木五千斤。明仁宗洪熙元年（一四二五），確定了賞賜標準：「旗軍校尉將軍力士等胡椒一斤、蘇木二斤。」

明初，胡椒被視為與人參、燕窩等價，官商之間彼此來往時，一斤胡椒，成為厚禮。胡椒身價昂貴時，甚至可以抵價給朝廷繳納田賦，與白銀、布帛一樣成為硬通貨。胡椒的保值特徵，使它被權貴之家囤積。太監強尼被籍沒家產時，竟然搜出胡椒數千石。

《金瓶梅》中，西門慶想蓋房子時，李瓶兒將自己藏著的四十斤沉香、二十斤白碧、兩罐子水銀、八十斤胡椒拿出來賣，替他湊錢蓋房子。

香料貿易的巨大利潤，吸引了民間冒險者們從事走私貿易，「湖海大姓私造海船，歲出諸番市易」。成化十四年（一四七八），江西商人方敏三兄弟採購了一批瓷器到廣州販賣，遇到廣東商人陳佑等人，幾人一拍即合，合謀進行走私貿易。出海之後，換回大批胡椒、沉香、烏木等香料，被朝廷截獲。

為了能進行貿易，一些走私者冒充官方使臣，至東南亞各國進行貿易。明憲宗年間，福建商人邱弘敏帶了一批手下出海，自稱朝廷使臣，至海外拜見他國國王，並令妻子謁見國王夫人，得了許多珍寶返回。被香料的暴利所吸引，官員們也不甘示弱，利用出使的機會，私下攜帶貨物回國販賣。

明代中後期，胡椒也開始出現在普通民眾的餐桌之上。

負責稽查走私的沿海諸軍，更與駐地附近的子弟一起進行走私，「假名公差，陰實為盜」。中國的走私者冒充朝廷使臣，而東南亞各國的走私者亦不甘落後，冒充使臣來華者不在少數。洪武七年（一三七四），就有暹羅商人冒充貢使團想將香料高價賣出，只是被明王朝識出，未能得逞。

至明代後期，在一些沿海城市，朝廷放鬆了控制，使香料貿易合法化，同時課以重稅，來彌補國庫虛空。據推算，每年運送至中國的胡椒達五萬袋，重兩千噸，蘇木每年的進口數量多至三百噸。福建漳州香料遍佈，以致「香塵載道，玉屑盈衢」。

利瑪竇觀察到，胡椒等物品是從他國進口的，隨著進口的數量多了價格也在下跌。

香料的大量湧入，也使這些昔日的珍稀物品走入尋常百姓家，也有人因販賣香料而致富。永樂年間，各國朝貢使團頻繁來華，香料積壓甚多。一些有頭腦者把握機遇，將香料推廣於平民，靠著廣大的平民消費而致富。

此時胡椒被普遍食用，不但宮廷、官吏階層食用，一般平民也普遍食用，「胡椒今遍中國食之，為日用之物也」。在烹調魚肉等食材時，胡椒被大量使用，以壓制腥味。對胡椒的用法，明代有較多介紹。《遵生八箋》中就介紹了使用胡椒的菜餚做法。

「蟹生」，將生蟹剁碎，用麻油熬熟，冷卻後，先加入胡椒、花椒末、茴香、砂仁等，再加蔥、鹽、醋，共十味，拌均，即時可食。

「酒發魚法」，將大鯽去魚鱗、腸胃，不用水洗滌，以布抹乾，每斤魚用神曲一兩、紅麴一兩，拌炒鹽二兩，胡椒、茴香、川椒、乾薑各一兩，拌勻後裝入魚空腹內，然後裝入罈中用泥封好。

在明人看來，胡椒具有藥用價值，可以治癒疾病。《本草綱目》認為胡椒「實氣，味辛，大溫，無毒」。李時珍羅列了一堆胡椒的藥用價值，如治療霍亂、牙痛、心腹痛、冷氣上沖等，甚至可以壯腎氣。

古人還發展出了胡椒的軍事用途，與現代催淚瓦斯類似，名目眾多，如「賊點頭」之類。「賊點頭」是將胡椒等物裝入竹筒中製成，臨陣時百枚齊發，「賊著此藥，眼即立瞎，噴涕不已，何暇對敵，可不戰而擒矣」。

中世紀歐洲的有錢人被稱為「胡椒袋子」，窮人則被人輕蔑地形容為「他沒有胡椒」。胡椒高昂的價格促使葡萄牙人前往東方探險。一四九九年，達加馬探險隊的剩餘船隻返回里斯本，傳言船上裝有大量胡椒。當日里斯本的胡椒價格跌落一半，經營胡椒的商人紛紛破產，產生了「對胡椒的詛咒」。歐洲各地，如威尼斯等城市，胡椒價格也暴跌。

哥倫布在南美發現辣椒時，一度將它視為「印度胡椒」，可辣椒終究非胡椒。當價格便宜，味道強烈，適種性更強的辣椒出現後，胡椒被從調味品之王的寶座上拉下來。

明代後期，大約十六世紀末，辣椒開始傳入中國，對辣椒的最早記載見於《遵生八箋》，「番椒，叢生，白花，子儼禿筆頭，味辣，色紅」。徐光啟的《農政全書》載：「番椒，亦名秦椒。色紅鮮可觀，味甚辣。」

初期辣椒被重視的是它的花，而不是它的果，辣椒被當作觀賞植物栽種。不久，中國出現了第一個吃辣椒的人，在一聲驚呼中，一種新的、刺激的食物被發現。

辣椒在明末傳入中國後，很快在各地種植。辣椒具有較佳的生態適應性，對氣候、土壤、日照要求不高，抗旱能力較強，在中國絕大部分地區都能種植並獲得較好收成。與辣椒相比，花椒、薑、食茱萸等傳統香料辛辣程度不足。辣椒中含有辣椒素，「其味最辣」，能刺激唾液分泌，增進食欲，成為辣味之王。

辣椒可能是從墨西哥傳入呂宋；再傳至中國，最早傳入中國的地點應是浙江、福建等沿海地區。在大航海時代，呂宋是中西方貿易的重要中轉站，有大批華人在此聚集經商。在頻繁的貿易之中，南美作物被華人帶入中國。正是由於辣椒係從海路傳入，迄今四川、貴州仍稱辣椒為「海椒」。

辣椒的引入，使得原先的「甘、酸、苦、辛、鹹」五味發生改變，辣取代了辛，組成新的五味譜。隨著辣椒的普及，此後中國人食譜上花椒之類所占的比例開始下降。

董小宛的美食

想俘虜男人的心，那就俘虜他的胃。董小宛深知此點，她費勁心思製作出了無數美食，可男人的心卻還是很難抓獲。

天啟三年（一六二三），董小宛出生。她天資聰穎，貌美如花，可她偏偏淪落青樓，「籍秦淮」，名隸南京教坊司樂籍。成年之後，她遷居於蘇州半塘。冒辟疆說她雖處風塵之中，豔名遠播，但這卻非她本色。

董小宛十六歲時，一才子扁舟渡江，從如皋到了蘇州，此才子就是冒辟疆。冒辟疆出身名門，祖父、父親二代高中進士，他少年時就拜在董其昌、王鐸等人門下。十四歲時集成詩集，董其昌誇讚其「才情筆力，已是名家上乘」，詞章書法，流傳海內。冒辟疆少年意氣，加入復社，搖筆數千言，天下士人無不折手願與之結交。

冒辟疆早就聽聞董小宛的豔名，此番渡江後，急急到董小宛住所造訪。此時適逢盛夏，董小宛難受炎炙熱浪，已至清涼之地消暑，故不得相見。才子之心，總被紅顏所惑，因不得見，更生愛戀之心。

一日，董小宛小酌微醉，臥於香榻，冒辟疆來求見。董小宛的母親扶她出去，當是時也，猶如驚鴻一瞥。多年之後，冒辟疆寫下了當時的情景，董小宛「面暈淺春，纈眼流視，香姿玉色，神韻天然」。

看到才子，微醺的小宛不作一語。睹此佳人，冒辟疆又驚又愛，趕緊告退，好讓佳人休息。此日之景，深深地烙在冒辟疆的腦海之中，董小宛的姿容豔色，幾番在他夢裡縈繞。

陳老蓮《董小宛像》

一年之後，冒辟疆準備再去蘇州拜訪時，卻從友人口中得悉董小宛已往西子湖、黃山等地遊玩，不能得見，為此惆悵良久。董小宛隸樂籍，豔名遠播，不時被士人們相邀同遊，一去多日，乃屬常事，所遊之人，均是當日名士，若錢謙益之流。董小宛暫不可得，冒辟疆轉而迷戀上了另一個名噪於後世的美人，此女就是陳圓圓。

在蘇州，冒辟疆聽友人介紹了陳圓圓之後，搭小舟拜訪。陳圓圓的才情容貌不輸董小宛。陳圓圓的小曲，「如雲出岫，如珠在盤」。多年之後，在紀念董小宛的文章中，冒辟疆卻大談陳圓圓「令人欲仙欲死」。

離去之際，陳圓圓對冒辟疆依依不捨，二人約期再會。一年之後，冒辟疆再返蘇州，陳圓圓已被富豪買去，「聞之慘然」。

陳圓圓已去，董小宛復歸。

惑於美色的冒辟疆，立刻將自己的視線轉移到了董小宛身上。崇禎十五年（一六四二），冒辟疆去蘇州與董小宛相見。此時董小宛臥病在床，誘因是豪強在蘇州獵捕秀女，送到京師孝敬皇帝。陳圓圓此前已被豪強購走，董小宛受驚病倒。

冒辟疆為獵豔而來，他並未想到若受驚小鳥般的董小宛，竟將所有感情傾瀉到了他身上。董小宛身隸樂籍，隨著年齡漸長，她的出路就是從良。一個家產豐厚，才華橫溢，名聲在外的世家子弟，是不能輕易放過的。董小宛將冒辟疆當作了自己的真命天子，不顧一切地想要依附於他。面對董小宛的熾熱感情，冒辟疆卻畏懼了，一夜風流自然銷魂，可若是迎娶一名豔名在外的歌伎長相廝守，他的壓力太大，顧慮太多。

冒辟疆的父親在邊疆滯留，家中事務繁多，一切都需要他去打點。此時科舉考試日近，他在仕途上經營多年卻無突破，如何能被感情所羈絆。更重要的是，董小宛家中欠下了一屁股債，要娶她就得幫她還債，幫她落籍，這一切都需要錢。而董小宛的老爹顯露出的財迷本性，也讓冒辟疆心存憂慮。

為了追求冒辟疆，董小宛不顧一切從蘇州乘舟至南京，沿途遭遇盜匪，在蘆葦中躲藏多日，何其驚險。董小宛的示愛卻未打動冒辟疆。在冒辟疆眼中，董小宛終究是個玩物，他將董小宛草草打發回蘇州，自己則逕自返回如皋。

董小宛返回蘇州後，心志如鐵，發誓只穿單薄衣服，除非二人再相見，不然酷寒之中凍死也心甘情願。董小宛的深情感動了諸多士人。在文壇大老，也是董小宛曾經的恩主之一錢謙益的幫忙下，董小宛以「三千金」贖身，脫離了樂籍。

在錢謙益陪同下，董小宛從蘇州過江前去如皋。面對她時，冒辟疆沒有心理準備，竟然手忙腳亂，將她安置在別處藏了一陣子。待小心翼翼地徵求了家中意見，得到許可後，延至次年，董小宛方才被納為妾，進入冒家。

董小宛成功地實現了從良嫁人的夢想，待在了冒辟疆身邊。此後九年，她再無逸聞流傳。

董小宛雖然驚才絕豔，可她不過是冒辟疆的小妾，身分低微，她在冒家小心謹慎地活著。她誠心地侍奉著公婆和冒辟疆的正房，當一家人吃飯時，她如侍役般站在一旁，不敢亂動。冒辟疆偶爾覺得不好意思，強行讓她坐下，可她「旋坐旋飲食，旋起執役」。她洗去鉛華，忙於各種家庭瑣事。她在膳食上下足功夫，以讓自己在這個男人心中能有那麼一點點的地位。

冒辟疆與晚明豪放無度、追求珍饈的其他士人不同，他更看重精緻，看重用平常食材做出不一般的美味。冒辟疆口味偏甜，喜食海味與煙燻食物。為了讓他吃好、吃開心、吃出品味，董小宛將自己的才華從詩文小曲轉到了美食。

她成為忙碌的家庭主婦，為夫君的三餐而操勞。聰慧過人的她，博採食材，精心烹製，創造出了許多美食。

夏季，董小宛取桃汁、西瓜汁，一點一點過濾乾淨，以文火煎至七八分，然後放糖細煉，熬出的桃膏色如大紅琥珀，瓜膏若金絲內糖。酷暑之中，晶瑩的汗珠一滴滴落下，董小宛親自在爐邊靜靜地守著火候，不讓熬出來的膏過於焦枯。

烹調時，董小宛也別具匠心。她將火腿烹煮時間加長，去掉油膩之味，得到松柏般的香味。風乾的火腿肉經過她的纖纖妙手加工，竟有如同鮮肉般的香味。她烹製菜餚時講究選料。烹蛤配以雨後的韭菜，釜鱔則配以霜打過的葵葉。做菜用的黃鰲魚要是小暑前打撈的，用的白蝦則選擇清明之後的。

董小宛採摘各種初開的花蕊製成花露，經年香味、顏色不變，入口奇香噴鼻。花蕊之中，秋海棠花蕊為最佳。海棠本無香味，但製成花露後將香味催出，味美獨冠諸花露。董小宛還製有梅花露、玫瑰露、丹桂露、甘菊露等數十種花露。飲用時，各種顏色的花露飄浮在瓷器中，五色浮動，煞是好看，飲下還能避暑消渴。

董小宛還善於製作豆製品，她選用的大豆要色香俱全，九曬九洗，剝去黃豆外膜，配以瓜、杏、薑、桂等種種細料，攪拌均勻。待豆豉自然熟透之後，顆粒飽滿，香味、顏色勝於平常。董小宛所製腐乳，比當時著名的福建建寧三年陳腐乳還要美味。她要將腐乳烘蒸五六次，使其內柔酥透，削去表皮，再加上各類調味品。

冒辟疆時常與文人吟詩飲酒，董小宛以芝麻、白糖、飴糖、松子、桃仁等為原料，用木炭火焙，製成酥糖，既款待客人，又作為禮物饋贈。此糖後世名為「董糖」。冒辟疆喜歡海鮮，她就為他製作鮮美的鯧魚。

董小宛為了男人的胃費盡心力，她時常研究菜譜，與人探討各種美食的烹製方法。她還親至各處尋找珍稀食材，求真、求鮮、求美。一切的努力只是為了讓她的男人歡愉。她做這一切不要求任何的回報，在她看來，能脫離樂籍，與名士冒辟疆廝守，此生無憾了。

董小宛能飲酒，入了冒辟疆門中後卻甚少飲酒，不過每晚陪正房飲用數杯。冒辟疆、董小宛二人都好茶，只有在品茶的時候，董小宛才能忘卻每日裡的家務事，有了些許脫塵之氣。泉石之間，松竹之下，皓月清風，明窗淨几，正是品茶之時。董小宛洗滌茶器，燒火煮茶，所用皆為精選的上等名茶。冒辟疆則在一旁吟詩誦詞，好不浪漫，好不愜意。在這一刻，她也許能獲得些許心靈的寧靜，獲得滿足感。

然而，好景不常。

順治二年，清軍南下，冒辟疆一家驚慌不已。冒辟疆的老母和正房妻子驚懼，暫避城外，董小宛留在城內侍奉冒辟疆，與他共患難。此時形勢險峻，群盜橫行，殺人如麻，冒辟疆與其父決定出逃。臨行前，父子二人才想起來出逃途中應帶些錢。富家公子哥平日根本不操心錢的事。緊要關頭冒辟疆只記得去找董小宛要錢。董小宛拿了個布囊，裡面有已準備好的銀子。逃亡途中，冒辟疆「一手扶老母，一手曳荊人」，荊人者，正房妻也。董小宛無人攙扶，艱難地跟在冒辟疆身後，不離不棄。

在冒辟疆眼中，董小宛只不過是名小妾罷了。他絲毫不掩飾，「當大難時，首急老母，次急荊人、兒子、幼弟為是」。董小宛根本就沒有入他的法眼，是他可以隨時拋棄的棋子。不過董小宛為他所做的努力、所做的犧牲，也得到了他的些許認可。多年之後，冒辟疆假惺惺地嘉獎了董小宛幾句，認為她「明大義，達權變」。

逃亡途中，冒辟疆生病，臥床半年。此半年之中，董小宛僅捲一破席，臥在他身旁，旦夕守護，煎湯餵藥。她甚至不避污穢，察看冒辟疆的糞便色味，以瞭解病情。病中的冒辟疆並不領這份情，他不時打罵董小宛。可董小宛對這一切都釋然於心，從不介意。在董小宛無微不至的照看之下，冒辟疆活了下來。而董小宛卻因長期操勞而一病不起，最終去世，時年不過二十八歲。

冒辟疆真的愛過董小宛嗎？

從來沒有。

在冒辟疆眼中，董小宛不過是玩物，是點綴，是裝飾。當初面對董小宛如火般的攻勢時，他唯恐避之不及。實在躲避不過，不得已才納她為小妾，在他看來，這已是他給她的最大恩德。此後董小宛所做的一切，在他看來是天經地義。

董小宛去世之後，冒辟疆寫下了《影梅庵憶語》，其中並不見他對董小宛的感情。他津津樂道的是蘇州的陳圓圓讓他「欲仙欲死」，他勾引到董小宛後在鎮江遊山時的萬眾注視，他納董小宛為妾之後神仙般的逍遙生活。

從《影梅庵憶語》之中，看不到冒辟疆的任何感情流露，只有一個風流才子在堆砌辭藻，這本書講的完全是一個以自我為中心的故事。董小宛於冒辟疆的最大意義，是為他在當時及後世留下了無數的佳話。也許他並未刻意去經營，但他的文字之間，總是流淌出此種心思。

冒辟疆一生雖享有大名，卻終究未能在科舉上有所突破，未能在明清鼎革的大變中脫穎而出。失意的他，只能在水繪園中經營自己的一方天地，董小宛不過是他的園林中的一個配景罷了。只是，董小宛死後，冒辟疆身邊少了個佳廚，缺了個忠心的僕從，才心有戚戚。回憶往昔歲月，美妙絕倫、廚藝出眾的董小宛帶給他無數美好的日子，他才歎息，與董小宛在一起的九年真是神仙般的日子。可在這神仙般快活的九年之中，董小宛卻不過是他的奴僕。

董小宛身後，除了留下美食，也留下了無數的猜測。民間風傳，順治二年，清軍南下攻佔南京之後，將董小宛擄走，獻給順治，成為著名的董鄂妃。此事純為杜撰，順治二年，順治帝不過八歲幼童，如何能寵幸長他十五歲的董小宛。

若是順治帝看中了董小宛，想必冒辟疆也會大度地將她脫手相贈吧。

張岱的「茶淫」生活

晚明名士是個複雜體，他們時而痛飲狂歌，放縱青樓；時而又寄情山水，參禪禮佛。他們總是在情欲中自我交戰，又總能以清雅的方式讓自己跳出紅塵。他們將園林營造成仙境，躲藏於其中。他們也以品茶來感悟人生，於茶中悟道。作為晚明名士精神的集大成者，張岱在茶的品鑑與營造意境上，也是高手。

一五九七年，張岱出生在紹興，他的遠祖張浚是宋代抗金名將，官至宰相。高祖張天復、曾祖張元忭、祖父張汝霖三代皆為進士，曾祖還是隆慶五年的狀元。出身豪門世家的張岱，就算不在科舉上出人頭地，一生也能無憂。他的祖父張汝霖在官場多年，深知其中險惡，也不勉強孫子苦讀聖賢書。

張岱的成長環境是輕鬆的，他的精力不是放在科舉之中，而是放在生活中。他追求精緻生活，熱愛一切歡娛事物，將一切都玩到極致。他曾自述：「少為紈絝子弟，極愛繁華。好精舍，好美婢，好孌童，好鮮衣，好美食，好駿馬，好華燈，好煙火，好梨園，好鼓吹，好古董，好花鳥，兼以茶淫橘虐，書蠹詩魔。」

少年時候的張岱，對世間萬物充滿了興趣，他不時外出看燈，並想製作出「十年不得壞」的紙燈。十九歲時，張岱迷上了彈琴，他與朋友成立「絲社」，每月聚會三次練琴。他四處拜師學琴，琴藝精進，可以與大師同臺演奏。後來，他迷戀上了鬥雞，與朋友成立「鬥雞社」，發表檄文。張岱的叔叔被此吸引，每日裡攜帶「古董、書畫、文錦、川扇」等物品與張岱鬥雞，結果總是落敗。

張岱祖父家居之後，「頗蓄聲伎」，看戲自娛，在祖父的感染之下，張岱迷戀上了戲劇。對戲劇的癡迷與專研，讓張岱屢屢能有驚人之舉。魏忠賢倒臺之後，三十二歲的張岱在家鄉紹興城隍廟自編自導了一場討伐魏黨的戲劇《冰山記》，觀者數萬人。此年中秋，張岱帶了家中戲班前往山東為父親祝壽。路過鎮江時，船泊至金山寺時「已二鼓」。

夜間，江風陣陣吹拂，月光透過林間樹木，疏疏朗朗，如殘雪。偶有寺中風鈴之聲響起，更如美玉輕叩於心扉。目睹此等美景，張岱「大驚喜」，立刻將家人喚起，命僕人攜帶戲具，「盛張燈火大殿中」，高唱《梁紅玉擊鼓》等戲。

夜半，朦朧之中，或睡，或做功課，或冥思的僧人們，突然聽到了陣陣飄渺之音，一寺的僧人都驚起查看。有老僧看到此景，「呵欠與笑嚏俱至」。這一夜，突然大戲開鑼，合寺僧人驚訝之下，竟無人過去查問何人在此演戲。戲演完之時，天已將亮，眾僧送張岱至江邊，看其解纜過江，「目送良久，不知是人、是怪、是鬼」。

張岱生平喜歡雪，三十歲時他約上好友，帶了家班，星夜之中，登山賞月。此夜，「萬山載雪，明月薄之，月不能光，雪皆呆白」。面對著大自然的美景，張岱感情流露，不能自已。他面對群山積雪，舉大觥暢飲，酒氣冉冉。此時戲伶唱曲吹簫，一曲終了，至深夜，方才「坐一小羊頭車，拖冰凌而歸」，何其瀟灑，何其癡狂。

崇禎五年（一六三二），西湖大雪三日，湖中人聲、鳥聲俱絕。張岱乘一葉小舟，獨往湖心亭看雪。霧淞滿枝，霧氣彌漫，天山雲水，上下皆白，「湖上影子，惟長堤一痕」。張岱至亭上，已有二人鋪氈對坐，有小童在熱酒，爐上的酒已沸騰。見有同道中人踏雪賞景，二人大喜，拉住張岱同飲。張岱飲三大杯而去，至下舟時，舟子喃喃道：「莫說相公癡，更有癡似相公者。」

江南一年不過幾場雪，無雪之夜，待遊人散盡之後，張岱泛舟於西湖之上，「酣睡於十里荷花之中，香氣拍人，清夢甚愜」。

追求極致的張岱，對器物、茶道研究之精深，總讓世人驚訝。

至明代，茶的沖泡方式發生了重大變化，從原先的點茶變為沖泡。宋代點茶，將碾細的茶葉末投到茶碗之中，然後沖入沸水，再用茶筅在碗裡攪拌。

宋代點茶，使用的是成本很高的團餅茶，這種茶是將茶葉碾碎後揉製成團，成本很高。朱元璋認為此種製茶方式勞民傷財，在洪武二十四年（一三九一）下令停止製作團餅茶，以芽茶作為貢茶。團餅茶停產後，人們泡茶的方式也發生了改變，採用開水直接沖泡茶葉。利瑪竇至中國時注意到，中國人和日本人在泡茶的方式上有區別，日本人泡茶是將茶葉磨成粉末，然後放兩三湯匙的粉末到一壺滾開的水裡即可；中國人則把乾葉子放入一壺滾水，當葉子裡的精華被泡出來以後，就把葉子濾掉，喝剩下的水。

雖然製作講究的團餅茶不再流行，可飲茶卻在明代被演繹到了極致。

明人飲茶，「淨几明窗，一軸畫，一囊琴，一隻鶴，一甌茶，一爐香，一部法帖；小園幽徑，幾叢花，幾群鳥，幾區亭，幾拳石，幾池水，幾片閒雲」。

號為「茶淫」的張岱，在《閔老子茶》中記載了一則故事，從中可見明人飲茶的最高水準。

閔老子，即閔汶水，他是安徽休寧人，在南京桃花渡賣茶，其所製茶葉被稱為「閔茶」。崇禎十一年（一六三八），經過朋友介紹，張岱特意去南京桃花渡拜訪閔汶水。張岱在茶樓等待良久，老翁閔汶水方才回來。張岱站起身正想寒暄時，閔汶水突然大呼：「拐杖忘記拿了。」說完也不和張岱打招呼，轉身就走。

閔汶水再回來時。看到還在此處的張岱，斜著眼睛道：「客還在啊，在此為了什麼呢？」

張岱是見過各種大場面的，面對高人的刁難，他絲毫不生氣，回道：「仰慕汶老久矣，今日不喝到汶老所泡的茶，絕不離開。」

不要以為閔汶水這是在擺譜，能喝到他所製茶葉的，只有當世名士。董其昌對茶葉極為挑剔，喝了閔汶水的茶後大讚其茶為「尤物」，此後與閔汶水結為茶友，並以「雲腳閒勳」匾額相贈。秦淮名伎王月生，雖貌美如花，性格寒若孤梅冷月，不喜交往。可這位矜持不寡言笑的女子，卻「好茶，善閔老子，雖大風雨、大宴會，必至老子家啜茶數壺始去」。

閔氏之茶，被士人推崇，以為其中別有禪意，「其味，則味外之味」。

閔老頭將張岱引入茶室之後，張岱頓時眼前一亮，「明窗淨几，荊溪壺、成宣窯瓷甌十餘種，皆精絕。燈下視茶色，與瓷甌無別，而香氣逼人」。

張岱問道：「此茶產自何處？」

閔汶水道：「閬苑茶。」

張岱品嚐之後道：「是閬苑茶的製法，但味道不似。」

閔汶水狡黠一笑：「客人倒說說這是哪裡產的茶？」

張岱再嚐了下道：「似長興羅岕茶。」

閔汶水老頭子聽了很是佩服，吐舌道：「奇，奇。」

張岱反問：「水是哪裡的水？」

閔汶水道：「無錫惠山泉水。」

張岱笑道：「不要騙我。惠山泉水從無錫運到南京，水早就不新鮮了，你這水卻是新鮮清冽，這是什麼道理？」

閔汶水再次稱讚道：「果然是行家，這確實是惠山泉水。只是汲水之前，要掏淨泉井，待後半夜新的泉水湧入才汲水，等江上起風時，才揚帆開船運水，所以到了南京後水仍清冽無雜物。」

明代茶客推崇惠山泉水，為此鬧出過笑話。袁宏道的朋友丘

《品茶圖》局部

長孺從湖北麻城前往無錫遊玩，裝了三十罈惠山泉水，命僕從一路運回湖北。僕從嫌罎子太重，途中將水倒在江裡，快到湖北時，找了一處的泉水裝進罈中冒充惠山泉水。惠山泉水被不遠千里運到麻城後，丘長孺隨即舉辦了品水大會，眾人把玩良久，喉中汩汩有聲，末了，相視而歎曰：「美哉水也！非長孺高興，吾輩此生何緣得飲此水？」半個月後，僕人之間鬧糾紛，將此事抖出，參加品水大會的眾人得悉後，無不愧歎。

見張岱嘴刁，閔汶水沉思了一下，離席片刻，又拿了一壺茶來，讓張岱品嚐。

張岱細細品嚐後，發現此茶香氣濃郁，味道渾厚，不由叫道：「這是羅岕茶，而且是春茶，剛才的則是秋茶。」

閔汶水歎道：「我今年七十歲，精通茶事五十餘年，從未見過像你這樣精通賞鑑茶水的人。」此後張岱也成了閔汶水茶樓的座上賓。

不過對「閔茶」也有持反對意見的。文學家周亮工對福建人推崇閔汶水極為不滿，認為福建茶才是上品，並譏諷推崇閔汶水的福建人為「賤家雞而貴野鶩」。不滿歸不滿，周亮工親自到南京造訪，想嚐下閔茶到底如何。品嚐之後，周亮工對閔汶水成見依舊，認為他所泡的茶「不足異也」。

晚明南京高檔茶樓較多，閔汶水不過是其中之一。《初刻拍案驚奇》描述，秦淮河畔有「酒館十三四處，茶坊十七八家」。《留都見聞錄》記載，南京五柳居環境優雅，臨水而築，柳在水中，垂條可愛。萬曆四十六年（一六一八），一僧租下房子開茶舍，所用惠泉、松茗、宣壺、錫鐺，極湯社之盛。惠泉指無錫惠山的泉水，松茗乃當時頂級茶葉松蘿，宣壺是宣德窯生產的名貴茶壺，錫鐺是錫做的溫茶器具，四者皆為講究茶道者所推崇。每日過來飲茶的名士，絡繹不絕。

頂級松蘿茶的地位，卻被張岱給撼動了。

對茶葉的加工製作，張岱頗有心得：「蓋做茶之法，俟風日清美，茶須旋採，抽筋摘葉，急不待時，武火殺青，文火炒熟。」

紹興有日鑄茶，被歐陽修譽為「兩浙之茶，日鑄第一」。到了明代，安徽休寧松蘿茶製作工藝精良，聲名鵲起，壓過日鑄。為了振興紹興茶葉，張岱請了安徽製茶師到紹興，引入松蘿茶的製作工藝，改良日鑄茶。

改良之後的日鑄茶，被張岱命名為「蘭雪」。四五年後，「蘭雪」風靡於紹興茶市，茶客們不飲松蘿，只飲蘭雪，最後，安徽地方上的松蘿茶也跟風改名為蘭雪。

紹興有家張岱喜歡的茶館，張岱為這家茶館取名「露兄」，取自米芾「茶甘露有兄」。這家茶館，器皿乾淨，泉水上佳，又以蘭雪為主打茶，沖泡時能把握火候，備受張岱喜愛。一壺清茶，拂去塵土，焚香嫋嫋，茶香之間，已是酣醉。

與唐宋相比，明代在茶具上出現了較大變化。唐、宋時，煎水煮茶的用具是注子（執壺），形似於明代茶壺，但卻有很大區別。唐代是煎茶，喝茶像煮湯，注子不泡茶，只加水用。而明代是沖泡，茶葉是放到壺裡泡著的。茶盞在明代始加蓋，茶托、茶盞、茶蓋三位一體，形成蓋碗。茶盞也開始從黑釉變為白瓷、青花瓷。明人推崇小茶壺，以為這樣香氣凝結不渙散，味不耽擱；紫砂壺則被視為茶壺中的上品。

張岱對茶具也很精通。他評點了宜興紫砂壺的製作高手，甚至認為宜興紫砂壺大師的作品，「直躋商彝周鼎之列而毫無愧色」。他可以在沒有鐫刻作者名字的情況下，判斷一把宜興紫砂壺出自何人之手。他癡迷於茶具，並流連於此中。得到了一把款式高古的茶壺之後，他把玩良久，得壺銘「沐日浴月也，其色澤。哥窯漢玉也，其呼吸。青山白雲也，其飲食」。他為一個宣窯茶碗作銘：「秋月初，翠梧下，出素瓷，傳靜夜。」

明代飲茶一脫唐、宋的繁瑣，返璞歸真，追求自然。在明代士人看來，品茶是清雅脫俗之事，他們將清飲演繹到了極致，營造出了一個個的意境。晴窗拓帖，篝燈夜讀，青衣紅袖，醉宴醒客，夜雨逢窗，長嘯空樓，天地乾坤，一壺清茶。

此種氛圍之下，二三友人，清談款話，探虛玄，參造化，清心神，出塵表。長夜漫漫，茗碗自持，南窗之下，半日之閒，可抵十年浮夢。

張岱是有明一代狂生的集大成者。他的精神偶像是徐渭，可他脫去了徐文長的壓抑乃至變態，一轉而為自然、瀟脫。他可以「秒殺」為房事而操心的董其昌，也可以直接讓善於經營意境的冒辟疆自慚。他的一切行為都是自然而然，不須造作。他月夜登山觀雪景，狂嘯狂飲。他月下遊西湖，獨佔一湖荷香。四十歲之前的張岱，逍遙而行，暢飲歡歌，「不曉世間何物謂之憂愁」。然而，憂愁終究慢慢襲來，後半生的張岱，作為大明遺民，過得卻是另一番的生活。

第二章：文化娛樂

西湖上的文人交際

圍繞著西湖，古今文人留下的名句難以計數，形成了西湖文化。西湖山水，亭臺樓閣，山寺月夜，一景一物，讓明人流連忘返，哪怕別離多年，仍魂牽夢繞，不能忘懷。

萬曆二十五年（一五九七）春天，袁宏道第一次至杭州遊玩。他一早從武林門而出，望著保俶塔矗立於懸崖上，心已飛至湖上。在昭慶寺吃了茶點後，袁宏道泛舟於湖中。「山色如娥，花光如頰，溫風如酒，波紋如綾。才一舉頭，已不覺目酣神醉。此時欲下一語描寫不得。」袁宏道生病之後，猶神往西湖，以為此地湖水可以當藥，青山可以健脾。

嘉定畫家李流芳，二十餘年間每年必至西湖。他的老友張子薪體弱多病，無法去一睹西湖勝景。每逢李流芳去西湖，張子薪就拿本空白畫冊，請李流芳為自己畫上幾張西湖山水，供他一解對西湖的相思之苦。晚年的張岱，無數次夢回西湖，寫下了《西湖夢尋》《陶庵夢憶》。

更有一群文人在杭州結成詩文團體，與西湖「長相廝守」，他們常年在湖上泛舟遊玩。舟遊西湖，以西湖文壇盟主汪汝謙做到了極致。

汪汝謙是徽州歙縣人，汪氏在當地是望族，有「四門三面水，十姓九汪家」之謂。因為愛慕西湖勝景，汪汝謙攜帶家眷遷居杭州缸兒巷，建「春星堂」。汪汝謙世代經營鹽業，富有財力，在杭州定居後，廣泛交遊，將舟遊帶入了高峰。

《紅梅記》中飲酒場景

西湖樓船，源自張岱祖父的朋友包應登，他營造了三艘樓船，是西湖最早的樓船。頭號船設置歌筵，儲備歌童，二號船滿載書畫，三號儲備歌伎美女。汪汝謙的弟弟汪季元也有條船，名「洗妝臺」，船體寬大，可匹敵樓船。汪汝謙對此卻不以為意，因為樓船船體寬大，無法深入到一些幽靜的勝景，逢橋只好停住。

樓船價格高昂，不是一般文人所能承受。建不起大船，心酸的文人轉而貶抑大船，並發表「三不宣言」，舟不必大、不必華、不必高，能容納三五人足矣。當寬大奢華的樓船在水中緩緩而行時，高雅之士乘著輕快若蜻蜓的小舟，翩翩進入風景最妙的里湖。

汪汝謙有幾條小遊船，名曰團瓢、觀葉、雨絲、風片之類，頗是別致。柳如是寄居汪汝謙的西溪別墅時，曾向他借條小舟，從西溪划至西湖。

天啟三年（一六二三），汪汝謙偶而得到了珍貴的木蘭樹，就斫而為舟。舟長六丈二尺，寬五尺一。舟入門處，儲存美酒數百壺，再進去有方丈之地，可設置兩桌酒席，此外還有壁櫥可以放置文墨，有小室可以休憩。在船體結構上，他也做了改造。他將樓船的樓改為臺，降低高度，可以穿過橋孔。樓船的好處是可以登高望遠，汪汝謙又別出心裁，設置了露臺，露臺上的欄杆與帷幔可以拆卸，能穿過白堤。舟名「不繫園」，取自《莊子》「飽食而遨遊，泛若不繫之舟」。

汪汝謙的友人黃汝亨遊玩黃山時見竹筏蕩於山溪之中，隱士攜酒立於竹筏之上順流而下，且飲且歌，飄逸無比。回到杭州後，他效法隱士，以巨竹浮於湖面，建篷屋於其上，「朱欄青幕，四披之，竟與煙水雲霞通為一席，泠泠如也」。竹舟名為「浮梅檻」，每出遊西湖時，觀者如堵，目為西湖未

《紅梅記》中泛舟遊湖場景

有之事。

「不繫園」造成後，為防止一些人將畫舫當作狎妓之所，降低了文化品位，汪汝謙特請老友黃汝亨為畫舫訂約，約定「十二宜九忌」。

十二宜者，為「名流、高僧、知己、美人、妙香、洞簫、琴、清歌、名茶、名酒、餚不逾五簋、卻騶從」。

九忌者，為「殺生、雜賓、作勢軒冕、苛禮、童僕林立、俳優作劇、鼓吹喧填、強借、久借」。

晚明清淡之風盛行，往昔的山珍海味被清淡精緻的食物所取代，遂有菜不超過五盆之約。食物所講究的是意境，茶筍、蓴鱸、秫酒之類已成為文人的標配食物。菜雖清淡，酒卻要醇厚，畫舫之中存有美酒百壺，足夠盡興。舟中還有書畫可賞，有小童煮清茶，有名伶頌婉歌。

程嘉燧《西湖畫舫圖》

不過「不繫園」的船體終究還是太大，無法穿過蘇堤六橋，領略里湖風景。五年之後，崇禎元年，汪汝謙汲取「不繫園」的經驗，又新造了「隨喜庵」。此時崇禎初登基，進行大刀闊斧的變革，汪汝謙希望借建造畫舫，恢復西湖上的文壇盛事。

汪汝謙的兩艘畫舫相繼製成後，「名流、知己、美人」登舟遊湖絡繹不絕，對於這樣的聲色之地，高僧們也毫不示弱，相續而來。在一個清夜，汪汝謙、一名高僧、一名妓女，遊湖賞月。遊湖時，禪意四溢，觸動心扉，汪汝謙不由作詩云：「衰弦彈畫舫，涼月上羅衣。約束禪心淨，寧隨柳絮飛。」

參禪、名妓、遊湖，就這樣被詩意地結合在一起。

汪汝謙的畫舫吸引了很多著名文人，董其昌、陳繼儒相續登舟，逍遙於西湖山水之間。汪汝謙將文人們在畫舫上所詠之詩，結成詩集《不繫園集》和《隨喜庵集》。

一六三四年秋，張岱與名伶朱楚生一同前往西湖，準備乘「不繫園」遊湖，與曾鯨、陳老蓮、趙純卿等友人相遇。張岱一見大喜，邀請眾人同登「不繫園」，共遊西湖。

當日眾人在湖上彈三弦子，唱曲吹簫，以北調說《金瓶梅》。陳老蓮更揮毫為趙純卿畫古佛，曾鯨為趙純卿繪像。曾鯨是當時最有名的肖像畫家，他吸收了西洋畫法，創造出「墨骨法」，「每畫一像，烘染數十層，必匠心而後止」。明末清初名人如董其昌、王時敏、張遂辰等人，曾鯨都給他們繪過像。

董其昌與汪汝謙關係密切，至西湖，二人必一起遊山玩水，賞畫評書。汪汝謙的「隨喜庵」船舫，即由董其昌命名。山人陳繼儒與汪汝謙交遊密切，每至杭州，必在畫舫上流連忘返，把酒言歡。陳繼儒的宴席上，名流彙集，名伎放歌，通宵達旦。酒酣之時，這些文人潑墨揮毫，或吟詩，或作畫，熱鬧無比。

夕陽西下時酒意懶散，舟泊斷橋之下，絲竹之聲，嫋嫋響起。至夜，舟飄於西湖之上，此時月色蒼涼，直至東方將白，客人方才散去。

某年中秋夜，張岱、陳老蓮搬來一罈酒，至西湖登船且遊且飲。船行於水上，明月倒映於水，涼風拂面，何其清朗。至玉蓮亭時，一女子在岸上召喚，請求搭船至前方。張岱見女子年輕貌美，欣然應允。女子上舟之後，輕衣羅衫，文靜可人。

明月、美人、佳釀，陳老蓮大喜，邀女子同飲。女子也不怯懦，舉杯與人對飲。飲至二更時，女子見已到歸處，便告辭而去。陳老蓮為當時最傑出之畫家，所繪《水滸葉子》等圖，流傳千古。看著如此美麗的女子，陳老蓮戀戀不捨，詢問女子所居何處。女子笑而不答，上岸之後逕自回家。陳老蓮如何肯錯過此等良緣，上岸之後尾隨，想探詢女子住所。不想女子步伐較快，上岸之後不久便走過岳王墳，陳老蓮酒後步履踉蹌，追趕不及，悵然而歸。

一些財力相對有限的文人，看著畫舫穿梭在湖上，船上載歌載舞，心中羨慕不已。為了能弄到一艘畫舫在湖上遊玩，文人們還玩起了眾籌。發起者約上十人，每人每年出錢十千，購置一舟。舟初次給發起者使用，此後輪流使用。

一直以隱遁山林自詡的陳繼儒，看著如此神仙般的生活，也心神蕩漾，心嚮往之，「明年，弟亦買舟西湖中，作無名漁夫」。

陳繼儒隱遁山林，聲名聞於天下，三吳之士皆爭為其師友。錢謙益在《列朝詩集小傳》稱「眉公之名，傾動寰宇。遠而夷酋土司，咸丐其詞章；近而酒樓茶館，悉懸其畫像」。陳繼儒七十大壽時，汪汝謙贈其女畫家楊雲友的畫作為賀禮。陳繼儒去世前，汪汝謙又至東佘山看望他，二人長談，回顧人世變遷，不無感慨。

汪汝謙逍遙江湖，為人灑脫，以畫舫為中心，與各地名士、名伎結交，並在杭州資助了一批藝術家。曾鯨、陳洪綬、藍瑛、謝彬等畫家都受過他的資助。他將女畫家楊雲友的畫介紹給柳如是，請柳如是加以評論。又將柳如是的書信集送到女畫家林天素手裡，請林天素作序。

汪汝謙與柳如是、王微、楊雲友、林天素、張宛仙等名伎關係密切。對柳如是，他是無比關愛，甚至幫她尋找可以託付終身之人。崇禎十一年至十三年（一六三八－一六四〇），柳如是寓居杭州，寄於汪汝謙宅中。汪屢屢為她尋覓能「啟金屋者」，奈何所介紹之人，都不入柳如是的法眼，最終才覓得錢謙益。

他專門為楊雲友刻印《聽雪軒集》，所收詩歌，多為文人陪同楊雲友乘畫舫遊西湖，聽琴觀花時的唱和。他對楊雲友也充滿了感情，他踏雪去拜訪佳人，當日，楊几之上潔淨無塵，若室外白雪一般，屋內美女憑欄，何其讓人迷醉。

他對女畫家林天素一往情深。天啟二年（一六二二）的一個夜晚，風雨不息，獨坐書齋之中的汪汝謙恍然入夢。夢裡，他見到一位「形神清越，風氣高邁」的老人，帶著他在院落裡參觀。忽然之間，見一女郎從房中姍姍而出，停留在鮮花之旁，女子縞衣翠帶，恍若仙子。老人告訴汪汝謙，這是自己的女兒，他還想為她找一個佳婿。

汪汝謙注意到，女子手持的團扇上的畫，若林天素的手筆，正欲與之深談之時，卻從夢中醒來。夢醒後，他翻閱林天素的畫作，無限惆悵。汪汝謙將此夢公開，陳繼儒等文人紛紛賦詩吟詠此夢，汪汝謙遂將這些詩篇編集，由陳繼儒題為《夢草》。

一六五四年，張宛仙等人流落杭州，投奔汪汝謙。七十八歲的汪汝謙此時財力已不復往日，仍賣田二十一畝，接濟這些「饑寒之客」。對張宛仙，汪汝謙極為欣賞，極盡優待。張宛仙小睡之時，汪汝謙特意請來曾鯨的高足謝彬，為她繪製《海棠睡未足》圖。

對此畫，文士們競相追捧，錢謙益、李漁等人紛紛詠詩唱和，最後結集為《夢香樓集》。就在此年七月，汪汝謙去世。彌留之際，汪汝謙神明湛然，與眾友人品畫談詩，吹簫摘阮，在與友人告別之後而卒，享年七十九歲。

樂事已盡，豪華已非，遊戲也停，星斗燦爛，水光映翠。畫舫已去，情人何在？

畫中風流唐伯虎

歷經坎坷之後，唐寅面對青山綠水，說出了「閒來就寫青山賣，不使人間造孽錢」這般高雅淡泊的話語。可他終究是生活在凡塵俗世之中，他的詩詞書畫可以出世，可他的人卻要入世。如何讓自己過得更好，是每個書畫家都要考慮的大事，哪怕是他唐伯虎，也要為稻粱而謀。

明成化六年（一四七〇），唐伯虎出生於蘇州閶門。因為是寅年出生，所以名寅，字伯虎，後世以唐伯虎而稱之。唐伯虎家中開了個小酒食店，少年時的他「居身屠酤，鼓刀滌皿」，每日裡不時還得幫洗碗碟、殺雞鴨。天生才華難自棄，雖是小酒肆中的店小二，唐伯虎卻能寫就風流文章。

十六歲時，唐伯虎與文徵明一起參加考試，文徵明未中，唐伯虎以第一名中秀才，「四海驚訝之」。少年成名之後，唐伯虎未免輕狂。文徵明的父親文林對唐伯虎一直愛護有加，不遺餘力地幫助他。這樣一個慈祥忠厚的長者，不時批評唐伯虎為人「輕浮」。

至二十五歲時，唐伯虎家中遭到變故，父母、妹妹及第一任妻子接連去世。唐伯虎家的店鋪無法繼續營業，門戶衰廢。為了生活，唐伯虎幫人寫墓誌銘，賺些錢補貼家用，同時準備鄉試。

依照科舉制度，鄉試前要經過提學考試，不通過者不得參加。提學考試由監察御史主持，此年的監查御史是浙江人方志，他不喜歡言行放蕩、為人輕浮的唐伯虎。所幸文徵明的父親文林幫忙，在蘇州知府曹鳳面前說好話，唐伯虎才得到曹鳳推薦而能參加鄉試。

弘治十一年（一四九八），唐寅至南京參加鄉試，考中第一名。此年冬，唐伯虎意氣風發，沿京杭運河進京，準備參加來年二月的會考。與唐伯虎同行的還有一人，此人名徐經，是江陰人。徐經有個玄孫在後世鼎鼎有名，即徐霞客。徐經家是江陰望族，富有財力。雖家中廣廈千間，徐經卻酷愛結交四方賢士，終日與人論道，喜高談闊論。

徐經比唐伯虎小三歲，頭腦靈活，家境富裕，卻與貧寒的唐伯虎交往密切。此番北上趕考，二人結伴而行。兩人一個有錢，一個有才，到了京師後，徐經、唐伯虎都不安分。兩人一起拜訪在京師的同鄉前輩，每次都由徐經備上厚禮。徐經時常帶上戲子數人，與唐伯虎馳騁於都市中。兩人的高調行徑，讓外界議論紛紛。

在所拜訪的人中，有禮部右侍郎程敏政。徐經獻上重禮，從學於程敏政，程敏政收了禮物，自然要講些自己的學術思想。程敏政是此科的主考官，在講學中不免有涉及試題的內容。此科題目中有冷僻的《退齋記》，徐經從程敏政處間接推斷出來，「矜誇喜躍」，也告訴了唐伯虎。

二月，此科考試結束後，有人彈劾，稱考生尚未入場，題目就已洩漏。江陰縣舉人徐經、蘇州府舉人唐寅，「狂童孺子，天奪其魂」，將題目出示給眾人。三月，徐經、唐寅被捕入獄。徐經在獄中受不過拷打，招供曾以金幣行賄程敏政。四月，程敏政因為涉嫌洩露題目，被捕入獄。查驗考卷時卻發現，徐經、唐寅都未曾考中。禮部也裁定二人未有作弊。

程敏政被囚於監獄一個月，感染了傷寒、霍亂等病。有大臣上奏，請求釋放，以照顧大臣的體面。程敏政出獄不過四日，癰毒發作身亡。此案以「風聞」而立案，經過數月審理，卻未能查實。雖如此，唐伯虎、徐經被牽連革黜，罪名則是與大臣頻繁交往，請大臣作序文。

唐寅《王蜀宮妓圖》

至於此案的起因，就徐經而言，在京師之中招搖炫富，招人妒嫉。唐寅則盛名在外，隱隱有此科狀元之勢，也惹人妒嫉。唐寅後來在給文徵明的信中回憶道：「北至京師，朋友有相忌名盛者，排而陷之。」此案之後，徐經憤憤不平，多次進京謀求平反，正德二年病死在京師。唐寅則態度消極，在徐經認罪後「不復辯」，此生也未謀求平反。

唐伯虎被釋後，帶著創傷返回蘇州，此時的他再無以前的萬千豪情。回到蘇州後，妻子對他冷嘲熱諷，家中房屋也已破敗。此時此際，「西風鳴枯，蕭然羈客，嗟嗟咄咄，計無所出」。唐伯虎賦閒在家，心情抑鬱，每日飲酒，被老婆嘲諷了多次之後，憤而休妻。之後唐伯虎「放浪形跡，翩翩遠遊」，觀海於東南，泛舟於洞庭。

科場此案對唐伯虎留下了難以消弭的心靈創傷，但他沒有消極於世，既然不能在仕途上發展，那就全力在文壇、畫罈上經營，一樣可以流名於後世。他前半生的精力，付諸科舉之上，牢獄之災使他的努力付諸東流。此後，他與往昔告別，斬斷了羈絆。更甚一步，他甚至擺脫了家庭，離婚獨居，獨立於自己的世界之中。「鏡裡自看成一笑，半生傀儡局中人」，托之丹青以自娛。

三十四歲時，唐伯虎在蘇州桃花塢買下了一處廢園。廢園溪水環繞，矮屋頹墟，屋外有三畝菜田，牆角有一棵梅樹。搬到桃花塢居住後，唐伯虎過起了醉生夢死的日子，祝允明說唐伯虎在桃花塢：「客來便共飲，去不問，醉便頹寢。」

唐伯虎居住的蘇州是明代書畫交易中心。蘇州繁華，富甲天下，富豪們紛紛購置土地，修建園林。一時間園林遍佈，各自爭輝。單單建個園林，若無文墨點綴，園子的主人必將得個粗鄙土豪的惡名。於是土豪們開始追捧古人書畫，導致江南地區書畫交易發達，此種風氣，一路蔓延，很快遍及全國。

土豪們捧著一堆堆銀子，四處尋求古人真跡。古人存世的書畫少，不能滿足市場需求，土豪們就追捧當世書畫名家，一個個因應市場而生的書畫大家們聲名鵲起。

生活在蘇州，才華橫溢，畫筆超群，照理說，唐伯虎應該能靠書畫過上愜意的生活，可他的詩文之中卻顯示，他過著食不果腹的生活。文徵明、沈周、唐伯虎、仇英，被稱為「吳門四家」。一個聞名遐邇的大畫家，真的不能以畫畫謀生嗎？

唐伯虎在書法、繪畫、詩文上有著不凡的造詣。顧起元認為唐伯虎是一代奇才，「詩賦勝於枝山（編者注：祝允明），而畫高出沈石田（編者注：沈周）、文衡山（編者注：文徵明）之上」。在繪畫上，唐伯虎先學於沈周，後學於周臣。周臣是蘇州「院體畫」大家，傳世有《乞食圖》等。唐伯虎的畫融匯了「院體畫」的格局，又得南宗之神髓，參松雪之精華，大受市場追捧。

最為民間津津樂道的，不是他高雅淡泊的山水畫，而是風情萬種的仕女畫。他所畫的女子，多取自歷史或民間故事，其中多有青樓女子，這也與他寄情聲色有關聯。仕女畫在江南地方上市場頗大，隨著社會經濟的發展，民風的開放，聲色之風盛行。姿態婀娜的仕女畫像，受到文化品位一般，卻又要冒充文化人的土豪群體追捧。既然利於市，唐伯虎就妙筆繪秋香了。

就書畫圈而言，功底固然重要，可名氣更重要。一個畫功一般，名氣響亮的畫家，其書畫價格往往勝過畫工高超，但無名氣的畫家。名氣越響亮，書畫價格越高，搶購的人就越多。名氣一般的書畫作家其作品少有人問津，只能苦熬，等待出名的機會。

唐伯虎的名氣，足夠響亮。

少年時代，他的父親唐德廣就對人說：「此兒必成名，殆難成家乎？」唐伯虎少時成名，至科場案後更名傳天下，此後他放蕩不羈，在江湖中名氣響亮。一個充滿了傳奇，又能把握市場的書畫家，怎麼能不被市場追捧？書畫生意好的時候，唐伯虎忙不過來，就請老師周臣代筆。

名氣有了，唐伯虎當時畫價如何？

對士人們來說，「手執卷軸，口論貴賤」，是有失身分的事。士人常聘用中間人，不惜鉅資，多番遊說，將畫購入。對於書畫的成交價格，大多數交易者都避而不談。唐伯虎的畫價沒有留下可靠的文字記載，不過可以與「吳門四家」的其他三人做比較。

李日華買沈周的《灞橋詩思》畫卷，價格是幾兩銀子。文徵明初出道時尚無名氣，價格平平，「一幅多未逾一金，少但三四五錢耳」。十餘年後，水漲船高，暴漲幾倍。仇英的畫價格高，因為他畫畫時間較長。吳中巨富周六觀請他在家中住了六年，畫了一幅《子虛上林圖卷》，最後給了一千兩的鉅款。

就知名度、傳奇色彩和市場定位來看，唐伯虎不輸其他三大家。唐伯虎的書畫價格縱然不能與仇英相比，但與文徵明、沈周應相差無幾。明代一兩銀子能買到近一百七十斤大米，以此類推，唐伯虎賣畫，一個月開張一回，足以衣食無憂，可他卻在不停哭窮。

四十八歲時，他在《丹陽景圖》中題詩前的小引中歎道，「風雨浹旬，廚煙不繼，滌硯吮筆，蕭條若僧」，悲歎賣畫生意之慘澹。在他的詩文中，時常哀歎家中無米下炊，「十朝風雨苦昏迷，八口妻孥並告饑」。苦命的他只能自嘲「儒生作計太癡呆」。

是不是他缺乏經濟頭腦，所繪畫作，多半隨手送給朋友呢？

唐伯虎的書畫中，小部分是友情贈送，大部分用來出售。從唐伯虎在畫幅上的題款來看，他售畫的對象來自各行各業。還有徽商特意托人到他這裡訂畫，當年的徽商可是書畫消費的主力軍。

富有財力者常請畫家到家中作畫。江陰夏氏請唐伯虎到家中，好吃好喝招待以乞畫。唐伯虎住了十天，一日早起，畫了張《鷺鷥圖》相贈，足見他也不是隨意將書畫贈人。唐伯虎在孫思和家存了一本簿子，記載了他所作所售的書畫，簿面上題二字「利市」，可見他不是沒有經濟頭腦的人。

唐伯虎喜歡藏書，他藏有一些珍貴的宋版書，皆有「南京解元」印記。宋版書在明代價格昂貴，若無一定經濟實力，斷難收藏宋版書。試想一下，今日一個收藏有較多唐伯虎字畫的收藏家，會窮得連飯也吃不起嗎？

可以肯定兩點，首先，唐伯賣書畫肯定是賺了錢，只是其中很大部分被他揮霍到青樓中去了。其次，唐伯虎雖有時書畫生意不好，但還不至於到無米下鍋的程度。至於他為何在詩文中抱怨哭窮，這就要對他的心理進行分析。

唐伯虎內心是矛盾的，雖和科場無緣，仕途無門，可他終究還是放不下。他學的是治國術，最後操的卻是書畫筆。他有一圖章「南京解元」，這是對自己的精神安慰。

「二十年餘別帝鄉，夜來忽夢下科場。雞蟲得失心尤悸，筆硯飄零業已荒。」他內心隱隱有不甘，他狂呼「黃鵠舉矣，驊騮奮矣」。

正德九年（一五一四）秋，四十四歲的唐寅得到了一次機會，寧王朱宸濠邀請他去江西。唐伯虎興高采烈地出發，以為能夠有建功立業的機會。寧王對他相當優厚，「既至，處以別館，待之甚厚」。

交往半年之後，唐伯虎察覺到了寧王有反意。唐伯虎決意遠離寧王，他「佯狂使酒，露其醜穢」。寧王大怒，唐伯虎借此得以脫身，於正德十年三月返回蘇州。江西之行，他乘興而去，敗興而返，但並未影響到他的生活，只是暴露「醜穢」，又使他在江湖上增加了一個笑柄。不過沒關係，他是風流才子唐伯虎，一切行徑都能被包容。

四年之後，寧王起兵反叛，被王陽明迅速平定。於是，江西寧王府之行，成了唐伯虎人生中的又一個政治污點。他背負上了名節之辱，他的內心更加苦悶，徹底投入飲酒與書畫之中。少年時血氣未定，難免臆想自己能做大事，成大業。出了問題，還有翻盤的時間和機會，對繪畫的追求，可以支撐好多年。至中年，肉疲筋衰，再搞出事情，就徹底沒救了。

唐寅像

科場案的重創，寧王案的牽連，讓唐伯虎的心理蒙上了陰影。他小心翼翼地保護著自己，各種佯狂的姿態只是他的保護色。無數次在夢境之中，他遭到迫害，夢醒之後，他逃避，放縱自己及時行樂。他的心靈深處，有著一種對被迫害的畏懼以及提防。

「四更中酒半床病，三月傷春滿鏡愁」，在這樣的心態之下，他在詩文中以誇張的筆調，渲染自己現實中的苦難。他可以靠自己的書畫過上衣食無憂的生活；可他縱情酒色，肆意揮霍，導致家貧。他內心愧疚，卻又無處宣洩，只能在詩文之中向蒼天發出吶喊：「誰來買我畫中山？」

「姑蘇城外一茅屋，萬樹桃花月滿天」，這就是唐伯虎的精神世界，這也是他的現實生活。若是他住上了華美的豪宅，過上了安定富足的生活，那與他缺乏安全感的心將會產生何其大的落差。

唐伯虎晚年住回祖宅，此處本是臨街的小酒樓，市井小巷之中，他也許會得到放鬆。在酒樓中，「惟求畫者攜酒造之，則酣暢竟日」。至五十四歲時，唐伯虎去世。

唐伯虎之後一百年，蘇州人馮夢龍在《警世通言》中，講述了「唐解元一笑姻緣」的故事。以此為藍本，經過不斷演繹，最終形成《三笑》。此後數百年間，唐伯虎成了神話，成了傳說。他生前的不得志、抑鬱、不平、苦痛，都被人忘卻，他成了瀟灑、不可一世的翩翩公子，娶了九位嬌妻美妾，他無憂無慮，一擲千金。

這些，距離真實的唐伯虎很遙遠。

清明上河圖引發的血案

書畫市場的興盛，使蘇州成為書畫作偽中心。作偽者不但模仿古人，也模仿今人，哪怕是文徵明徒弟炮製出來的書畫，只要掛上文徵明的名字，人們不在乎真假，都以高價收買。一些聲名不顯，但畫工精湛的畫家，其作品時常被洗去落款，填上古今知名畫家之名出售。

靠書畫為生實在不易，一些有名望的畫家，也不得不弄點贗品，賣個高價，補貼家用。張即之仿作白居易《楞嚴經》，被嘉興大收藏家李日華當作真跡收去。李日華得知真相後，感歎贗品「有優孟之眩」。

書畫造假的技術在當時也得到了提高。屠隆記載，蘇州地方的造假高手特製出竹紙，再以草煙末香煙薰烤，以火氣逼脆紙質，使紙散發出若古字畫一般的香味，「全無一毫新狀」。蘇州專諸巷是作偽高手集結地，其中有欽姓父子，善於製作贗品，「近來所傳之宋人、元人諸家，大半皆出其手」。這些作偽高手技術高超，畫功精湛，真跡只要被他們看過，他們就能將其烙印在腦海之中，數日之後就能造出贗品。

贗品肆虐，很多收藏家備受其害。李開先家中藏有名畫幾百張，拿出來展示，結果發現無一真品。項元汴收藏書畫，在江南稱雄一時，可藏品中「贗本亦半之」。顧從義到文徵明家中，看到一幅沈啟南的山水畫懸掛在中堂，大為讚賞，想從文徵明手中買走。文徵明得意洋洋地道，這不但是真品，更是沈啟南的得意之作，怎麼也不肯放手。顧從義心中難捨此畫，就到專諸巷中轉轉散心，恰好撞到一人拿了一幅畫來出售。顧從義一看，正是文徵明家中所懸掛之畫，遂以便宜的價格買下，再一追問，文徵明家中所懸之畫也是從此人手中購買。

楊繼盛像

贗品中最為有名的則是《清明上河圖》，由此還引發了一樁血案。

此案的當事人王忬是政罈的重量級人物，他是嘉靖二十年（一五四一）進士，以文人帶兵，南剿倭寇，北抗蒙古，戰功顯赫。然而春風得意的背後，王忬卻很苦惱，因為他得罪了嚴嵩。

王忬開罪嚴嵩，還得從楊繼盛說起。這楊繼盛本是個苦命人，邊牧牛邊讀書，總算考中進士，進入官場。窮苦人家出身的楊繼盛，當官後不忘本，為民請命，敢於進諫。

卻說嚴嵩黨羽仇鸞靠著吹牛拍馬混到了邊疆大吏。仇鸞戍邊無能，為了討好蒙古人，就在邊境線上開設馬市，與蒙古人大做生意。楊繼盛得知後，上奏彈劾仇鸞不成，反被打了一百棍，發配去甘肅做了個小官吏。之後仇鸞倒臺，楊繼盛復被起用，他卻沒有汲取教訓，準備拚死一搏，彈劾嚴嵩父子。楊繼盛做好赴死的準備，上《請誅賊臣疏》，洋洋灑灑數千言，歷數嚴嵩罪狀。

無奈嘉靖對嚴嵩的寵信不可動搖，再加上楊繼盛指責皇帝本人，「乃甘受嵩欺，人言既不見信，雖上天示警亦不省悟」。嘉靖看了勃然大怒，下令將楊繼盛收監。在獄中楊繼盛受盡酷刑，他自己寫道：「杖死醒後，臀肉盡脫。股筋斷落，膿血續湧，不亡如縷。」

此時的文人們還是有點骨氣，不但爭相追捧楊繼盛，更有朋友怕他寂寞，送了一方硯臺給他在獄中把玩，稍解寂寞。嘉靖三十四年楊繼盛被處死，行刑當日，京師「滿城爭睹員外郎」，路上水洩不通，人山人海。楊繼盛下葬之後，到他墓碑前悼念的人絡繹不絕，「率徘徊唏噓而不能去」。

楊繼盛一死，成全了自己的名望，朝野內外，無不追捧。如果此時誰不說幾句楊繼盛的好，寫幾首詩詞悼念，就沒法再在江湖上行走。王忬聽到楊繼盛死訊後，怒罵嚴嵩，乃至彈指出血。他的兒子王世貞則幫忙料理了楊繼盛後事，又弔以詩。

嚴氏父子對聲名在外的王氏父子，初期也想網羅招致，以為己用。一次嚴嵩請王世貞吃飯，酒酣之後緊緊握住王世貞之手，以示親暱。王世貞雖喝得大醉，卻沒有投懷送抱，此後刻意與嚴氏父子保持距離。

嚴嵩多次讓兒子嚴世蕃請王世貞吃飯，他不是隱匿不去，就是有意在飯局上為難。「每與嚴世蕃宴飲，輒出惡謔侮之，已不能堪。」王世貞恃才傲物，不拘小節，雖不屑嚴嵩為人，對他的文章卻持較高評價，曾道「孔雀雖有毒，不能掩文章」。

這詩句刻畫入骨，立刻傳誦於當世，更激起了世人對嚴嵩父子的痛恨。嚴家父子不能招募王家父子於門下，又沒有寬廣的心胸，對這對父子而言，做不成朋友，那就是敵人。

王忬曾教導兒子，不要攀附權貴。雖然他也曾怒罵嚴嵩，可人在屋簷下，不得不低頭。嚴嵩權勢滔天，政譠上開罪他的人紛紛入獄身死。看到兒子招惹了嚴家父子，王忬不得不硬起頭皮，開始經營嚴世蕃這條門路，想投其所好。嚴世蕃所好，與當世文人一樣，不過是書畫而已。

嚴嵩被皇帝寵幸，原因之一，在於他能及時處理政務。嚴嵩入閣擔任首輔時已六十九歲，此後連任十四年。年歲漸高，精力、記憶力均開始衰竭，處理政務成為他的巨大負擔。所幸，嚴嵩的兒子嚴世蕃雖個性彪悍陰賊，又瞎了一隻眼，卻頗通國典，暢曉時務。老父嚴嵩不得不依賴於兒子，凡百官諮以要事，均答曰：「去找世蕃。」

嚴世蕃是個奇才，處理起公文來得心應手，對於天下官缺，何處肥瘦，更是洞徹於心。誰想買官，一分錢也逃不掉。長得醜，名聲臭，不影響嚴世蕃附庸風雅，他尤其熱衷於收藏尊彝、奇器、書畫等物。

為了討好嚴世蕃，官員們或是自掏腰包採購書畫賄賂，或是勒索富豪。羅龍文為了討好嚴世蕃，以紋銀千兩從文徵明手中購得唐代懷素《自敘帖》作為禮物。浙江總督胡宗憲以高價在江浙各地收買名畫送上。沈德符對嚴氏父子的癖好評點相當到位：「貪殘中又帶雅趣。」

名將俞大猷為人比較耿直，得罪了嚴世蕃，被嚴世蕃找了個藉口抓入監獄。俞大猷不得不低頭，送了三千兩銀子給他，方才活了下來，被發配到大同戴罪立功。

王忬四處打探，得到消息稱，嚴世蕃喜歡《清明上河圖》。如果將這幅畫弄到手，自然能修好與嚴家的關係。

至於《清明上河圖》藏在何處，當時眾說紛紜。有人認為被已故首輔王鏊家人收藏。另有一說，認為此畫被陸完夫人珍藏，縫在繡枕之中，須臾不肯離身，坐臥必隨身攜帶。

不論《清明上河圖》是在王家還是在陸家，要想將它弄到手，都不是容易的事。兩家都是世代官宦，根本不缺錢，也不缺人脈。至於《清明上河圖》到底在誰手中，王忬也不知曉，只能請中間人去幫忙打探。

明代書畫市場，買賣雙方並不直接進行交易，而是透過中間人進行。用中間人的好處是，一則中間人有職業素養，能對書畫作出精確判斷；二則讀書人出於體面，認為直接去談判講價並不合適。

此次王忬請的中間人是湯裱褙。湯裱褙也是蘇州人，裱褙是他的江湖名號，從裱褙二字可看出，他精於書畫裝幀。王世貞曾誇讚「湯生裝潢為國朝第一手，博雅多識，尤妙賞鑑家」。湯裱褙精於書畫鑑定，嚴世蕃收藏書畫，事先都要請他鑑定。

正是從湯裱褙之口，王忬得知嚴世蕃想弄到《清明上河圖》。湯裱褙雖然在江南地方上有很多資源，可要想買到《清明上河圖》也有一定難度。不得已之下，湯裱褙又找了一個人幫忙，此人是當時畫鐔高手，姓黃名彪。

黃彪是蘇州人，精於造假。黃彪曾模仿了一本趙孟頫的《參同契》送給王世貞，王世貞出示給友人觀賞，都以為是真跡。黃彪的兒子黃景星同樣是此中高手，精於仿古。

湯裱褙買不到真本，就請黃彪畫了張贗品，此事必然與王忬事先溝通過。王忬病急亂投醫，也就同意了。

黃彪一番苦心經營，總算弄出了一張八九不離十的《清明上河圖》。黃彪以張擇端的稿本為基礎，稍加刪潤，佈景著色，幾乎以假亂真。後來王世貞曾說，這張假的《清明上河圖》，所欠缺的只是腕指間的力量而已。

偽作《清明上河圖》被拿去送給了嚴世蕃。嚴世蕃對這張畫愛若性命，四處炫耀，到底見過真跡的人少，也沒人看出破綻。

湯裱褙看自己立下了功勞，就向王忬索取好處費。勒索的錢財，有人說四十金，也有說是二十金。勒索不成之後，湯裱褙遂揭露出這張畫是假畫，嚴世蕃丟了臉面，遷怒於王忬。嘉靖三十八年（一五五九），以「灤河之警」為契機，嚴世蕃將王忬整倒，打入大牢。次年以「邊吏陷城律」，將他置於死地。

至於此次事件中的其他兩個人物，湯裱褙、黃彪也受到牽連。湯裱褙因為另外一起案件涉及詐騙，被發配邊疆，最終死於戍所。黃彪則隱姓埋名，躲過了風頭。

至於《清明上河圖》，最後還是被嚴世蕃弄到了手。正品《清明上河圖》收藏於昆山顧氏之手，被人以千金購得，送給嚴世蕃。嚴嵩倒臺被抄家後，《清明上河圖》遂被收入皇宮。

嚴氏父子對書畫的熱捧，帶動了書畫價格的上漲。王世貞曾道：「若使用事大臣無所嗜好，此價當自平也。」昆山顧氏將《清明上河圖》以一千兩金的價格賣出，此後又想將家藏的王維《奕棋圖》以同樣價格賣出，不想買家朱忠僖只肯出三百兩。

顧氏驚訝道：「《清明上河圖》當時可是賣出了千金的價格，此二寶應當同價。」朱忠僖解釋道，買《清明上河圖》的人是為了取悅嚴氏父子，不要說千金，就是再多一千金也不在乎。他買這張是為了案上清玩，出價三百，是酬勞顧氏遠道而來，「若據實言，二百亦已多矣」。顧氏不肯低價出售，在京徘徊數月，不能出手，又帶回昆山。

嚴嵩辛苦所藏的書畫最後都便宜了皇帝，嚴嵩父子失勢後，所藏書畫都被收入宮中。到了隆慶初年，國庫吃緊，就將大量名畫拿出來充當武官的俸祿。大量名畫被便宜處理，「每卷軸作價不盈數緡，即唐宋名跡亦然」。

屠隆的二重世界

明嘉靖二十二年（一五四三），屠隆出生在寧波鄞縣。他本名屠龍，但在參加童子試時，提學公看到他名字，笑道：「龍為九五，豈可屠耶。」遂改名屠隆。

屠隆祖上三代都是布衣，從事商業。屠隆的父親屠濬，生性豪爽，知曉大義，中年時經商失敗，家道中落。此後屠濬不問世事，以花木竹石自娛，種菊數百，朝夕把玩。因為擔憂所種菊花會被人偷走，屠濬夜間在室外看護，於嘉靖四十五年（一五六六）感染風寒去世。屠隆是屠濬最小的兒子，他出生時屠濬已四十五歲。屠濬告誡屠隆，「勿以浮躁雕玄真之心」，在塵世之中，要保持赤子之心。屠濬的教誨對屠隆影響很大。屠隆一生謹記父親教導，特立獨行，保持真我本色。

屠隆兄弟六人，哥哥們在仕途上都未有突破，遂將振興家業的希望寄託在幼弟身上。二十歲時，屠隆前往龍遊設館教學。龍遊地方民眾大半經商，發達之後的商人們，對窮酸的讀書人沒什麼好臉色。屠隆在龍遊五年，有著許多不愉快的回憶。

屠隆此時尚未顯示出後來的放蕩不羈，他的個性尚被壓制。路過青樓時，姑娘們拉客，牽著屠隆的衣角挑逗他，此時的他竟然「恚怒而去」。屠隆三十五歲之前，在性上是節制的，他沒有資本去放縱。雖然他有些許名聲在外，可他的赤貧家境，根本不能讓他去縱情聲色。屠隆三十四歲時方才娶了年方十五的嬌妻，對美貌賢慧的妻子，屠隆很是愛憐，更決心在科場上有所突破，好讓勤勞的妻子有所安慰。

待他成名之後，他將會彌補他往昔在性上的缺失。

萬曆四年（一五七六），屠隆鄉試第九名中舉，次年要進京參加會試。可屠隆家貧，籌集路費耗費多日，至臘月方才上路，沿途歷盡艱辛。屠隆寫詩云：「北地非吾土，蕭條不見人。日光沉馬足，風色隱車輪。塵起孤城莫，霜回獨樹春。長安天不遠，咫尺欲沾巾。」

萬曆五年（一五七七），屠隆三十五歲時考中進士，殿試三甲一百一十名。雖考中進士，屠隆卻還未曾顯達。此年四月，一名同年進士身亡，屠隆做了篇悼文，被京師士人賞識。此後各路達官貴人，紛紛約屠隆參加各種宴會。

沉默多年後，屠隆終於揚名立萬，一掃多年的壓抑之氣。九月，屠隆外放為潁上知縣。離開京師，他有些捨不得這裡的奢華生活，「奈何登高復送遠，令人對酒不能酬」。

在安徽潁上為官，對他來說卻是種折磨。官場上的繁瑣禮節，等級森嚴的制度，讓他渾身不自在。他的官位卑微，各路官員駕到，他都要卑躬屈膝，跪拜逢迎，「丈夫之氣，摧頹盡矣」。在給友人的信中，他叫苦不迭，「屠生苦令，令苦屠生」。

在潁上任職一年後，萬曆六年（一五七八）年底，屠隆調任青浦。在青浦，他徹底放下了在潁上時的掩飾，追求他所嚮往的生活。

在青浦，他與江南文人頻繁交往，並拜曇陽子為師。師禮曇陽子有交好王世貞的考慮，更是屠隆在壓抑的環境之下，主動去尋找解脫的行動。通過曇陽子，屠隆對道家的修仙有了自己的理解，他認為修仙的要點是靈魂成仙，而不是肉體成仙。

此後半生，他努力追求著自己的靈魂超脫。

萬曆八年（一五八〇）曇陽子羽化後，屍身被置於神龕，移入特意為她建造的曇陽觀中。在屠隆的眼中，曇陽子已經靈魂成仙，永得超脫。

萬曆十年（一五八二）年底，屠隆任滿回京，任職禮部儀制司。途中他親赴太倉，拜謁曇陽觀。至禮部任職時，屠隆交到了一個終生摯友，他就是剛剛考中進士，也任職禮部的湯顯祖。

屠隆的一生充滿了矛盾，他既迷戀修道，想抱氣棲身；又主張及時行樂，快意當前。他曾說：「世間樂事惟兩端，第一修真悟道為神仙，第二快意當前但行樂。」

在京師，屠隆過著靈與肉相矛盾的生活。一方面，他視官署若僧舍，沉水一爐，丹經一卷，焚香煮茗，悟道之心，可謂赤誠。他好似悟透一切，發出帶有禪意的議論：「風流得意之事，一過輒生悲涼。清真寂寞之鄉，愈久愈增意味。」

另一方面，他肉欲橫溢，招惹了無盡是非。他與西寧侯宋世恩交往，並與之結拜為兄弟。宋世恩祖上因為征西有功，被封為西寧侯，屠隆評價宋世恩為「紈絝武人子」。宋世恩是西門慶一般的人物，他年輕而有精力，性格豪放，生活奢靡，熱衷於聚會。屠隆參加他舉辦的宴席，席間詩酒淋漓，男女雜坐，放浪形骸，喧鬧異常。

屠隆的一生到此為止還是順暢的。他考中進士，在文壇享有名望，當世文人，無不願與他交往。他潛藏於內心之中的狂野和奔騰欲望，被鐵鍊給鎖住，就是偶爾鬆弛些許，他也不會逾越禮法，做出驚世駭俗的事。屠隆若是有了足夠實力與名望，可以開宗立派，領袖於文壇時，他必要掙脫枷鎖，得大自在。只是這枷鎖卻被外力砸斷，此後屠隆以狂生形象，立於明人之中。

屠隆在禮部的職務是閒職，他終日無所事事。於是他親自登臺，客串伶人。每當屠隆上臺時，有個人默默地關注著他，此人就是宋世恩的夫人。宋夫人才貌兼具，精於音律。每逢屠隆下臺休息，宋夫人總讓人送上一杯香茗，以表仰慕。時日一長，屠隆與宋夫人之間的曖昧消息，傳遍京師。

萬曆十二年（一五八四）九月，屠隆被人舉報，說他「淫縱」，與宋夫人有染。舉報屠隆的是刑部主政俞顯卿。二人的嫌隙在屠隆主政青浦時結下。當年尚未在科舉上有突破的俞顯卿，向屠隆投獻詩文，不想屠隆態度冷淡。此後屠隆又在審案時做出不利於俞顯卿家族的判決，更讓俞顯卿

徐渭《四聲猿》中《狂鼓吏漁陽三弄》

憤恨。

萬曆十一年（一五八三），俞顯卿考中進士，授刑部主政，此後，他一直尋機報復屠隆。雖然「淫縱」之事查無實據，可屠隆還是因為「詩酒疏狂」，以及任職青浦時「放浪廢職」被罷職削籍。削籍是很嚴重的處分，是指將士人貶為普通老百姓，退休官員所享有的種種特權都被取消。罷官返鄉之後，屠隆仕途無望，友朋疏遠，內外交困。

困境之中，屠隆的靈與肉的二重世界，益加分離，益加恣肆。如果說拜曇陽子為師是他的第一次修道的話，罷官之後，屠隆開始了第二次修道歷程。此次修道，他很是投入。他邂逅了道士聶道亨，一見之下便跟著聶道士至道觀修行一月。在給老師王世貞的信中，他興奮地寫道：「道民得遇方外異人，授金液玉液口訣，更得先天上藥，行之頗有效。」

王世貞看著屠隆一門心思學道，不由心中苦笑。屠隆先拜李海鷗學道，後來又拜李海鷗的老師金先生學道，金先生的一個弟子曾用所謂的神仙道術從王世貞處騙取了大量錢財，又是買孌童，又是買妓女。王世貞對修道圈的渾水看得清楚，好意提醒屠隆：「足下才太高，志太銳，氣太揚。不要弄這些玄妙勾當，在家好好孝敬老母，勤奮寫作，才是正道。」

沒有罷官之前，由於酒量有限，屠隆對飲酒尚有所控制，在宴席上不至於過度放縱。罷官之後，他徹底放開，他自述「跳地仰天大呼浮白」。當初他在京師歡場之中，與宋世恩宴飲之時，尚做老僧趺坐，雙目瞑閉之狀。

屠隆也好男風，萬曆十二年（一五八四），在給顧養謙的信中，他提到了自己所養的孌童采菱。屠隆感歎道，要籠絡英雄，只需此等小童就足夠，根本無需「頎長七尺美男子」。

屠隆返回家鄉後，采菱一直陪伴在他身邊。萬曆二十一（一五九三）年，采菱已長大，猶陪伴在屠隆身邊。屠隆與胡應麟在衢州相遇時，介紹采菱道：「此子知詩。」並請胡應麟作些詩贈給采菱。胡應麟遂作詩調侃：「風情老去似徐娘，猶逐王孫負錦囊。」屠隆不時帶著孌童出遊，眾孌童「侍身旁不少離，時時耳畔私語，手過酒臠食之」。屠隆得意洋洋地吹噓：「一夕可度十男女。」

萬曆二十五年（一五九七），五十五歲的屠隆跑去金陵嫖宿名妓寇文華。此番嫖妓卻是另有原因。屠隆被削籍多年之後，朝廷恩詔，恢復他的冠帶，冠帶閒住。不想屠隆卻穿上一身官袍去狎妓，以此發洩不滿。

屠隆的內心總是猶如天人交戰，他蓄養孌童狎妓，公開宣淫。可他卻又不時警醒，「政恐兒女情深，道心退墮，須從愛河急猛回頭」。他還寫了一些文章說教，警戒世人要提防淫色。不過就是說教，他也是與眾不同，他念叨：「歌姬舞女非樂人，破家之鬼魅乎。顛鸞倒鳳非樂事，妖媚之狐狸乎。」

屠隆的人格是分裂的，他被塵世欲望所主宰。可他卻又孜孜不倦地追求著空靈的靈魂，想像著將俗身與靈魂分離，以縹緲虛幻的靈魂獲得最終解脫。萬曆二十五年（一五九七）在金陵穿袍服狎妓，是屠隆的一次轉變。

在這幾年間，他經歷了幾次人生的重大衝擊，徹底放棄了再回官場的希望，潛心於修道之中。對母親的愛，使他不敢做出過於逆道亂常的行徑，唯恐驚嚇了母親。當他的母親在萬曆二十四年

（一五九六）去世後，他再無顧忌，他的靈與肉徹底解脫開來，在自己所想要的世界中盡情狂舞。金陵狎妓後，屠隆意猶未盡，作充滿色情的《叨叨令》。《叨叨令》一出，士人們將他視為一世之狂徒。屠隆徹底斬斷了以往的枷鎖，從佯狂進入真狂狀態，從此一發不可收。

晚年的屠隆，靈與肉俱狂，心與身皆幻。他撰寫《彩毫記》《曇花記》《修文記》，毫不掩飾地表達自己的情欲。他四處遊歷，歌舞歡飲，他自組家班，四處演出，親自以狂生形象登場。萬曆三十年（一六〇〇），屠隆「晚年出盱江，登武夷，窮八閩之勝」，再抵福州參加中秋大會。

當夜屠隆裹頭巾，著僧衣，奔躍而起，奮袖出臂，擂鼓，「鼓聲一作，廣場無人，山雲怒飛，海水起立」。擂鼓罷，屠隆忍不住捏了下林茂之的手，歎道「快哉，此夕千古矣」。

屠隆的最後歲月，卻是在病痛之中度過。對於他的疾病，據湯顯祖雲「苦情寄之瘍，筋骨毀壞，號疼不可忍」。後人因此認為，屠隆是患性病而死的。在生命的最後時刻，屠隆讓家人念誦《觀世音》，獲得稍許安慰。萬曆三十三年（一六〇五）八月二十五日，在家人念誦佛經聲中，屠隆逝去，享年六十有三。

建陽書坊的小說事業

洪武十三年（一三八一），一個落魄的身影行走在福建建陽的道路上。此人在當時默默無名，於後世卻鼎鼎有名，他就是羅貫中。此時的羅貫中已完成了《三國演義》的寫作。為了書籍的出版，羅貫中親自前往刻書中心福建，最終無功而返。羅貫中未曾想到的是，一百餘年後，他的小說在福建建陽被爭相出版。

明代刻書中心有南京、蘇州、徽州、建陽等地。

南京書坊多以「金陵」二字作為標誌，如「金陵書坊、金陵書林、金陵書肆」。蘇州書坊主要集中在「閶門」一帶，「閶門」別稱「金閶」，故而蘇州一帶書坊多以「金閶」為標誌，如「金閶世堂、金閶擁萬堂、金閶雅言堂、金閶書業堂」之類。徽州刻印書籍，對書稿精心選擇，刻工精細，插圖精美，有後起之勢。到了嘉靖朝，徽州地區的刻書可以與蘇州刻書媲美，至隆慶、萬曆年間，徽州刻書的價格已超過蘇州刻書。

不過，在出版的市場化上，走在前列的還是福建建陽。建陽刻書，歷史悠久。宋代，建陽就已是出版重鎮，元末雖一度經歷戰爭重創，到了明代又恢復了元氣。明代建陽刻書數量位居全國之首。圖書出版成為建陽第一大產業，每個月定期舉辦書展，「天下客商販者如織」。

《新全相三國志平話》

明代前期，通俗小說被官方視為邪說異端，會惑亂人心，因而未得到發展。建陽書坊刻印的多是科舉用書。科舉考試書籍是塊巨大的蛋糕，能帶來巨大的利潤。政府之所以將科舉考試書籍刻印交給建陽，係因為建陽曾是朱熹終老之地。朱熹死後下葬在建陽黃坑，此地成為儒家信徒心中的聖地。而建陽自宋末就開始刻印科舉考試用書，經驗豐富，在士人中享有聲望。

到了正德、嘉靖年間，通俗小說開始流行。此時文化環境日漸寬鬆，與皇帝對小說等作品的喜好也有關係。憲宗喜歡聽雜劇及散詞，搜羅海內詞本，幾乎無所不包。武宗喜歡看小說，對進獻者予以厚賞。某天晚上武宗點名要看《金統殘唐記》，命太監以五十金幫他購入。熹宗迷戀戲劇，親自粉墨登場扮演宋太祖。

嘉靖元年，張尚德本《三國志通俗演義》刻印，不久《水滸傳》也刻印，且是南京國子監刊印。隨著皇帝對小說的追捧，以及《三國演義》《水滸傳》的出版，往昔的禁錮被打破，在建陽掀起了出版小說的浪潮。

建陽忠正堂主熊大木刻印了大批通俗小說，自己也參與小說創作，撰寫了《大宋中興通俗演義》等歷史演義小說。之後書坊主余邵魚編撰了《列國志傳》，余象斗則編撰了《列國前編十二朝傳》等小說，這些小說刻印後十分暢銷，帶動了建陽出版的整體發展。

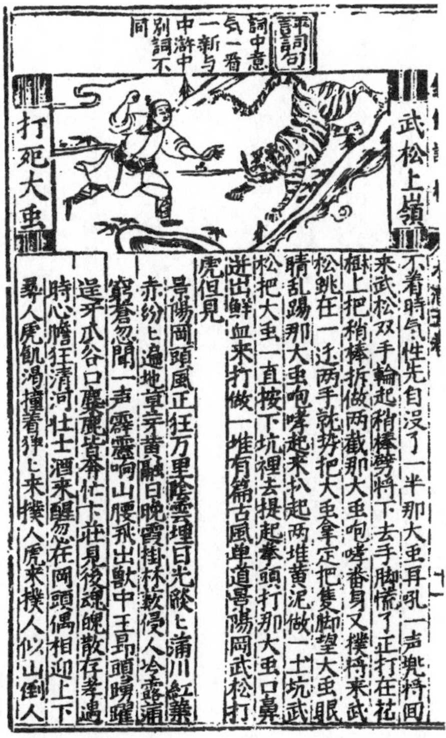

建陽雙峰堂余象斗刻本《水滸志傳評林》

這一系列小說注重故事性，對歷史事件、人物，以通俗的方式闡述。也許是對明初文化高壓政策的畏懼，在「通俗」之後，他們小心翼翼地加上了「演義」二字。「義」字表明，雖是通俗，也能教化民眾。不過建陽刻印的歷史演義小說，多模仿《三國志》的體例佈局，有東施效顰之感。時人對建陽所刻歷史小說頗有惡評：「如弋陽劣戲，一味鑼鼓了事，效《三國志》而卑者也。」明代初期流行戈陽腔與海鹽腔，戈陽腔以土話唱，海鹽腔以官話唱，前者更追求場面的熱鬧，所以有一味鑼鼓了事之說。

萬曆二十年（一五九二），世德堂刊行了《西遊記》。《西遊記》推出之後，建陽書坊主敏銳地把握到了商機，隨即推出了系列神魔小說。

建陽刻印的神魔小說多涉及出家修煉、降妖除魔、得道升仙的故事。建陽版神魔小說的定位，就如同今天流行的《故事會》一般。神魔小說，篇幅短小，一般不超過五萬字。篇幅短小也易於刻印，售價低廉，適應底層民眾的閱讀需求。為了滿足讀者的閱讀要求，神魔小說中有大量描寫破陣鬥法之類的場景，但人物心理刻畫不足，導致人物形象蒼白，故事乏味。

建陽書商針對民眾需求，推出了公案小說，大受歡迎。萬曆二十二年（一五九四），《包龍圖判百家公案》出版。這本小說是大雜燴，融匯了話本、雜劇、傳說、說唱中有關包公的故事，內容粗陋簡單，也未加以系統整理，但在市場上大受歡迎。公案小說迎合了讀者心理，如對清官的渴望、對案件的好奇、對公義的追求，因此成為經久不衰的暢銷書，由此也引發了公案小說的熱潮。

公案小說流行之後，余象斗迅速抓住商機，編撰出《廉明公案》《諸司公案》。這兩部小說主要涉及明代的各類案件，情節不外官員半夜被風吹走頭上烏紗帽，之後離奇發現屍體，然後還原兇殺現場，最後機智破案，擒拿住兇手之類。各篇故事的末尾，附有簡略按語，對官府破案思路、方法作出評論，同時對案件本身也發表個人評價。

為了迎合讀者的閱讀需要，同時考慮經濟效益，建陽書商甚至弄出了中國出版史上的一本奇書，將《三國演義》《水滸傳》合為一本，名為《英雄譜》。兩書合一，不是不可，但都是分為前後部，建陽書商卻別出心裁，將兩本小說分上下印在同一頁上，上面是《水滸傳》，下面是《三國演義》，且字體也有區別，上端用楷書，下端用工匠體（即宋體）。書中配有大量插圖，但插圖又分前後，前部是三國插圖，後部則是水滸插圖。書商就此書打廣告稱：「誠耳目之奇玩，軍國之祕寶也。識者珍之。」

建陽所刻印書籍，基本都配有插圖。有插圖的圖書，改變了閱讀時的視覺感受，增加了書籍的娛樂性，對讀者更具吸引力。建陽書商深諳此點，在書名前冠上「出相」「繡像」「全圖」之類。「出相」是指上圖下文。「全相」也稱「全像」，是指反映故事情節的畫面。

「出相」插圖在建陽刻本中較為流行，採取上圖下文的形式，形似連環畫。建陽刻印的圖書，插圖少則十幾幅，多則上百幅，有的甚至一回一幅圖。圖書中的人物造型簡單，一般外形豐滿肥碩，線條粗實。上圖下文的版式，也利於讀者閱讀。有時為了追求新鮮感，書商也會採用「全相」大圖。《大宋中興通俗演義》的插圖皆為全幅大版，展示了諸多戰爭場面，人物眾多，場面宏大，空間開闊。

建陽刻本中的插圖雖多，但造像極為粗糙，往往圖不達意。比較起來，杭州、蘇州等地的「繡

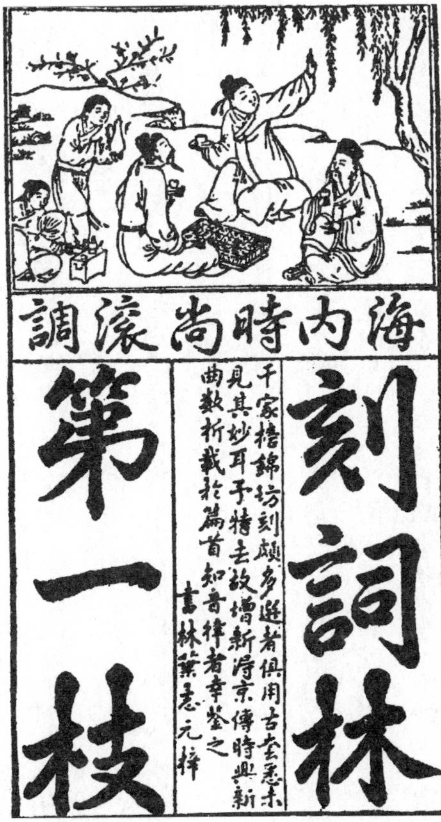

建陽書肆葉志元刻印《詞林》中的廣告語「海內時尚滾調」

像」圖書人物畫像更加細膩優美。「繡像」是用線條勾勒出的人物畫像，不配背景。「繡像」繪工細膩，力求表現人物的精神氣質。「繡像」要求較高，多出自名家之手，如陳老蓮所繪製的《水滸葉子》。

為了賣書，建陽書商利用起廣告來不輸今人。建陽書商常在書名中附加具有廣告意義的內容。

「新刻、精刻、新編、新刊」之類字樣強調刊印品質與時間。

「京本、古本、密本、原本」之類字樣則強調版本來源。

「按鑑、參補、演義、評點、圈點、題評、重訂、新訂、全像」等，表明編輯方式或體例。

福建建陽出版商最喜歡使用「京本」字樣，即南京刻印版本。南京刻印的書籍印刷精良，享有美譽。膽子大的建陽書商直接在刻印圖書時印上「京本」二字。有的書商膽小，不敢用「京本」兩字，就換個方式，在封面中打出「金陵原梓」字樣，實質是「京本」的另一個說辭。

建陽書商余象斗最喜歡在書名上使用的字眼是「新刻」「新刊」之類以「新」標榜的字眼和「京本」。余象斗所刻小說中，大半以「新」開頭，如《新刊大宋中興通俗演義》之類。「京本」也屢見不鮮，如《新刊京本編集二十四帝通俗演義》之類。

為了推銷自己的書，建陽書坊主採用了許多手段，如妄改書名、隨意刪節、偷工減料，甚至偽託狀元、進士之類的名人抬高書籍身價，推銷圖書。如託名陳繼儒「手閱」的《列國志傳評林》等。為了競爭，書商宣傳時都刻意強調自己所出書籍的唯一性，同時貶損其他版本，大有只此一家，別無分店之意。建陽種德堂刻印《歷朝紀要綱鑑》時，吹噓「本堂楷書精梓，一字無訛，四方君子買者玉石辨焉」，同時攻擊其他版本「綱目不備，旨意不詳」。

此時的出版界已經有了版權意識，一些書商在書中嚴正聲明：「翻刻者千里必治」「陳衙藏板，翻刻必究」。有書商甚至聲明，如有敢翻刻者「誓當決一死戰」，此等聲勢之下，自然無人敢盜版。正版刻印圖書多採用商標作為標記，如「雙峰堂為記」「麒麟為記」「八卦為記」。雙峰堂刻印《水滸傳》後，特意做《水滸傳辯》，提醒讀者仔細辨識「雙峰堂」標記。

一些書商乾脆以自己的圖像作為商標，印入書中，作為防偽標誌。建陽書坊主余象斗就在書中印上本人畫像。圖像中余象斗高坐三臺館，「文婢捧硯，婉童烹茶，憑幾論文之狀」，兩旁配有文字「一輪紅日展依際，萬里青雲指顧間」。

建陽書坊主有著敏銳的市場洞察力，能迅速捕捉市場熱點，並依此刻印書籍。但此時蘇州、南京等地的圖書市場崛起，擬話本小說、時事小說、豔情小說層出不窮，而建陽書商對於此類小說基本上沒有涉及。受到市場歡迎的情色小說，蘇州、杭州、南京等地刻印較多，建陽刻印的唯一一本情色小說就是《繡榻野史》了。

建陽書坊在市場化、影響力上一直走在出版業前列，面對著江南出版業的挑戰，他們卻沒有組織書稿應對，主要原因是建陽書坊主很難跳出理學的禁錮。

嘉靖年間，小小的建陽縣就有四十八座坊表，題名多如「道學淵源」「道學傳心」「世家先哲，力扶道統」之類。官方規定理學諸子後裔可免徭役，建陽書坊世家紛紛以大儒後裔自居，如此可以免除徭役，自然也要傳承理學，高掛禮義廉恥之旗幟，嚴加約束自家出版物。

建陽所刻小說以歷史演義、神魔、公案三種為主。歷史演義以綱常義理為中心，宣揚忠孝節義，教人向善。神魔小說、公案小說也受歷史演義影響，傳播善惡必有報，懲惡揚善之類的內容。濃厚的理學氛圍使建陽書坊很難跳出來刻印貼近生活、更加生動活潑、為市民所喜歡的小說。至明代晚期，三言二拍及各類豔情小說大行其道，建陽卻無任何反應。唯一的一本《繡榻野史》，還是建陽熊氏種德堂金陵分店所刻。

建陽是朱熹理學的根據地，書坊主們出版書籍時自覺地遵守著一條道德底線，不敢去刻印有露骨色情描寫的作品。與此相反，南京、蘇杭等地則士風浮誇，肉欲橫流，書坊主們根本就不在乎道德倫理，主動尋求各類刺激眼球、吸引讀者的香豔題材。

除了理學禁錮之外，建陽出版業存在的另一個問題是，為了搶佔市場，書商出面組織書稿，出書快速。書稿的來源，要嘛是「書賈掇拾，強湊成書」，要嘛是「書肆俗書，輾轉抄襲」。建陽刻印的小說中存在著人物顛倒、制度失考、文理不通、片面摘取等問題。甄偉改編余象斗《西漢志傳》時抱怨：「其間多牽強附會。」馮夢龍改編余邵魚《列國志》時也忍不住抱怨：「然悉出村學究杜撰……識者欲嘔。」

在作者群體上，建陽書商多選擇了底層文人。與此相反，蘇杭、南京的書坊所聘請的多是馮夢龍、李贄這樣的大文人，這些文人名氣在外，所作圖書品質也有保障。建陽書坊首先考慮的是選題，其次是速度，對於書稿的校對並未給予足夠重視，結果出現了「通俗坊刻，訛誤極多」。

建陽刻書雖多，但為了壓縮成本，校勘不精，紙墨俱劣，備受當時文人詬病。明代製墨技術已有了很大提高，但建陽書坊所用的墨大多是顆粒較大、品質較差、價格相對較低的次等炭墨，俗稱「煙子」，一斤約為五錢。紙張當時以「白且堅」的永豐錦紙為最佳，「短窄黑脆」的福建竹紙價格最低。建陽書坊為了追求最大利潤，降低紙張成本，大多採用價格低廉的竹紙。

建陽書坊不但在紙張、油墨上偷工減料，在書的內容上也動起手腳。建陽書商每聽到各省新出好書，立刻高價購回翻刻，翻刻時卷數、目錄相同，但書中內容常被刪去一半，一部書只值半部書的價格。

建陽書坊的一些書稿粗製濫造，缺乏吸引力，只是靠著廉價路線吸納了一批讀者。在蘇州、南京、杭州等地書商將精挑細選、題材新穎的小說接連推向市場，又降低價格之後，建陽書坊的優勢不再，再難維持昔日的輝煌。

建陽書商一定很鬱悶，他們選題謹慎、炒作大膽，出版的書也都符合於主旋律，卻未能挽回頹勢。至明亡後，他們反而背上了「明人好刻書而書亡」的惡名。

豪傑樂事寫詞曲

「古來抱大才者，若不得乘時柄用，非以樂事繫其心，往往發狂病死。今借此以坐消歲月，暗老豪傑。」李開先如是說。他的一生也如是度過。

李開先出自名門，祖上也曾有過輝煌，只是他的父親，在科舉上一直未有突破，臨去世前叮嚀他千萬努力，務必在科舉上彌補父親的缺憾。

可李開先感興趣的是戲曲，他自少年時就熟讀名家散曲雜劇，精通戲曲理論，說起戲曲來如數家珍。讓一個充滿舞臺感的天才，強

李開先像

行去學習枯燥繁瑣的八股文，對他也是一種煎熬。無奈他的妻子張氏一直督促著他，讓他不得不苦讀聖賢書。

張氏是章丘一名富商的女兒，李開先九歲時就與她訂婚。李開先二十二歲，張氏十九歲時，兩人喜結連理。此時李家家道中落，景象慘澹，張氏操持家務，「躬苦茹淡，以濟不足」，為丈夫解除了後顧之憂。

李開先天生喜好戲曲，「敲棋編曲，竟日無休」，他白天在外遊玩，晚上回家再看書。張氏勸告他：「人生氣血有限，晝夜兼勞，久之氣血兼病矣。」在妻子的再三勸勉下，李開先暫時放下對戲曲的癡迷，刻苦讀書，於二十七歲時考中進士。

入官場後，李開先意氣風發，期待著有所作為。他曾馳馬邊疆，經營戎事，他在政譚慷慨激揚，議論時弊。可他還是喜歡舞臺。他與名士交往，切磋戲曲心得，並在京師豪飲高歌，這些讓政譚大老夏言對他不滿。

四十歲時，他正春風得意，一再遷升，卻突然飛來奇禍。嘉靖二十年（一五四一）四月，皇家宗廟發生了火災。

宗廟失火可是不得了的大事，這是上天在警告人間帝王，朝廷之中有了奸佞之徒。京師內四品以上官員都上了一份所謂的「辭職書」，擺出姿態。但誰是奸佞，卻是由人事關係來決定，內閣大老們依據個人好惡來決定取捨，首輔夏言對李開先不滿，將他踢出了官場。

嘉靖二十年五、六月間，李開先回到章丘城南，開始了長達二十七年的閒居生活。

章丘風光宜人，有山、有水、有名士，更有他所鍾愛的戲曲。散曲家馮惟敏專程前來拜訪他，兩人「秋夕共語」，討論戲曲。在離開章丘途中，馮惟敏興起，寫下散曲《中麓歸田》，毫不吝嗇地對李開先予以讚美：「山河依舊，其中自古聖賢州。似您這天才傑出，真個是無愧前修。霎時間對客揮毫風雨響，世不曾閉門覓句鬼神愁。」

在此間，他不寂寞，可他還是有所牽掛。他在官場跌倒，他不甘心，期待著能有機會再次出仕。他在莊園中修建一座樓，珍藏皇帝賜給他的敕命，每歲都要捧起一讀，如皇帝就在眼前。他關注邊疆，送侄兒從軍，更期待能「驅逐倭酋靜海洋」。他與京師官場中的舊交頻繁來往，並暗中操作，希望能再被起用。

等待的日子是痛苦的，為了消磨時光，他建了藏書樓，收藏古籍，藏書之名聞於天下。他蓄養歌妓，「徵歌度曲」。他接連納妾，於溫柔鄉中「坐消日月，暗老豪傑」。

李開先家中，「雖風雨之夕，客常滿座」。他身邊有一群門客幫閒，其中有精通曲藝者，如蘇洲，號雪蓑道人，他精通琴、琵琶，能歌吳曲，好劇飲，醉後袒臂大叫，旁若無人。

李開先性喜美色，納妾頗多。李開先有一妾張二，本是青樓女子，擅長簫管。

他納妾的標準是精通樂器，如果年輕貌美，但不通樂器也無妨，他可以收入房中再教授樂器。

當時蓄養家班之風盛行，李開先也有家班，號稱「書藏古刻三千卷，歌擅新聲四十人」。曾有人到李家拜訪，見其家中有戲子二三十人，女妓二人，女僮歌者數人。客人所云女妓二人，即張三、范四兩名小妾。

李開先在章丘的生活與西門慶無二，每日或是看家班演出，或是與童子踢球，或是鬥棋，或是歡飲。人間樂事，不過如此。

李開先對詞曲精通，不時調教家班。家中門客裡有精通南北曲調者，也常為家班指點唱法。對於自己精心打造的家班，李開先是滿意的，有貴客臨門時就拉出來演出。

後日的文壇領袖王世貞，年輕時擔任青州守備，曾拜訪過李開先，也欣賞過他的家班演出。從江南而來的王世貞，什麼大場面沒有見過，幾個稍微受過聲樂訓練的僕人、幾名從青樓挖來的女子，都入不了他的法眼。王世貞看了演出後大為失望，家班「戲子皆老蒼頭也，歌亦不甚葉」。

家班入不了王世貞法眼，李開先不好意思，謊稱家中有能歌善舞者數人，只是散在各莊未曾回來。王世貞洞察此老心思，也不好意思戳破。

玩家班李開先還嫌不過癮，嘉靖二十三年（一五四四），李開先創作了一組散曲《中麓小令》。《中麓小令》的創作純屬偶然。李開先碰到一名精通南北曲調的藝人，一時興起，作小曲百餘首。李開先是北人，卻作南曲，充分展示了其戲曲才華。《中麓小令》一出，風靡大江南北，數百人唱和，被時人稱為「中麓體」。

過了散曲的癮，李開先意猶未盡，又弄起劇本來了。

天下豪傑，皆有不平之氣，不平則鳴。嘉靖二十六年（一五四七）夏，李開先以一腔不平之氣，放聲而嘯，編寫了傳奇《新編林沖寶劍記》（簡稱《寶劍記》）。

歷史上並不存在林沖其人，《大宋宣和遺事》中出現了林沖，在梁山排名第十三位，並不起眼。到了《水滸傳》中，林沖的戲份才多了起來，不過他的形象多是憋屈隱忍。金聖歎就評價道：「林沖自然是上上人物，寫得只是太狠。看他算得到，熬得住，把得牢，做得徹，都使人怕。」林沖太能隱忍，一旦爆發卻是可怕，金聖歎如此說。

《寶劍記》脫胎自《水滸傳》中林沖的故事，但故事情節卻全然不同。

李開先將自己的遭遇融入到林沖這個人物身上。林沖被高俅陷害，上了梁山，最後點起五萬兵馬，殺入京師，報仇雪恨。前鋒將領，是那手舞宣花斧袒胸跣足，要殺入東京剁翻皇帝的黑旋風李逵，這與原書故事大相徑庭了。《寶劍記》中，李開先就是林沖，高俅就是夏言，李開先的復仇欲望，在戲劇中得到了發洩。

《水滸傳》中，林沖夜闖白虎堂，攜帶的是寶刀。到了李開先筆下，他攜帶的卻是寶劍，「閒啟寶匣看古劍，紫電照人睛碧」。《寶劍記》以寶劍開題，以寶劍結尾。林沖剷除高俅後，與妻子重逢，尋回了寶劍，「寶劍永傳揚」。

寶劍在中國古代有諸多象徵。它歷經千錘百煉，方才鑄就，百折不撓。它被認為天生陽剛，能克服邪魔，是各類神仙手中必備之物。它象徵正義，十年磨一劍，誰有不平事？它外形典雅，高冠雄劍，曾是文人的標準打扮。寶劍在手，文人頓時豪情萬千，倍增陽剛之氣。

李開先身上也有一股任俠精神，不屑文士，「以兵自雄」。在《寶劍記》中，寶劍的意象貫穿全劇。《寶劍記》全劇就如一把寶劍，深藏鞘中，一點點抽出，一點點展露光芒，寶劍出，鳴不平。李開先之後，陳與郊將《寶劍記》改編為《靈寶刀》，把林沖的武器從寶劍換回為寶刀，卻已失去了精髓。李開先筆如寶劍，不帶文人酸氣。他鄙夷當時文壇上的擬古風尚，「每憤文體如妝粉骷髏」。他與李攀龍同鄉，相距不過百里，卻絕無往來。他寫作時隨心隨筆，常言常意。他親近民歌，曾蒐集編寫了民歌集。

《寶劍記》中吸納了流行的民歌，劇本中可見《山坡羊》、《傍妝臺》等各類民歌。民間語言的採納，也使全劇語言自然，無典故，不雕琢，以樸素語言展示人物所處環境及內心感情。如林沖夜奔時唱道：「按龍泉血淚灑征袍，恨天涯一身流落。專心投水滸，回首望天朝。急走忙逃，顧不得忠和孝。」

《寶劍記》刻印之後，因其故事起伏跌宕，語言通俗易懂，傳播各方，「歌之者多」。對《寶劍記》，當時士人多有褒獎。《寶劍記》與《浣紗記》、《鳴鳳記》並稱三大傳奇，王九思稱之為「一代之奇才，古今之絕唱」。

大才子王世貞看了《寶劍記》後，卻另有一番感想。他認可李開先提煉後的戲曲臺詞，「辭之美，不必言」。不足之處是音韻過於生硬，王世貞認為，如果請蘇州人過來調教一番，糾正音韻，則可傳播更廣。

李開先最滿意的恰恰是音韻，他曾自吹：「音韻諧和，言辭俊美，終篇一律。」現在被王世貞潑冷水，李開先心情抑鬱不快。不過也不是王世貞一人有此觀感，有人指出，李開先「不知南曲之有入聲」。

《寶劍記》寫就之時，正是海鹽腔大行其道之時。萬曆朝以前，士大夫請客吃飯，多用海鹽腔宴席招待賓客。若用其他腔，則為不敬。《寶劍記》所用也是海鹽腔，後來風靡一時的昆曲，此時還未大放光芒。隨著昆曲的崛起，戲曲的發展，《寶劍記》漸漸淡出了舞臺。但其中第三十一齣《林沖夜奔》至今仍是昆曲、京劇、贛劇、湘劇、弋腔、柳子戲、梆子戲的保留劇目。

《寶劍記》寫就之後不久，李開先的結髮妻子張氏去世。張氏十九歲嫁到李家，夫妻二人同甘共苦，相濡以沫。李開先與妻子感情很深，可他年輕時出沒青樓，感染了花柳病，又傳給了妻子，每發作時奇癢難搔。妻子對此沒有怨言，對待丈夫一直很溫柔。

張氏臨去世前，還讓親弟弟去幫李開先購買小妾，並再三囑咐弟弟，小妾要色美可人，性情溫和，能讓丈夫愉悅。妻子去世後，李開先寫下了許多懷念之作。在《亡妻張宜人散傳》中，他就自己年輕時的浪蕩行徑做了深深懺悔。

張氏死後不過三個月，十八歲的愛妾張二又突然去世。李開先對張二念念不忘，在詩中寫道「觸物傷情雙淚落，餘香猶染舊佼綃」。對於張二的死因，李開先避而不談，很可能不是正常死亡。滿堂歡宴，熱鬧歌舞的背後，掩蓋不住李開先內心的寂寥，也磨不去他的恨意。李開先對夏言是恨之入骨，在詩文中對他多有鞭撻。嘉靖二十七年（一五四八），夏言在政治鬥爭中失敗被殺。李開先聞得消息後大喜，寫了首《門聞夏桂洲凶報》，詩云：「上方有劍何須請，相國驚聞瀝血頭。」

在自己的莊園中過著愜意生活，再想想夏言的命運，李開先對他的恨意也少了幾分。

夏言被殺，讓他有另一番感受，官場險惡，不若隱居逍遙，快樂一生。他不再期待明主，而是袖藏老莊，枕存周易。嘉靖二十八年（一五四九）二月，李開先的好友張治任禮部尚書，欲推薦李開先重新出仕。張治寫信詢問李開先意見，李開先回書謝絕，自此斷了仕途之心。此時他回顧自己往昔的雄心壯志，突然覺得自己是那般的滑稽可笑，「每撫雄心還自笑，羞將鶴髮對人梳」。

嘉靖三十一年（一五五二），李開先五十一歲，此年他的生母去世。此後幾年，他的子女接連去世。李開先子嗣羸弱，與他早年青樓狎妓，沾上花柳病有一定關係。

年邁之後，李開先陷入孤獨淒涼之中，他的子女都已夭折，他的妻妾陸續去世。為了尋求精神寄託，他探訪古寺，尋找高僧，研讀經文。在他身上，《寶劍記》中的豪情已漸漸消失。可在外人眼中，李開先放蕩不羈，攜妓吟詩，高朋滿座，笑傲山林。他雪中訪古寺，夜半狂歌，酒後編曲；他以詞曲娛老，文采風流，照耀北方。

隆慶二年（一五六八）二月，李開先去世，享年六十七歲。一說認為，他的死因與藏書豐富有關，當時，洪朝選擔任山東巡撫，聽聞李開先藏書豐富，借書不成，遂報復李開先，「李以恚恨死」。

他身後並不安寧，他死後，繼妻才三十八歲，嗣子才十二歲。家族中為了財產爆發爭奪戰，最終家產被奪，家境破敗。李開先的靈柩，一直停放到了萬曆二年（一五七四），在友人的幫助下才得以安葬。

後世從李開先的生活、感情、家樂、戲曲、園林、子嗣等角度出發，認為他就是《金瓶梅》的作者。《金瓶梅》中有大量抄引《寶劍記》的內容，如第六十七回，西門慶應伯爵之邀飲酒賞雪聽曲，所唱《駐馬聽》，全部出自《寶劍記》。《金瓶梅》中的諸多場景描寫，也取自《寶劍記》。

《寶劍記》中，林沖窘迫投梁山的場景

後世學者如偵探一般，將目光聚焦在李開先身上，分析他的言詞，以期獲得蛛絲馬跡，破解《金瓶梅》作者之謎。李開先在遺囑中道：「家居二十七載，享林下清福，人生至此，亦云足矣。惟蘇杭未得遊，普集新修園未得一到，《詞謔》一書未成，尤可惜也。」有學者推斷，此時《詞謔》早已寫好，李開先所歎，乃是《詞話》，即《金瓶梅詞話》也。也有後世學者推測，李開先去世後，家中門客將《金瓶梅》帶去贈送給王世貞，所以當時只有王世貞藏有《金瓶梅》全本。

《金瓶梅》的作者究竟是誰是個難以破解的謎團，只是晚明才子太多，狂情太甚，後日的研究者眼花繚亂，在眾多線索中抽絲剝繭，想破解這謎團。於是乎，同樣性喜詞曲、尤好民歌的馮夢龍也成了嫌疑人。

情膽包天唱民歌

民歌在歷史上一直未被重視，屬於下里巴人的消遣。不想到了明代，民歌竟然鹹魚翻身，被稱為「有明一絕」，可與唐詩、宋詞、元曲相並肩了。

民歌在明代興盛，其受歡迎的內容卻不是北方健兒豪意萬千，騎馬挎刀，雪夜出雄關，驅馳塞北外之類。而是吳儂軟語，濃情蜜意，打情罵俏，情欲氾濫，這類民歌走進千家萬戶。

民歌來自民間，沒有太多的文人氣息，沒有繁瑣的辭藻堆砌，其中蘊含的是民眾的真實情感，凡情欲生活、市井百態，無不納入其中。如同今日的流行歌曲一般，民歌老少咸宜，傳遍街頭巷尾。時人記載，民歌風行時，「不問南北，不問男女，不問老幼良賤，人人習之，亦人人喜聽之，以至刊佈成帙，舉世傳誦，沁人心腑。其譜不知從何來，真可駭歎」。

民間對民歌的熱情，讓讀書人不解。在松江地方上，凡是朋輩之間的諧謔，或是士人稍乖張之舉，很快就被編成民歌四處傳播。城鄉之間的惡少，飲酒作樂，遊蕩街頭時，群起而唱民歌，聲浪滾滾，氣勢洶洶。

民歌具有鮮活的生命力，它沒有過多的詞語矯飾，不受詩詞格律的限制，題材豐富大膽，突破了文人閨情、風情的主題，敢言文人不敢言之情，敢說文人不敢說之愛。袁宏道認為：「當代無文字，閭巷有真詩。卻沽一壺酒，攜君聽《竹枝》。」

民歌的興起，吸引了一批欲革去華而不實文風的文人的注意，「真詩在民間」成為很多文人的共識。當民歌得到了文人的關注後，它被系統地加以整理，發展成為一種新的文學體裁。

李開先認為民歌直出肝肺，不加雕琢，真情足以感人。他整理了元、明兩代的民歌和散曲《市井豔詞》，並對作家、作品一一加以評點。李開先去世後大約二十年，馮夢龍開始了對吳地民歌的蒐集、整理、編撰工作。他整理民歌有著深層動機：「藉男女之真情，發名教之偽藥。」

馮夢龍早年時驚才絕豔，笑罵皆成文章。馮夢龍自恃年少英俊，狂放不羈，他狎妓青樓，與歌妓結交，「逍遙豔冶場，遊戲煙花裡」。

多年之後，回憶起少年時的狎遊時光，他無限感慨。他為這些青樓女子作傳，在他的文章中可以看到諸多充滿個性的妓女，她們或是才情萬種，言談諧謔；或是敢愛敢恨，追求真愛。他的筆下，有名有姓的妓女就有十餘人。

馮夢龍深戀名妓侯慧卿，二人曾有白頭偕老之約，不想馮夢龍卻被拋棄，侯慧卿選擇了一名商人。在從良改嫁之前，侯慧卿特意請馮夢龍過來話別。心愛的人轉投他人懷抱，馮夢龍萬念俱灰，他不捨，他心痛，可他卻無能為力。

不是侯慧卿對馮夢龍無情無意，只是一名名妓從良所需要的贖金太過高昂，當時只有富豪、高官才能負擔得起。二十餘歲的馮夢龍，根本沒有經濟能力幫助心愛的人贖身。侯慧卿也是無奈，她無法等待，她必須趕在年老色衰之前從良嫁與他人為妾，擺脫在青樓中的悲慘命運。

此段感情挫折予馮夢龍極深的傷害。失戀之後，他抽打自己耳光，大罵自己何必對青樓女子認真。他大病一場，閉門謝客，專心創作情詞。他在諸多詩詞中描繪了自己的愁腸百結，「最是一生淒絕處，鴛鴦塚上欲招魂」。多年之後，馮夢龍再讀當年失戀時寫下的詞曲，「猶可令人下淚」。

馮夢龍在《掛枝兒》中記下了自己與名妓馮喜生的一段故事。在馮喜生即將嫁人從良的前夜，請馮夢龍過來話別。夜半，馮夢龍離去之前，詢問美人有無話要說。馮喜生淡然一笑，為他唱了民歌送別。後來馮夢龍編撰《掛枝兒》時，馮喜生紅顏不再，追念之情，湧上心間。馮夢龍狂呼：「嗚呼！人面桃花，已成夢境……佳人難再，千古同憐，傷哉！」

馮夢龍被民歌所吸引，為民歌癡迷。他生而就是風流浪子，民歌於他就如遊龍之於江河。民歌因他而被廣為傳頌，他因民歌而有了文學感悟與情感昇華。

馮夢龍二十二歲時就開始蒐集民歌。他從市井小巷中蒐集民歌，

金陵富春堂唐氏萬曆間刻本《南西廂記》中插圖

從被刊印的書籍中尋覓民歌。至於酒館青樓，更是他蒐集的民歌的主要來源地。馮夢龍向琵琶阿圓蒐集民歌，被其歌聲傾倒。他深夜於名妓馮喜生處得贈民歌，多年後猶惆悵不已。他毫不忌諱，看到彈詞的盲女與行歌的丐婦都要過去探聽。如果偶爾能得到一首民歌，「何妨愛殺」。

在一些道學家看來，民歌乃是山野田夫信口所作，並無文學意義。馮夢龍則予民歌以高度評價，在天啟年後編輯了《掛枝兒》《山歌》兩本民歌集，收錄民歌八百餘首。

馮夢龍與李開先的區別是，他將民歌與詩詞並列，將它稱為一種真正的文學體裁。先前的文學家雖然喜歡民歌之真，但對民歌的認識，不過是「可資一時謔笑」。馮夢龍不但視民歌為一種文體，更將民歌的地位抬高，甚至認為「但有假詩文，無假山歌」。

民歌集《掛枝兒》起於北方小曲《打棗竿》。《打棗竿》傳到南方後，與南方民歌融合，逐漸形成了《掛枝兒》。很多時候，人們比較常提及《打棗竿》。嘉興李日華就道：「我明事事落古人後，其超絕者，茶酒墨與《打棗竿》而已。」

《山歌》則興於明代中葉以後，其內容與江南地域的社會生活相關，是民眾在日常生活中為了娛樂、放鬆而創作出來。《水東日記》中載：「吳人耕作，或舟行之勞，多作謳歌以自遣，名唱山歌。」

這兩本民歌集都是民間俗曲或民歌，來自吳語地區的農村和市井階層。情欲題材大量介入，則是吳地民歌的顯著特點。

《掛枝兒》卷一至卷七分別以私、歡、想、別、隙、怨、感為名，描寫了初戀時的款款情深，熱戀中的狂熱癡迷，離別時的執手相看淚眼，對情人的思念，偷情時的歡愉，新婚燕爾的雨水之歡。

《掛枝兒・泣想》：「青山在，綠水在，冤家不在。風常來，雨常來，書信不來。災不害，病淨害，相思常害。春去愁不去，花開悶不開，淚珠兒汪汪也，滴沒了東洋海。」

苦戀之情，思念之心，透徹紙背。

《掛枝兒・性急》：「興來時，正遇我乖親過，心中喜，來得巧，這等著意哥，恨不得摟抱你在懷中坐，叫你怕人聽見，扯你又人眼多。看定了冤家也，性急殺了我。」

歡喜之情，發自內心。

《掛枝兒・久別》：「自從他那一日匆匆別去，到如今秋深後風雨淒淒，欲待要做一領衫兒捎寄，停針心內想，下剪自遲疑。這一向不在我身邊也，近來肥瘦不知你。」

思念之情，難以收斂。

文人也作民歌，且多是放浪形骸之作。文人若不能躋身官場，則放縱於歡場，長醉於溫柔鄉。當酒香飄飄，民歌靡靡之時，他們怎麼能抵擋得住面前的極樂誘惑。他們自然而然地要放縱文人的才情本色，就著美人笑，好酒歡歌，作出合於情景的小曲。

馮夢龍自己親自操刀，撰寫民歌，更收錄了米仲詔、董遐周、白石山主人、丘田叔、黃方胤、李元實、蘇子忠等人的作品。所擇入民歌集的文人作品，馮夢龍有三個標準：要真，要俗，要有情。脫離了真、俗、情，泛著文人酸氣的民歌，哪怕寫得再典雅，他也不擇取。

且看董遐周的作品《掛枝兒・噴嚏》：「對妝臺，忽然間打個噴嚏，想是有情哥思量我，寄個信兒，難道他思量我剛剛一次？自從別了你，日日淚珠垂。似我這等把你思量也，想你的噴嚏兒常似雨。」

這完全是市井俚語，浪子心聲了，哪裡還有半點書生氣。難怪《掛枝兒》一出，道學先生們拿了道德大棒，紛紛追殺馮夢龍。《掛枝兒》刊印後，被「不肖子弟」所追捧，「靡然傾聽」。馮夢龍被衛道士群起攻擊，狼狽不堪，眼看著將有一場牢獄之災。

馮夢龍倉皇趕赴湖北，去向熊廷弼求助。熊廷弼是明末著名將領，一生三次任職遼東，坐鎮一方，威名赫赫。熊廷弼曾任江浙督學，與馮夢龍有師生之誼，緊要關頭，馮夢龍只能找他幫忙。至湖北相見之後，熊廷弼忽然問道：「海內盛傳馮生《掛枝兒》，曾攜一二冊以惠老夫乎？」原來熊老先生也是性情中人，想一睹民歌為快。經熊廷弼出面幫忙，馮夢龍才擺脫了官司，不然也是李贄一般的下場了。

與《掛枝兒》相比，《山歌》的內容取自山野，更加貼近生活，也更加奔放。馮夢龍謂山歌「最淺，最俚，亦最真」。在《山歌》的序言中，馮夢龍就坦白直言，書中所收錄「皆私情譜耳」。山歌中更有許多大膽的性描寫，且看兩首。

《山歌・饅頭》：「姐兒胸前有介兩個肉饅頭，單紗衫映出子咦像水晶球，一發發起來就像錢高阿鼎店裡個主貨，無錢也弗肯下郎喉。」

「發」指膨脹，「錢高阿鼎」是「吳中饅頭店之有名者」，「個主」是「這個」的意思。以饅頭，隱喻女性胸部及男性的癡念。

《山歌・荸薺茨菇》：「郎替嬌娘像荸薺，荸薺要搭茨菇兩個做夫妻，茨菇葉生來就像姐兒兩膀當中個主貨，荸薺心透出也像情哥郎個件好東西。」

此處以荸薺、茨菇外形，暗指男女性事。

《山歌》刊行之後，對衛道人士來說口味實在太重，根本無法接受，最終湮沒於歷史，幾近失傳。直到民國二十三年（一九三四）上海傳經堂書店主人朱瑞軒君到徽州訪書，方重新顯於世。

至於《掛枝兒》，也只有節抄本流傳於世，人們無法得見全本。近代鄭振鐸偶爾在小書攤上見到一本題為《掛枝兒》的小書，便將這本小書購下。鄭振鐸翻閱之後，發現這本書不同尋常，決定將它收錄在《鑑賞叢書》內出版。但鄭振鐸買的這本小書中，只有四十一首《掛枝兒》，後來他又從上海挖掘出了九卷本的《掛枝兒》明刻本殘帙，再加上浙江發現的《掛枝兒》，方才補全此書十卷。

馮夢龍用了較多精力，蒐集、整理、編撰以「情愛」為主題的民歌。因為《掛枝兒》《山歌》，馮夢龍招惹了一堆是非。雖然最終官司得以擺脫，但馮夢龍還是受到了沉重的壓力，他被指責為狂生、無賴，生活也陷入困境。馮夢龍一度家無餘錢，不得不靠朋友幫忙才能維持生活。迫於生計，馮夢龍落魄奔走，先後在多處授課。

五十三歲時，馮夢龍所著《醒世恆言》出版，此後又相繼出版了系列作品。寫作、設館授徒並未改變他的生活，他不時得靠朋友饋贈解決生計。

老友袁晉與富豪爭奪一名妓女，吃官司入了牢房，出獄後以此段經歷寫了劇本《西樓記》。劇本寫好後，袁晉很不滿意，就帶了劇本去請馮夢龍指正。馮夢龍拿了劇本，翻了翻就扔在書桌上，一句評語也未發表，袁晉悵然而歸。

此時馮夢龍家中斷糧，家人過來相告，馮夢龍道：「無憂，今夜袁晉要送錢給我。」家人聽了，都以為他說夢話。卻說袁晉回家之後，躊躇至夜，忽然拿了一百兩銀子去馮夢龍家。到馮家門口，門還開著，僕人云：「主人正等著你呢。」袁晉入內後，馮夢龍已將他的劇本改好等他來取。

崇禎七年（一六三五），六十一歲的馮夢龍擔任了福建壽寧知縣。在壽寧為官期間，他一反早年的荒誕不經，回歸到了正統。他在壽寧表彰了六名節婦，對寡婦守節讚譽有加，並以尋訪到節婦而自得。早年的馮夢龍可不是如此，他認為女子之智不在男子之下，駁斥「女子無才便是德」。他整理民歌，讚美追求真愛的女子。他提倡婚姻自由，更稱讚卓文君私奔。此一時，彼一時，在其位，謀其政。

崇禎十一年（一六三九），馮夢龍離職返鄉，再未出仕。他返鄉之後，雖已七十，卻齒健力強。他在蘇州文壇上活躍無比，與友人們飲酒賦詩，放縱於山水之間。明亡後，七十二歲的馮夢龍遠遊東海，不知所終。有一說認為，他飄洋過海，遠渡重洋，抵達日本。

馮夢龍雖去，民歌卻在世俗生活、飲食男女中千百載相傳。

第三章：超脫的穿住行

猖獗的「服妖」

服裝是身體的延展，愛美是人的本能，人們用衣裳營造出賞心悅目的效果。不過，總有一群人，在思想上超越，在服裝上爭奇，被衛道士痛恨。而服裝上的叛逆，則被厭惡者們冠以「服妖」的貶稱。

「服妖」之類的衣服，因為叛逆、因為奢麗、因為詭奇，甚至被上升到國家興亡的高度。衛道士們回顧歷史，驚歎漢董卓之亂、晉五胡亂華、唐安祿山之亂，都是因為「服妖」流行，導致國家衰亡。

可區區衣服，真能讓一個王朝崩潰？

史學家趙翼曾說過，朱元璋一人兼具「聖賢、豪傑、盜賊之性」。「聖賢」一面的朱元璋相信，「服妖」之風會亡國。總結元代滅亡的經驗，朱元璋認為元代風氣過於奢靡，僭越禮法，一般民眾衣食起居與公卿無異，奴僕「往往肆侈於鄉曲」，導致「貴賤無等，僭禮敗度」。一場生活上的整風運動開始，衣著服飾自然是雷霆所指。

洪武元年（一三六八）二月，朱元璋下詔「復衣冠如唐制」，詳細規定了皇帝、太子、大臣的服裝。此後他又以婦人繡花般的細心，上百次地頒布涉及服飾的各項規定。直到洪武三十年（一三九七），他仍然就衣著問題，不斷進行指導、調整。

在穿著上，朱元璋的手伸得太長，不但官僚集團們的朝服、常服有著繁瑣規定，就是一般平民百姓們的服飾，朱元璋也親自過問，參與設計，再三修改。

洪武三年（一三七〇），他就庶民衣著做了詳細規定。如男女衣服不得用金繡、錦繡之類，鞋子不得裁製花樣，不准用金線裝飾。佩戴的首飾只准用銀，不許用金玉、朱翠等。

到了洪武六年（一三七三），又下令庶民巾環不准用金玉、瑪瑙、琥珀之類。平民的帽子不准用頂，帽珠只許用水晶、香木。朱元璋甚至規定，庶民不准穿靴子。可北方冬季寒冷，總不能讓平民穿著單薄的鞋子外出吧。迫不得已之下，朱元璋只好做出變通，徐州以北，可以穿靴，以禦寒冬。

用一個人的喜好，來裁定天下人的穿著十分不合理。衣服是穿在人身上，舒適合意與否，只有個人知道。嚴格的服裝控制遇上複雜的社會生態，和眾生追求新奇美的心理，終究要冰融。

早在洪武三年（一三七〇），民間就不理睬朱元璋的禁令，衣服採用黃色，在服飾上繡上古代帝王、聖賢人物及各類龍鳳、麒麟圖像。教坊司的婦女已被打入樂籍，身屬賤民，更無忌憚，穿綢緞衣服，佩金銀首飾，街市往來，坐轎乘馬，屢禁不止。

衛道士們痛心疾首地斥責：「輕薄子弟，厭常鬥奇，巾襲晉唐，衣雜紅、紫，競相慕好，汰奢無己，實為服妖。」

隨著時間的推移，一些大臣開始偷偷地換上自己喜歡的舒適衣物，至於朱元璋設計的朝服則被扔到了角落裡。洪武二十三年（一三九〇）三月，朱元璋看到了朝臣們衣服上的改變，怒氣衝天，你們為了輕便，衣著日漸短窄，那朕就反其道而行。於是，官員們被逼著穿上了袖長可及地的衣服，不想日後，衣袖著地也是「服妖」的一種表現。

外來的稀奇服飾，更是受到舉國上下的追捧，激起了衛道士的憤慨，引起了一場場風波。被服飾控制者最先發起狂猛衝擊的，是來自朝鮮的馬尾裙。

成化年間，朝鮮國使臣來到中國，他們穿著馬尾裙出沒街市，立刻被京師中人效法，之後風靡一時。

馬尾裙以馬尾製成，繫在襯衣之內。穿上馬尾裙的好處是，它使人整體看上去更加豐滿，衣著如同撐開的傘，行走之間，姿態萬千。

最初穿馬尾裙的人主要是商人、富家公子與歌妓；後來朝內武臣效法，京師之中多有織賣者。馬尾裙之風行，以致不論貴賤高下，都穿上這種裙子。個別內閣大學士，一年四季，不論寒暑，都是馬尾裙不離腰。作為禮部尚書的周洪謨，本該遵循禮法，抵制此等異類服飾，可他喜歡也就罷了，卻還要穿上兩層馬尾裙，讓衣服更加蓬張。年輕的公侯伯爵、駙馬，還覺得馬尾裙張開的弧度不夠，在裙內繃上弓弦，增強效果。

馬尾裙之流行也帶來了一個棘手的問題。要製作馬尾裙，就需要大量的馬尾，民間的馬尾被採光之後，馬尾缺乏，市價日貴。軍營內的馬匹被人給盯上，不時發生偷拔軍馬馬尾的事件。軍馬被硬生生拔去尾巴，痛楚難當，不思飲食，日益清瘦。有官員利用此次契機，主動出擊，稱偷盜馬尾有誤軍國大事，請求嚴禁馬尾裙。最終，在朝廷的強力干涉之下，馬尾裙暫時消失，軍馬們再次留起漂亮的馬尾。

走了馬尾裙，其他的各類服飾次第而起。蒙古人的曳撒，成為最流行的服飾。

朱元璋驅逐蒙古人之後，禁止胡服、胡語。不想京師胡服再次流行，甚至影響到軍營，軍營中的蒙古服飾被斥責為「近服妖矣」。

曳撒受蒙古人的生活影響，在下擺豎向「密密打作細折」，在腰間橫向打細折。這本是蒙古人騎馬需要，縮緊腰圍。可在明人眼中，此種服裝鮮豔好看，外形華麗。明人所穿的曳撒，主要在下擺打褶，中間則無褶，比較平坦。曳撒與馬尾裙本是最佳組合，二者搭配，更顯出裙子蓬鬆如傘的效果。馬尾裙被禁後，曳撒獨尊，更加流行。

曳撒不但為士人所喜，也為皇帝所鍾愛。成化皇帝遊玩時著大紅織金龍紗曳撒；弘治皇帝退朝之後，一身曳撒。正德十三年（一五一八），正德帝朱厚照從宣府回京，命京師百官戴蒙古人的大帽，穿蒙古人的曳撒迎接，這完全背離了祖先之制，可誰敢不從？

不過也有人敢與皇帝較真，監察御史虞守隨就勸告皇帝：「蓋中國之所以為中國者，以有禮義之風，衣冠文物之美。」虞守隨的意思是：皇帝您是聖子神孫，文臣武將，應當為萬民做好表率，遵守祖宗定下的服飾規則，不可以輕易更改衣著。請陛下修改自己的錯誤之舉，不要再穿曳撒了。

正德對此嗤之以鼻，毫不理會，繼續穿著曳撒胡鬧。

曳撒十分流行，從宮中太監到官僚士大夫，再到民間小販乃至僕役，無不追捧。宮中太監喜著圓領曳撒、青曳撒。王世貞《觚不觚錄》中載「士大夫宴會必衣曳撒」。《客座贅語》中記載，南京地方上的行醫者，都穿著青布曳撒。

僭越禮制，也是服妖的認定標準。

明初曾建立起一套複雜的官僚服裝規定，但這套規定在之後的歲月中被打破了。自成化、弘治以後，官員以穿蟒服為榮。蟒無角無足，龍有角有足，官員們卻不在乎，穿上「有角有足」的蟒服出入公堂。最甚之時，宮中的太監也一身蟒服，無人來管。

這種僭越現象在《金瓶梅》中有較多反映，西門慶每日騎大白馬，頭帶烏紗，身穿五彩灑線揉透獅子補子圓領。獅子補子只有一、二品武官才能使用，西門慶是五品武官，按規定只能用熊羆補子。麒麟服本是公侯、駙馬、伯爵的服制，此時也被庶民隨意亂穿。《金瓶梅》中，吳月娘、春梅都隨意穿麒麟服。孟玉樓、潘金蓮、李瓶兒、李嬌兒一人做了一件「錦雞緞子袍兒」，依照禮制，只有二品文官才可在補子

二品文官錦雞紋樣

上使用錦雞紋樣。

明代中晚期之後，服飾管理已至失控的狀態，雖然朝廷三令五申，可根本無法規制民間的穿著。

明初制訂禮法，妓女在穿著上受到嚴格限制。「或令作匠穿甲，妓婦戴皂冠，身穿皂褙子，出入不許穿華麗衣服。」「國初之制……樂婦布皂冠，不許金銀首飾，身穿皂背子，不許錦繡衣服。」妓女「不許戴冠，穿褙子」。

明代中晚期時，妓女已突破了昔日的繁瑣禁制，以服裝展示自己身體之美。衣著面料以紗羅錦緞為主，色彩上朱碧紅紫，工藝上織金繡彩，款式上異色花樣，首飾上金玉寶石。「去船盡是良家女，來船雜坐娼家婦。來船心裡願從良，去船心已隨娼去。」這寫的是妓女們服飾華美，讓良家女子心生羨慕。

明代以赤色為尊，其原因在於朱元璋「以火德王，色尚赤故也」。大紅服裝一般只有朝廷命官才能穿，庶民，特別是女性，不能隨意穿用大紅色衣服。洪武年「令民間禮服不許用大紅、鴉青、黃色」，連婚禮、壽誕等喜事，普通民眾也不能用大紅色。

到了萬曆年間，妓女之中流行大紅縐紗夾衣，灑線繡，這很快在民間流行開來，民間服飾尚紅，衣有灑線。最甚之時，販夫走卒，一般傭夫也穿紅襖。名妓陳雪箏色藝雙絕，「都中時態新妝，多出其手，合度中節，士女皆效之」。陳雪箏敢於打破禮法，引領時尚潮流。後來陳雪箏從良嫁人，丈夫死去，她為丈夫守節不改嫁，卻又是回歸禮法了。

《金瓶梅》第五十三回中，妓女李桂姐穿的「五色線掏羊皮金挑的油鵝黃銀條紗裙子」，潘金蓮說是「裡邊買的」，也就是「宮裝」。這宮裝不但用了「羊皮」，還是黃色。第十五回中李桂姐「上穿白綾對襟襖兒，下著紅羅裙子」，也是僭越禮法了。

正德年間，服飾風格發生了巨大變化，形成了「衣必綺紈」。此時民間穿戴，率性而為，追隨潮流，「寬袖低腰，時改新樣」。松江地方上的男子服飾款式多變，時而變胡服，時而又變為陽明衣、十八學士衣、二十四節氣衣之類。豔麗色調被保守士人深惡痛絕，可紫紅色服飾在讀書人中日益流行。范濂提到，松江儒童之中流行穿絳紅道袍。他素來貧窮，崇尚儉樸，可近年來也開始穿大紅大紫色衣服。

男著女裝，自然是「服妖」的表現。可此時，男著女裝尚「服妖」竟然成為一些癲狂士人的時尚。

唐伯虎一身女裝，與和尚逍遙下棋。蘇州人卜孟碩，夏季挽高髻，著大紅苧皮袍，赤腳在街市上且歌且行。《續見聞雜紀》中記載，李樂隱居鄉間，某日進城，看到城內讀書人都是豔麗打扮，紅絲束髮，唇塗紅膏，面抹香粉，著紫紅衣服。遂作打油詩云：「昨日到城郭，歸來淚滿襟。遍身女衣者，盡是讀書人。」

《見聞雜紀》中記載，湖州府「富貴公子衣色，大類女妝巾式，詭異難狀」。《堅瓠集》云：「蘇州三件好新聞：男兒著條紅圍領，女兒倒要包網巾，貧兒打扮富兒形。」安徽地方上「又有女戴男冠，男穿女裙者，陰陽反背，不祥之甚」。

至明末社會動亂，遼東戰事經年不息，更有人指責「服妖」是禍害。顧炎武就認為「萬曆間遼東興治服，五彩炫爛，不三十年而遭屠戮」。李漁則認為「風俗好尚之遷移，常有關於氣數」。

服裝常是一個社會生態的反映，當整個社會處於高壓之下時，服裝顯得單調保守，罕見各類豔麗顏色，新穎款式。當社會自由度增加，活力充沛時，追求美、追求新鮮的人們，在穿著上也豐富多彩起來。

如果服裝影響國運氣數，則單一、無彩、死板的穿著，對應的往往是沒有自由與活力缺乏的時代。豐富、多彩、靈動的穿著，對應的則是自由與活力充沛的時代，是強盛的時代。從這個意義上說，卻不是「服妖」猖獗而導致各地民變四起，割裂中原。

「蘇樣」的魅力

明代中後期，時尚潮流的中心是蘇州，蘇州流行的吃穿住行、娛樂方式及各類精緻器物，統稱為「蘇樣」，也稱「蘇意」。

吳中素稱繁華，人才輩出，物產豐饒，宮中各類御用物品，尤其是紡織品，多取自蘇州。據文徵明記載，蘇州織染局有房屋二百四十五間，織造工匠不下千餘人。司禮監專設有蘇杭織造太監，在蘇州督造。蘇州城中，家家戶戶都有從事絲織業者。蘇州紡織業的發達，帶動了服裝業的繁盛。而蘇州周邊的松江、杭州、嘉興、湖州等地，商賈雲集，店鋪密佈，也成為蘇樣服飾的強力消費軍。

「蘇樣」衣服初期顏色鮮豔，絢麗無比，後期又改為清雅。熱衷於時尚的男士們，也從著婦人紅紫之服，一轉而變為崇尚清淡色調的服裝。晚明「蘇樣」服裝中流行白色，時有俗語云「要待俏，三分孝」。《金瓶梅》中，西門慶眾妻妾多穿著「錦繡衣裳，白綾襖兒，藍裙子」，也是受此風的影響。

「蘇樣」衣服在款式上也呈現出多變的態勢，如上衣時而長過膝蓋，時而僅僅及腰。袖子時而寬鬆，長至拖地；時而短窄收縮。蘇樣衣服的紋飾也從繁瑣華麗，漸變為素雅淡泊，女裙只在裙角繡上一圈花紋而已。蘇州婦女的頭飾，被稱為蘇州妝，蘇州妝變化頻繁，從紛繁複雜變為簡單易行。

明代「蘇樣」的總發展趨勢，是從紛繁複雜走向簡潔。

陳洪綬《夔龍補袞圖》

當日的蘇州，無異是時尚之都。風和日麗，抑或鮮花盛開之時，男男女女們換上流行的服裝出遊，成為亮麗的城市風景。蘇州葑門外荷花盛開日，「舟中麗人，皆時妝淡服」，與滿塘荷花交映生輝。

蘇州所流行的時裝，男性服裝以高冠、道袍為代表，女性服裝則以月華裙、水田衣為代表。如同今日的皮靴、西服、領帶一般，高冠、道袍、淺履，堪為「蘇樣」男式服裝的最經典搭配。《喻世明言》中陳大郎「頭上戴一頂蘇樣的百柱鬃帽，身上穿一件魚肚白的湖紗道袍」。立刻吸引了年輕美婦的注意，並結下一段孽債。《拍案驚奇》中的富商「頭帶一頂前一片後一片的竹簡巾耳……身上穿一件細領大袖清絨道袍兒，腳下著一雙低跟淺面紅綾僧鞋兒」。

道袍寬鬆，衣袖寬大，衣長過膝，風起時衣帶飄飄，使穿的人看上去仙風道骨。道袍的這般出塵效果，使得它流行於士人及富人之中。道士們所穿的道袍，顏色以灰色、褐色為主。為了顯示士人們的儒雅之風，「蘇樣」道袍通常為白色。道袍之妙，在於寬大的衣袖，出塵氣息的營造全靠它。為了追求飄逸效果，「蘇樣」道袍袖子越做越大，最後「有大至三尺七寸者」，有看不慣者諷刺道：「兩隻衣袖像布袋。」

「蘇樣」道袍用料講究，手工精湛，價格不菲，不是一般人家可以負擔的。《警世通言》中，宋敦將身上穿的潔白湖綢道袍脫下道：「這一件衣服，價在一兩之外。」

「蘇樣」風行，善於舞文弄墨的蘇州人馮夢龍自然不會放過。他在《古今譚概》中講了許多有關奇裝異服的故事。蘇州進士曹奎，穿大袖袍，大概因為袖子的尺寸過於誇張，讓人不解。

楊衍就問他：「袖何需如此之大？」

曹奎昂然道：「要盛天下蒼生。」

楊衍笑道：「盛得下一個蒼生就已經不錯了。」

僧人所穿的鞋子，以布帛為面，大口，薄底，鞋幫較低，穿著輕便舒適，也受世俗男子喜歡。「蘇樣」淺面僧鞋，採用上等絲綢製成，上繡有各類花紋，顏色豔麗。因為「蘇樣」僧鞋太過精美，在一些地方被視為「服妖」。

杭州一名官員笞打了一名追求時尚、腳著「蘇樣」淺面僧鞋的傢伙，並將他枷號示眾。在書寫封條時，官員靈機一動寫下「蘇意犯人」四字，警告杭州市民，不得受「蘇樣」的影響。可「蘇樣」魅力還是無法抵擋，蘇州興起的百柱鬃帽，浮浪少年無不戴著招搖過市。就連清修的和尚道士也生了俗心，私下購置一頂，以備扮裝俗人，出去玩耍，挑逗一番美嬌娘。

在追求新鮮、引領時尚之上，蘇州婦女更不輸男子。蘇州民間織布之家的「機房婦女」，追求華麗衣著，好為豔妝。蘇州所流行的「月華裙」精緻華美，巧奪天工，價格十倍於一般裙子。

「月華裙」一開始是用六幅布帛，至明末開始用八幅布帛，穿著之人行動起來，觀之如水之波紋。後來又出現有十幅之裙，每一幅用一種顏色，十種顏色各不相同，「風動色如月華，飄揚絢爛」。李漁《閒情偶寄》中將此裙視為「服妖」，認為既暴殄天物，又不美觀，「蓋下體之服，宜淡不宜濃，宜淳不宜雜」。

「水田衣」是以零碎的衣料拚結縫製而成，衣料色彩多樣，交錯若水田，由是得名。水田衣早在唐代就已出現，有「裁衣學水田」之說。到了明代，水田衣的製作，不再講究衣料拚結時的均勻，而是雜亂隨意，猶如渾然天成。水田衣從一般民婦的穿著，成為大家閨秀之愛，並一度成為時尚。

「蘇人以為雅者，則四方隨而雅之。俗者，則隨而俗之。」

何良俊指出：「年來風俗之薄，大率起於蘇州，波及松江。二郡接壤，習氣近也。」於是乎，「蘇樣」矗立的高冠，變幻莫測的頭巾，忽大忽小的袖口，忽長忽短的上衣，花樣翻新的髮髻，寬鬆的道袍，繡花的男鞋，招搖於松江之地，讓人目不暇接。潮流變換之間，松江也得了「奢淫黠傲」的惡名，成了「服妖」的天地。松江董其昌則別出心裁，穿起了一種用松江紫花布縫製的道袍，此衣原本是當地的送終之服，但因為名人效應，人們爭起模仿，導致這種布價驟高。

揚州繁華不亞於蘇州，但在服裝上卻受到蘇州影響。

「杏放嬌紅柳放黃，誰家女子學吳妝？」「吳妝」，正是指「蘇樣」。揚州府治下的通州，受到「蘇樣」的浸染十分厲害。通州地方上的士大夫，明前期家居時多穿著素練衣、緇布冠。才華橫溢、性格張揚的年輕人，也不過著白袍青鞋行走於街市之中，普通人家中所用則是本地所產的便宜土布。

到了萬曆年間，受「蘇樣」的衝擊，地方子弟開始追求價格高昂、色彩豔麗的綢錦，奢華者連襪子也使用綢緞製成。款式上更是變化無常，時而衣服長、裙子大，時而衣領寬、腰部細。風氣所至，當地人如果穿著無顏色、無花紋的樸素衣服去赴宴，連鄉下人也要對其加以恥笑。對此風氣變化，地方上的保守人士心憂如焚，大罵「服妖也」。

明代前期，南京地方上風氣淳樸，服飾上的奢侈、僭禮之風也未出現。萬曆年間，殊形詭制，日異月新，一波波不斷襲來的時尚浪潮，讓人目不暇接。秦淮河上的女子們受「蘇樣」影響，稱呼、梳妝

道袍紅履打扮

打扮均是「蘇式」。而在妓女們之間所流行的時尚，更是衝擊社會風氣，影響著良家婦女生活。

張岱認為，浙江人沒有主見，凡是蘇州所流行的款式，都要極力模仿。可在時尚的追逐上，浙江總是落後蘇州一拍，是故蘇州人取笑浙江人為「趕不著」。雖然趕不著蘇州的時尚腳步，可在膽子上浙江人高過蘇州人。浙江餘姚地方，一般庶民穿著士人的方巾常服，為了吸引眼球，甚至「飾以王服」，可謂膽大包天了。

崇禎皇帝的周皇后是蘇州人，最喜歡在夏季穿著純素白紗衣，被崇禎稱讚為「白衣大士」。田貴妃入宮前在揚州居住，受「蘇樣」影響，入宮之後一切穿著仍然是南方式樣。田貴妃的母親每年都要根據「蘇樣」，製作最為時髦的衣服送給女兒穿，以讓她在後宮競爭中保持不敗。

到了明代後期，思想領域發生了巨變，心學、泰州學派橫空而出，以飲食男女為人之常情，人開始回歸自我、追求個性。在這波變革的洪流之中，江南士人與富豪們走在前列，他們大膽地穿著，展示自己的個性，追求個人的歡愉快樂。蘇州地方文風昌盛，經濟發達，更有著諸多的紡織作坊。在此背景下，「蘇樣」脫穎而出，引領晚明時尚潮流。

「蘇樣」只是明代蘇州諸多時尚中的一種，其他如蘇戲、蘇繡、蘇酒、蘇妝等，無一不為時人追捧。古董收藏，書畫鑑賞，則被士人稱為「姑蘇人事」。南京秦淮河上的青樓女子經常自稱是蘇州籍，以求嫁個好人家，改變命運，外人戲稱這些青樓女子為「小蘇州」。很多徽商娶了「小蘇州」後，卻發現她們是與自己口音一般的安徽同鄉。

河南人周文煒曾憤憤地對女婿道：「今人無事不蘇矣，東西相向而坐，名曰蘇坐……坐而蘇矣，語言舉動，安得不蘇？」周文煒警告女婿勿學「蘇樣」，一旦沾上難以挽回。

可潮流終究是無法阻擋，流行時尚自有它的市場。對於新鮮事物，人們需要一個心理轉變的過程，從反感抵制到接受迷戀。明代以後，蘇樣雖然不再主導時尚潮流，可一個個新的潮流卻在不斷湧現，一直延及今日。

「山人」與頭巾天地

朱元璋在制定法律時，定下了諸多繁瑣複雜的規定，干涉社會生活，希望以此保持對社會的牢固控制，維繫統治。

小小頭巾，用途很大，它成為區分身分、分別貴賤的工具，被賦予了諸多政治意義。朱元璋甚至以政治力量推行頭巾，其中最有名者，莫過於「網巾」及「四方平定巾」。

明代男性用來束髮的網，類似魚網，網巾口以布製成，有金屬圈可穿身，用以收緊頭髮。網巾的由來也有段故事。一日，朱元璋微服私遊，至神樂觀，看有道士在燈下結網巾，就問這是何物。道士云：「網巾，用以裹頭，則萬髮俱齊。」

萬髮俱齊，在朱元璋聽來有「萬法俱齊」之意，遂決意將網巾推行天下，不分貴賤，一律使用。次日，朱元璋召見道士，命為道官，取網巾頒布於天下。

在明代嚴格的服飾等級制度之中，網巾是唯一沒有身分之別，人人可以使用的服飾。後人將「網巾、不用團扇用摺扇、濱海之地不運糧」，視為前代所未有，明代之獨創。明清鼎革之後，網巾更被視為最能代表明王朝的衣飾，抗清人士裹著網巾，投身於反清復明大業之中。

網巾一般使用馬鬃、絲線或絹製成，至於窮人則使用頭髮編成的網巾。《醒世姻緣傳》中，一個窮秀才的母親就靠織賣頭髮網巾為生。網巾的廣泛使用，使它成為成人的象徵。男子成人儀式中，首先要束髮加網巾。

明代還有著名的四方平定巾，此巾平頂四角，以黑色紗羅織成。四方平定巾的巾式不時發生變遷，或高或低，或方或扁，或仿晉、唐，或從時制。明初曾規定，

方巾

幅巾

東坡巾

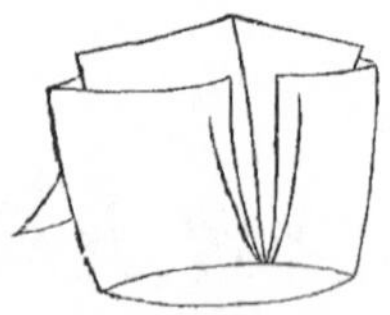

網巾

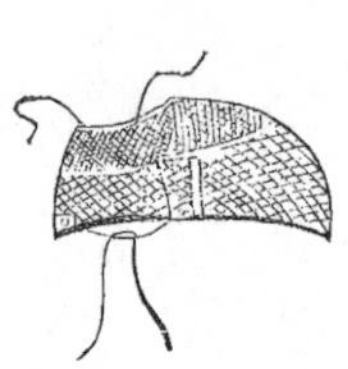

士人、庶民皆可戴方巾，但實際上只有身負功名的讀書人才能戴。方巾青衫，乃是儒生的標準形象。若是平民違規戴了方巾，被儒生們看到則又要生出是非了。

唐巾是以烏紗製成的一種頭巾，下垂的兩腳襯向兩旁分開，成八字之形。在保存下來的唐人畫像中，帝王都戴唐巾，明人從中汲取靈感，復興唐巾。不過唐巾復興後地位一落千丈，成為喪事中的常用物。《金瓶梅》中西門慶為李瓶兒辦喪事，「外邊小廝伴當，每人都是白唐巾、一件白直裰」，卻是將唐巾作孝帽了。西門慶去世之後，孟玉樓與潘金蓮、孫雪娥等人七手八腳替西門慶戴唐巾，穿壽衣。

明代最受士人歡迎的應屬東坡巾。東坡巾與方巾同是平頂四角。不同的是，東坡巾外又加重

牆。方巾戴時平面在正前，東坡巾則角綫位於兩眉之間。東坡巾佩戴較廣，西門慶去妓院與愛月兒相會時，頭上戴東坡巾，身穿補子直身，腳穿粉底皂靴。

洪武三年規定，樂工、伶人、娼妓等地位低下之人只能穿綠色衣裙，戴綠頭巾，以與士人庶民區別開來。「綠頭巾」更演變為一種帶有侮辱性質的頭飾，成為組織賣淫者之別稱。江南地方上，若是有人妻子偷情，丈夫則有戴「綠頭巾」之辱稱，此即後世戴「綠帽」之由來。

關於佩戴頭巾的規定，在現實中並未得到很好的遵行，洪武二十二年（一三八九）十二月，朝廷嚴申巾帽之禁，規定：「民人常戴本等頭巾，鄉村農夫許戴斗笠、蒲笠，出入市井不禁，不親農業者不許。」

正德中期，京內只要一有新款頭巾出現，各行各業中人群起仿效，販夫走卒也戴巾執業。顧起元在《客座贅語》中記載了南京戴巾的潮流變化：「士大夫所戴，其名甚夥，有漢巾、晉巾、唐巾、諸葛巾、純陽巾、東坡巾、陽明巾、九華巾、玉臺巾、逍遙巾、紗帽巾、華陽巾、四開巾、勇巾。」

萬曆重修的《泉州府志》中記載了明代後期頭巾佩戴的亂象：「下至牛醫馬傭之卑賤，唐巾、晉巾、紗帽巾，淺紅深紫之服，炫然搖曳於都市，古所謂服妖也。」

至明末，更有一種新的頭巾流行，此巾「低側其簷，自掩眉目」，抬頭不能見人，故稱「不認親」。《明史・五行志》中認為，崇禎年間平民間流行的「不認親」幘巾是服妖，此頭巾之流行，乃明滅亡之徵兆。

頭巾在明代與身分聯繫在一起。一些參加科舉考試多年的讀書人，在多年科考失敗之後，最終放棄了入仕希望，稱「棄巾」「裂巾」「裂冠」。萬曆年有李姓士人屢試不第，於是「棄置衣冠」，穿布袍，每日唱歌飲酒，為一閒適散人。崇禎年福建侯官人陳遁讀書經年，屢不得志，一日興起，將所有的科舉文章及士人衣巾，全數焚燒後入山隱居。

在棄巾風潮之中，最為有名者為松江名士陳繼儒。陳繼儒與董其昌同為松江俊傑，名噪四海。不想萬曆十四年（一五八六），二十九歲的陳繼儒決意「棄巾」，不再參加科舉考試。松江地方士紳官吏得悉後，再三勸告，也不能挽回他的心意。

棄巾時，陳繼儒發表《告衣巾呈》：「長笑雞群，永拋蝸角。讀書談道，願附古人。覆命歸根，請從今日。」陳繼儒雖然棄巾，但他好標新立異，每事好製新樣，人輒效法，他創「用兩飄帶束頂」，被時人稱為「眉公巾」。

陳繼儒才華橫溢，精通書畫，不再為科舉考試費神後反倒逍遙自得，生活得以改善。陳繼儒原本赤貧，靠坐館教書補貼家用，後聲名漸隆，編撰的書熱賣，請他寫作的人絡繹不絕，家境開始殷實起來。又有好友贈送山田，得以構亭築園。或吟詩作畫，或教子弟讀書，或吟嘯忘返，陳繼儒過起了愜意的隱居生活。

赤日炎夏，他休憩於樹蔭下；冬日暖午，他躺在院中曬太陽。有朋自遠方來，竹爐藤几，納涼鬥弈。他不時乘小舟入湖，停泊在蘆葦之側，飲酒潑墨，酒罷調舟返回，此時山前月白。好山好水，清風明月，唯他獨享。

晚明出現的這個亦俠亦儒、亦禪亦狂的群體，被稱為山人，好遊是其顯著特徵。山人本意是隱士，但在明代，山人的意思卻有了很大的變化。這些山人多以詩文而出名，號為山人，卻挾詩卷，攜竿牘，四處遊歷，或與權貴交往，或與文人唱和。

「昔之山人，山中之人。今之山人，山外之人。」原本只有高士才能稱之為山人，可到了明末，山人開始氾濫，什麼人都可以稱山人。甚至「粗知韻事」的女子，只要與一二名士交往後，也敢自稱山人，出現了女山人群體。一些人攻擊山人為大盜、乞兒，不時有山人招惹是非，被戴枷遊街，貼上「假山人」三字封條。

陳繼儒最恨別人稱他為山人，曾云「恥作山人遊客態」。湯顯祖早年在王錫爵家中遇到陳繼儒時嘲諷他：「既是山人，何不往山裡去？」陳繼儒由此對湯顯祖懷恨在心，在王錫爵面前攻擊湯顯祖，致湯顯祖早年在會試上遭遇挫折。湯顯祖五次入京應試，至三十四歲方才考中進士。

山人交結權貴，其角色類似於門客幫閒，名聲不佳。陳繼儒同時代人多尊稱他為「徵君」、「徵士」，意為被朝廷徵聘而不肯受職的隱士。不想到了清代，他竟然被視為山人之首，又被攻擊為「隱奸」。

與陳繼儒交往甚密的官宦有首輔徐階、禮部尚書陸樹聲、刑部尚書王世貞、大學士王錫爵及其子王衡、禮部尚書董其昌、大學士方岳貢等人。雖與達官顯貴交往，但對於政治鬥爭中的敏感人物，他持避讓態度。萬曆二十八年（一六〇〇），東林黨顧憲成請他去講學，他推辭不去。對於陷入政治鬥爭中的人物，他刻意與之保持距離，他自言「不求得福，亦宜遠禍」。陳繼儒云「要做天下第一奇男子，需要事理圓融」。與李贄、徐渭等明末狂人相比，他多了幾分圓通之氣，正因如此，他得以八十二歲高齡善終。

屠隆在青浦當縣令時，對陳繼儒青睞有加，稱他為神仙中人，陳繼儒也以弟子禮待屠隆。之後，屠隆在官場遭遇挫折，後半生未再出仕，進入山人行列。

屠隆曾以「一衲道人」之名作《別頭巾文》，回顧自己一生為了仕途而艱辛奔波，引來無數苦愁的歷程，決意與「頭巾」告別，從此解脫。不想這《別頭巾文》在《金瓶梅》第五十六回之中被全文引用，引發後世無數猜測，探究這屠隆到底是不是蘭陵笑笑生。

頭巾在明代不單單是生活中的必需品，更是身分的象徵，有著諸多的寓意。在複雜的社會生活之中，開國皇帝朱元璋所指定的頭巾，已不能滿足人們對新奇、美、奇異的追求與熱衷。人們或是復古，去唐宋挖掘古老元素，讓漢唐之巾再現光芒，或是自我創新，開發出了各種新式頭巾。

頭上的天地尚小，只能在頭巾、帽子上做文章；身上的服裝更有無數可創新的地方，因而被明人演繹到了極致。至於繁多的服飾禁忌、森嚴的等級限制，在人們對美的追求之下，漸漸被冰融。

弇山園中的仙境

王世貞在園林中慢慢老去。

對園林，他寄託了太多的夢想。

王世貞，字元美，號鳳洲，又號弇州山人。王世貞的一生跌宕起伏，他在官場上跌倒，在文壇上縱橫，最終殺出條血路，成為天下文壇之主。他在文學、史學、戲曲、書畫等領域有著較多建樹，更對造園有獨特見解。

面對朱元璋凌厲的殺伐之氣，江南文人們一度戰戰兢兢，或是隱居山野，或是遁於市井。朱元璋什麼都愛管，一切都要納入他的統治範圍，哪怕是百姓的私人生活，也要依照他的意志來安排。出身平民的朱元璋對土豪生活深惡痛絕，香米、人參、玉面狸等珍稀貢物，都被他斥責為不達政體。

對南方士人富豪之中流行的造園，洪武二十六年（一三九三）朱元璋立法加以限制：「官員營造房屋，不許歇山轉角，重簷重栱，及繪藻井，惟樓居重簷不禁。」「品官房舍，門窗、戶牖，不得用丹漆。功臣宅舍之後，留空地十丈，左右皆五丈……更不許於宅前後左右多占地，構亭館，開池塘，以資遊眺。」

這些禁制，如對構亭館、開池塘、重栱及繪藻井、顏色之類的規定，限制了園林的修建。這種種規定在明初尚被遵守，但到了明代中後期，隨著整個社會經濟的發展，大量私家園林中出現了違規建造，但也無人追究，這些條文遂形同虛設。

《幽閨記》中插畫，登樓夜眺，弇山園所營造意境不過如此

王世貞的祖上，從漢代始就有較多因為仕途不暢，轉而退隱於山林者。官場不達，轉而為山林隱逸野鶴，這彷彿是王家人千年的宿命。王世貞的伯父王愔，生平不問生計，自詡閒雲野鶴，涉獵群書。王愔花了三十多年時間，為自己經營出了一方天地，好寄託自己的野隱之心。王愔還親自參與園林的修築，雖櫛風沐雨，也不停歇。

王愔修建了山園，園中種松竹萬餘，更有各類珍稀花卉樹木散布於其中。在松竹之間，以假山營造出溝壑氣息，亭榭樓臺，小橋曲徑。山園築成之後，以「靜麗」聞名於東南。蘇州地方雖然名園輩出，卻無與之比肩者。

王憺在自己的天地中，設宴歡飲，坐上賓客都驚歎，這種生活「非仙則神」。王世貞曾有五年的時間陪在叔父身邊，不時攙扶王憺遊園，園林中的景色，四季交替，各有千秋。寄情於此中，芬芳徐出，爽沁脾腑。

在生命的最後階段，王憺已開始「捐館舍」「屬服徐」，料理後事。曾經興盛無比的園林也日漸衰敗。王憺去世之後，其少子王瞻美邀請王世貞至山石已近傾頹的園林中，聚石品茗。面對人世變化，目睹園林興衰，二人歔欷不已。

王瞻美對自己沒有心力將山園整頓如往常一般覺得遺憾。王世貞卻另有看法，發表了一番感慨。他認為，千百年後曾經的輝煌建築必然倒塌，繁華一時的園林也將消失。精美的園林終究不能久存，能夠傳世的則是文章，「園之不吾長有」，「文長在天地」。

園林可以損滅，文字卻是永恆，這就是「園以文存」。

王世貞也以自己的心血打造了園林，並圍繞著園林寫下了諸多傳世的文章。

王世貞修築的第一座私人園林名為「離贅」，意為遠離惡草，遠離紛爭。

這座園林是在特定的背景之下修建的，因為贗品《清明上河圖》，王世貞的父親丟了性命，此後王世貞「持喪歸，蔬食三年，不入內寢」。家居期間，王世貞心中悽楚，以經營園林來消除苦痛。離贅園本是太倉朱氏的菜地，被王世貞接手後改為園林。園林很小，東西不過十餘丈，南北三丈。

離贅圓雖小，卻別有洞天，尤以綠化為佳。進入園子中，入門處有蟠松兩棵，竹十餘，園中有梅亭，可賞梅，有竹室，風吹竹響。園中有桃、杏、木藥、海棠等植物，可時時撫琴飲酒於其間。

離贅圓雖好，但處於鬧市之中，王世貞不勝嘈雜。此外，祖父王倬所築的園林已頹敗，也需他加以收拾整理。

王世貞祖父王倬的園林，因園中飼養麋鹿，喚為「麋涇園」。麋涇園除了麋鹿聞名外，園中玲瓏剔透的峰石，更是勝冠吳郡。至王忬被嚴嵩父子構陷死去後，王家門庭冷落，麋涇園鹿死人散。園中樓閣失修，花木凋零，假山倒塌，雜草叢生，滿目瘡痍。面對此景，王世貞心情抑鬱，決定另覓地方，重建園林。

幾經考察之後，他在隆福寺旁邊購田七十餘畝，邀請松江著名造園師張南陽主持營造。麋涇園中的荒廢峰石被遷運到新的園林中來。

這座王世貞重新營造的園林，名為「弇山園」。

《南華》中載，「大荒之西，弇州之北」是仙人棲息之地，故取名「弇山」。性喜道家典籍的王世貞，每讀至此，心動不已。王世貞親自查閱，想考證出弇州所在。最後查閱到《山海西經》中載，弇州之山，玲瓏福地，就是一般人也能活到八百歲，每日爽然神飛，無憂無慮。

王世貞著有《神仙列傳》，羅列了道教的眾多神仙。他更希望，自己有朝一日能飛升而去，位列仙界，「登弇山之巔」。

可他終究還是有理智的人，對仙界的神往並沒有讓他癲狂，他知道，弇山終究遙遠，成仙也是渺茫。面對著時光的飛逝，人世變遷，他發出了「夫山河大地皆幻也」的感歎。悟透之後的王世貞，將自己對仙界、對弇山的夢境，轉而以園林的形式，在現實世界中營造出來。

大約在隆慶六年（一五七二），王世貞開始修建弇山園。弇山園的修建，前後歷時二十餘年。王世貞最初設想「築一土岡，東傍水，與今中弇相映帶，而瓜分其畝，植甘果佳蔬，中列竹柏，作書屋三間以寢息」。王世貞初期對弇山園的構思頗為簡單，若依此設計，則是一番農田風味，與他所設想的仙境卻是有較大距離。

王世貞常年宦遊在外，就將築園事宜交由管家一手操辦。這位大管家為人豪爽，性喜奢侈，大手筆地進行園林建設，無形之中也將主人所追求的仙境給打造了出來。計成在《園冶》中認為，園林的建築是「三分匠人，七分主人」，弇山園的建築則可謂是「三分匠人，七分管家」。待園林造成後，王世貞才驚愕地發現自己已將財盡，「問橐則已若洗」。不過，弇山園讓他很是滿意。

王世貞曾對陳繼儒闡述了自己對園林的理解。隱居山林，追求的是空寂；在市井中居住，則難免喧囂。唯有居住在園林之中，可於鬧市之中取靜。芥子能納須彌，園中自有天地，成仙之路飄搖，仙境卻可營造。

弇山園前有一條小溪，兩岸滿栽垂柳，與溪水相映，清幽冷徹。溪水南側為田地，每至收穫季節，黃雲鋪野，農舍中散發出陣陣的餅餌香。走入弇山園前，先要經過小溪、田地、農舍，彷彿一步步從俗世進入仙境。

弇山園總面積約有七十餘畝，其中土石占十分之四，水佔據了十分之三，室廬占了十分之二，綠化占了十分之一。園林之中，有三山，一嶺，二佛閣，五樓，三堂，四書室，一軒，十亭，一修廊，二橋石，六橋木，五石梁，洞與灘瀨各四，二流杯。東部以自然取勝，西、中部則以人工雕鑿見巧。

早期園林主要是「積土成山」，石頭只是作為點綴。因為要聚石疊山，石料的開採與運輸耗費的時間、財力太多，不是一般人所能負擔得起的。今頤和園樂壽堂前有一巨大的壽山奇石，號為「敗家石」。金國曾準備將這塊石頭從開封搬運至燕京，未曾想運到半路就亡了國。明代米萬鐘看中這塊石頭，結果因為運費過巨而破家。至清代，這塊石頭又被乾隆看中，最終運到京師。

王世貞修築弇山園，大量使用石材，平地堆出三座大山，疊山理水如仙境瓊島。其中所用大石，高三丈許，因為弇山園在城內，竟然毀城門而入。當時文人對此大為不滿，《五雜俎》中批評弇山園用石過度：「亦近於淫矣。」

弇山園被水分割為上弇、中弇、下弇。以一池三島，營造出海上仙山意境。一池三島是北方皇家園林常採用的理水造景方式，在江南私家園林中少見。王世貞不在乎禮法限制，在弇山園中直接採用此造景方式。弇山園中造景將近百處，景境密度遠勝於此前的文人園林。連王世貞本人都認為弇山園造景，已經透射出「帝釋宮苑」的氣息。

在園林中，王世貞營造出了一處處如夢似幻的仙境。

弇山堂前有一開闊平臺，左右各種植玉蘭五株。玉蘭花開時，燦爛如雪，宛若一片白色花海，頗有沁香環繞的意境。在玉蘭花開最盛之夜，憑欄賞月，月未出，已入仙境。

超然臺建在懸崖之上，瀕臨深淵，站在超然臺上，可以俯瞰全園。利用潭水倒映的效果，形成月亮、樓臺、山崖、潭水的絕佳組合，人於此間，自然超然若仙。

經過多年營建，弇山園建成，王世貞居於此間時，暢呼此園「宜花、宜月、宜雪、宜雨、宜風、宜暑，宜晨遊、宜晚宿、宜舟舫、宜垂釣、宜絲竹、宜醉客」。月圓之夜，水流蜿蜒，家班奏樂，輕舟發於水中，四周峭壁嶙峋。歌、舞、酒、月、水、山，王世貞忘情於此，踏遍名園意未舒，風流搖落無人繼。

王世貞藏書極多，有三萬餘卷，其中有宋版書二千餘卷，宋版《漢書》更是王世貞賣掉一座莊園購來的。弇山園有三座藏書樓，「小酉館」藏書三萬卷，「爾雅樓」專存宋版書，「九友齋」則藏珍稀的善本書。

在藏書樓中，王世貞每日「披覽之餘，焚香燕坐，佐以清茗」。藏書樓的旖旎風景，激發了他的創作熱情，他創作了多部以弇山園為名的文學作品。到了晚年，王世貞篤信佛道，對書的熱情下降，將宋版《漢書》送給了兒子，所藏三萬卷書也分給了三個兒子。這部宋版《漢書》幾經周轉，最後被錢謙益從安徽人手中高價購得。

弇山園中，當時名士雲集，如屠隆、徐階、戚繼光、達觀、羅汝芳、陳繼儒、李時珍等，都是坐上賓。屠隆來弇山園遊玩時，泛舟於水上，取青蓮，採芙蓉。酒酣之後，登縹緲樓，極目遠眺，放聲長嘯，翩然若天際真人。「雄篇麗藻，與山川映發。」

萬曆八年（一五八〇），李時珍曾到太倉弇山園拜訪王世貞，將寫成的《本草綱目》相贈，並請王世貞寫序。王世貞此年身體不佳，「僕以倦一切，稱病弇園」，此後一直沒有動筆。十年之後，萬曆十八年（一五九〇）正月，李時珍又一次來太倉拜訪，王世貞將他「留飲數日」後，覺得再不寫序沒法交代，遂在正月半為李時珍的《本草綱目》寫了序。此年十一月二十七日，帶著無限感傷，六十五歲的王世貞在弇山園去世。臨終前王世貞卻囑咐子孫，在他去世後，弇山園「能守則守之，不能守則速以售豪有力者」。出售後，若是使園子能得到良好看護，不損失其物性，就是對園子的最大保護。

王世貞去世之後，弇山園果然被轉售他人，之後幾易其主，最後連園中的假山石也被分解轉賣，用在他處園林了，時人稱之為「弇州石」，也有敗家石之意。弇山園早已不再，可王世貞的文章卻傳頌千古。後人於其文字之中，尚能感受到當日弇山園中的仙境氣象。

悠游袁小修

湖北公安有三袁，兄弟三人不世之才華，實為史上所少見。

小弟袁中道，字小修，他與二兄袁宏道相差兩歲，兩人自幼一起長大。在兩個才華出眾的兄長影響之下，袁小修少時就已顯示出在文學上的造詣，也被寄予了厚望。

長兄袁宗道於萬曆十四年（一五八六）中進士，此年二兄袁宏道也考中秀才，之後科舉之途順暢。小修的仕途卻沒有兩位兄長那麼平坦，從萬曆十五年（一五八七）第一次參加鄉試，十五年後方才考上舉人，又十三年才考中進士。

科舉場中的挫折，兩個兄長的飛黃騰達，讓小修心中不無抑鬱，滿腔牢騷不平之氣，遂出入酒家，視金錢若糞土。青年時代的小修，以豪傑自命，他身強力壯，「如健犢子」。他性格狂傲，如狂烈野馬，屢屢高歌大罵。他與酒友相邀聚飲，「置酒長江，飛蓋出沒波中，歌聲滂湃。每一至酒市，轟轟然若有數千百人之聲，去則市肆為之數日冷落」。

數年之內，小修以敗家子聞名鄉里，被妻子一通怒罵，十分羞愧，不願歸家。長期縱情酒色，也使他身體益發衰弱。小修一度懊悔，發誓要在臂上刺上「戒飲、戒淫」字樣；可字終究還是刺不下去，酒色也還是戒不了。

哥哥袁宏道仕途順暢，跑到江南錦繡之地吳縣當縣令，卻不快活。袁宏道抱怨道：「吳（縣）令甚苦我，苦瘦，苦忙，苦膝欲穿，腰欲斷，項欲落。」官場瑣事煩不勝煩，袁宏道每日裡只想遊山玩水，可每每剛至山水絕佳之處，就有公文送到。兩年之後，袁宏道終於辭職，寄情山水。

三袁都性喜山水，好遊樂。在未能入仕的歲月裡，小修不甘寂寞，隨著兄長遊歷各地，足跡遍佈天下，欲與一世豪傑為友。袁小修與當時文壇大老，如李贄、焦竑、董其昌、謝肇淛、錢謙益等人，都有亦師亦友的關係。

萬曆二十一年（一五九三）三月二十日，三袁一起從公安登舟，去拜訪狂禪教主李贄。沿途遊山玩水，拜師訪友，行一程，停一程，好不愜意。五月初，三袁抵達麻城與李贄相見。此時李贄已六十七歲。對此次見面，小修有詳細記載。

見面時，李贄對小修頗有讚譽：「小修這身俠氣，乃古今豪傑所同有的。」

小修卻不謙虛：「古人所有的，我不必有。我所有的，古人則未必有。」狂氣不輸狂禪。

小修踏遍各地，寫下了大量的山水遊記。他文字清朗，獨抒性靈，不拘格套，為當日泥古不化的文壇帶來了清新空氣。讀小修的遊記，宛若觀山水畫卷，美不勝收，情真意切，清逸淡雅。

「登妙高臺，風濤際天，簸蕩川嶽。東望大海，水氣浩白無際。」

「見古木蕭蕭。柯韻悠揚，石橋流水，悄然如話。」

「夜中雨滴竹葉，時復鏗然。曉，枕上聞黃鸝聲，入耳圓滑。起視，初日出松中，一山皆霧露。」

夜間，他行走於山間，月出寒松之上，兩山明朗，婆娑樹影映於山石之上。獨立山間，側耳傾聽，有泉水叮咚作響，遠聽如人細語，且行且近，泉聲漸響。水聲濺起，清韻入心，能洗滌靈魂。山白鳥鳴，石冷霜結，流泉月光，水流潺潺，此時此景，安得片刻聽，長使耳根悅。

容與堂刻《琵琶記》

萬曆三十六年（一六〇八），袁小修心情低落，此年大哥宗道去世，二哥宏道赴京任職。他於此年將自己的日記命名為《遊居柿錄》，取柿子苦寒之意。《遊居柿錄》記載了此後十年之間，袁小修交遊、思想等各方面的內容，是他後半生的真實記錄。

小修好遊，他最喜歡的交通工具是船。小修對乘船旅行別有感悟，買一小舟，自帶食物美酒，如此不必為趕路所累。沿途遇山水停而悠遊，遇好友可盤桓長談。萬曆三十六年，小修靜居數月，想要出遊，與八舅聊天時，偶然說起想乘舟出遊。舅舅手裡正好有條樓船，停在江中閒置不用多日。小修聽了大喜，隨即與舅舅前去沙市查看樓船，船堅固完好。「坐舟中，用江水烹茶，甚佳。」

小修將船修葺一新，搭乘此船，在公安、沙市之間來往，頗是快意。「發舟歸公安，兩岸人家，皆在雪中。風順，飛帆甚駛，時園中臘梅盛開，古梅正吐萼。」

有舟之後，小修頻繁出遊。

萬曆三十七年（一六〇九）正月初一，他舟行於水上，往澧州嘉山而去。

至山中，老僧出迎，請小修入寺中，茅屋泥牆，宛若農家。置酒，頗清冽，飲數杯。不久舟中美酒送到山上，小修邀僧人至松下，坐石上共飲，僧大醉。

正月初九，至武陵。與友人相聚，席間有一妓女陪酒，貌三十餘歲。小修初見時並無印象，再細看，竟有似曾相識之感。仔細詢問，卻是十三年前曾經邂逅的妓女。此後女子被一浪子所騙，轉賣幾次，歷經苦難，紅顏老去，足以傷情。悲情妓女，不得志文人，惺惺相惜，小修再三囑咐友人善待此女，方才離去。

在武陵，赴友人龍膺處看書畫。龍膺是萬曆朝湖廣地區著名文人，與三袁兄弟是至交。龍膺的園林內有太湖石一峰，高丈餘，玲瓏竦秀。此石本是南京徐氏東園鳳凰山主峰，徐氏求龍膺文，以此峰作為潤筆。

明代中後期潤筆風行，此時文人心態發生變化，不再以賣文為恥，而是主動走向市場，賣文為生。各類文章中，墓誌銘、碑文、祭文、祝壽詞之類價格最為高昂。龍膺十九歲中進士，與王世貞等人齊名，潤筆高昂也不奇怪。徐氏東園乃是朱元璋賜給徐達後裔、時任太傅徐禎的私園，又稱

「太傅園」，此園即今日南京白鷺洲公園所在地。

出山入舟，煙霧繚繞，峰巒聳立，有水墨之氣，山水畫卷次第展開。發舟遊桃源，過槐花堤，風颯颯上帆，順風疾行。兩岸老梅繁英，閃現於樹叢之中。小修想去桃花源，有朋友云此時桃花未開，風景不妍。小修笑道：「今梅花正開，一梅可抵十桃，不亦可乎？」

往桃花源的路上，勝景頗多，不時泊舟上岸，登山遊寺，臨水品茗。靠近桃源縣時，只見山頭起伏如波濤，又如千簇花瓣，十分生動，為生平所未見。將抵桃源縣時，過古寺，有人騎馬追來，乃友人日行八十里，追來同遊桃源。

是夜，與友人在舟中夜飲。此時恰逢當地人在江上燃燈祈福，千萬燭光，漂浮於水上。

至桃源。船夫不熟悉當地情況，遂買一小舟為嚮導。沿潭水而進，旁壁千仞，鬼斧神工。遊山觀水，風雨大作，遂泊舟於亂石邊，披衣靜坐，雨打蓬窗有聲。

一夜，宿於漁家，早起時，雪深三寸，遠近諸山，皆在雪中。袁小修急忙登舟，水面為冰雪所封，不得上行，然大約能見遠山雪景。桃源有美景，更有故人具雞黍相邀，通宵達旦，豪飲幾百杯。小修不勝酒力，友人卻不肯放過，跪地脫帽請飲，最終大醉不起。

遊罷桃源，歸途經過德山，泊舟與友人坐於樹下。此時新雨初落，山中泉水噴入江中，岸上梨花樹枝葉繁盛。出行一月以來，終日醉醺，小修在德山泊舟，聽雨清坐，始得清閒。

過洞庭湖時，風雨大作，有無數小舟尾隨而來。袁小修大驚，以為是湖匪，靠近方知是湖中採菱船。風雨漸厲，遂就岸邊農夫家中投宿。月來每日美酒肉食，此番躲避風雨，於農家飽食蔬菜，小修不由感歎：「吾殆可以為田夫野父矣。」

二月底返家。三月二十八日，小修從公安出發，與山人金一甫，泛舟而下，前往東南悠遊。舟中存酒食，載書畫，有小童。小修給舟取名「泛鳬」，出自楚詞，喻意泛舟偷生，隨波逐流。一路上以舟作屋，時行時泊，歷時三個半月。

至武昌，泊岸與友人相會，十餘年前，小修曾於友人壁上題詩《不閒行》。十年後再遊，壁上草書如故，忽覺當日之狂意，乃真大醉也。

舟過湖口，江上黑雲密佈，運糧船蔽江而下，連帆接艫，也是奇觀。日暮，風雨突止，微月照窗，水流入溪，聲甚清激。風雨不息，舟不能行，遂焚香而坐。

開窗時，風雨淒迷，飄入胸襟。

舟行以來，小修耳目清寂，倒也避過了頻繁的應酬。小修平生好酒，唯不喜夜間豪飲，飲多則寢不安席。然小修豪飲之名在外，每至親友處，一席不飲，主人驚訝，必要大力勸酒。袁小修不得不飲，苦澀如服藥。

此番出行，飲酒隨意。有時小舟停在漁市附近，看到有賣鰻魚者，即命童子買來下酒。夜泊湖岸，捲簾看明月，小酌數杯即睡，脾胃調適。「人見我好居舟中，不知舟中可以養生，飲食由己，應酬絕少。」

雨中泊舟，清寂之時，焚香讀書。舟中書頗多，小修偶然發現一冊自己整理的《苦海》，擇錄古詩中極盡哀傷之語。每讀此書，感人世之無常，悲繁華之易謝，小修心中煩躁之感頓時消退。

舟至安慶，城外景色秀麗，河道密集。小舟出入，垂柳覆渠，炊煙嫋嫋。於安慶，袁小修發出了「我拚此生住舟中，舟中即是家」的感歎。至採石磯，拜李白祠堂，堂前老檜，也是千年古樹。千年之後，古樹猶存，人為黃土。

舟至南京，於南門遙遙可見大報恩寺塔，金碧輝煌。南京風光，分外綺麗，兩岸皆畫閣朱樓，流丹騰綠，「翠袖淩波，雲鬟照水，青雀之舫，霞騰鳥逝」。連過了三四座橋，至珍珠橋上岸。至南京，不可不遊秦淮河。袁小修特意買了一小舟，約了友人，備好酒菜，至秦淮河探豔。沿途「畫橋仕女」，美不勝收，於舟上遠眺鐘山，煙嵐鬱鬱。

小修到金陵，文人墨客紛紛前來拜訪，應酬頻繁，不勝其苦。小修收拾了行李，乘小舟從水西門溜出，此時天氣酷熱，將舟暫停在賽公橋下。風吹入石橋，水作湛碧色，汗與水交織，衣服濕透。夜間，過危橋投宿於僧舍，清寂至甚。

出城後，小修往牛首山遊玩，古寺之中，松柏鬱然，風勢襲人，解衣少坐。古寺中的老僧本是農夫，以野菜煮粥，帶有藥氣，別有風味。牛首山中有千年銀杏，十七年前，小修遊此處時，曾作詩云「南唐今日樹長生」。別後重來，更有感慨。僧人展示的歷代祖師像，都是恢奇肥碩形象。

夜宿山寺，月色出於萬松之中，清絕一世。

想起與友人遊鎮江金山寺之約，小修不再於金陵停留，移至舟中，順江而下。行舟時小童不小心失腳跌落淺水之中，童子站在水中持衣而笑，以為無甚大礙，突然漩渦襲來，人不見矣。雖生死有定數，小童突然暴斃，小修終難以接受，又想起小童生前殷勤服侍的情意，夜不能寐。

過儀征，至黃天蕩，水勢洶湧，令人恐怖。所幸無事，順利抵達金山。在金山寺時，又思念起被水淹斃的童子，遂在七月初一請了山僧為童子誦經。請去尋覓屍體的船夫，連找了兩日，船幾乎被浪打翻，也沒能找到屍體。

遊罷金山寺，又往甘露寺、丹徒、丹陽而遊。「生平有山水癖，夢魂常在吳越間。」江南雖好，只是出行月餘，會試之期將近，北上京師，迫在眉睫。袁小修不得不將「泛鳧」舟遣回湖北，自己則動身前往京師。

在夢中，他見到淹斃於江中的童子阿鷺，隱隱有不悅之色。夢裡，小修問他：「汝已死，今復來耶？」童子曰：「我雖死，特來隨侍衛。」小修夢中感歎：「死而不死，快意人。」小修青年時好男色，長途出遊，身邊要帶上貌美童子，以解旅途之乏。阿鷺約莫也是小修泛舟遠遊，夜間榻上之人。

此番北行之後，小修與兄宏道返回公安。萬曆三十八年（一六一〇）九月，袁宏道去世。又兩年，其父去世。

經歷了三十餘年的科場拚搏，父兄相續逝去的大變，讓小修身心俱疲，不時發出哀歎，人生真可哭也。小修一度至山中長住，感悟人生，思考生命。

萬曆四十年（一六一二），小修返回公安，將陪伴他經年的「泛鳧」舟繫在大柳樹下。月華如水，獨坐舟頭，看千家萬戶如在甑中。停舟上岸後，小修的生活或是看人鋤竹根種蔬菜，或是栽種橘樹，或是獨坐園中看樹看花。

「中郎去後，世念已灰，願作一老居士，遊行佳山水間足矣。」

小修自言，四十歲之後才真正投入到山水之中。之前他因為愛好過多，交友過廣，對山水靈趣，卻未曾領得其中真滋味。經歷父兄逝去之痛後，小修對於仕途不再熱衷。往昔他遊山水，是人山兩望，此時他遊山水，卻已是山人一體，人景交融，如在畫中。他晚期的作品中，更多的是歸隱山林之感。

萬曆四十四年（一六一六），他終於考中進士，此後在徽州、南京等地任職。小修此時已沒有了激動與喜悅，他參加科舉，獲得功名，只是了卻一段頭巾債。仕途於他，已無多大意義，他此時體弱多病，煢煢孑立，遂以仕為隱，在官場清靜無為，敷衍了事。

五十六歲時，小修辭職，次年病逝於南京芝麻營。

夢裡尋夢夜航船

無數村落散布在浙西，被密佈的河流所縈繞。蘇州、湖州、嘉興、杭州各府及下屬各鎮之間，每夜船隻往來不絕，「酒市多逋客，漁家足夜航」。

航船之上，故事多多。夜宿於船，春夏秋冬，各有感悟。春之夜，萬物生長，靜悟花開。夏之夜，明月倒映於水中，可靜聽蛙聲，微風拂面，涼意頓生。秋之夜，江南卻不見肅殺之氣，落葉輕飄之中，可切身感悟春華秋實。冬之夜，於舟上暖壺金華酒，就著幾碟小菜，二三遊人，且飲且談。

在這夜航船上，無數旅人，看斗轉星移，說人世滄桑。夜航船上的談話，不是嚴肅的話題探討。此處的聊天，只是為了打發長夜的寂寞，沒有固定題材，沒有身分限制。農夫口中，說出來自然是充滿野趣；士人講來，滿是煙火之氣。

大才子張岱發出感歎，「天下學問，惟夜航船中最難對付」。夜航船中，彙集各色人等，皆忙忙碌碌，可這不等於在航船之中，文人就可以放開膽子，侃侃而談。江浙地方讀書風氣濃厚，浙西地方上的匠人百工往往讀過書，將歷史上的名人名字、官爵及重大事件發生年號之類背得滾瓜爛熟。

若是在航船上碰到讀書人，他們就故意刁難，考驗一下，問對方能說全瀛洲十八學士和雲臺二十八將嗎？如果說不出來，則大肆取笑一番。

浙西匠人，「學問之富，真兩腳書櫥」。在張岱看來，這些死記硬背的「兩腳書櫥」，無益於文理考校，與目不識丁之人無異，可讀書不精的書生，卻很難應付他們，屢屢在航船上出醜。

張岱講了個故事，一夜，月光傾瀉於水上，一僧人與一名讀書人一起搭乘夜航船。讀書人高談闊論，滔滔不絕，僧人聽了，被讀書人的才華所懾，將腳彎曲，以讓讀書人有更大的活動空間。

閒聊之中，僧人發現讀書人言語之間有破綻，就試探道：「請問相公，澹臺滅明是一個人、兩個人？」

讀書人道：「兩個人。」

澹臺滅明是孔子的弟子，雖然名氣沒有其他人響亮，可若是

謝時臣《風雨歸邨圖》局部

讀了聖賢書，對他定有所瞭解。

僧人繼續試探：「這堯舜是一個人、兩個人？」

讀書人道：「自然是一個人。」

僧人試探出了讀書人不過是徒有其表，敬畏之心不再，笑道：「這等說起來，且待小僧伸伸腳。」

張岱特意寫了本書，名字就叫做《夜航船》。書中所記不過是平常知識，但可讓讀書人汲取，在夜航船上聊天時不致出醜，「勿使僧人伸腳則可已矣」。

「夜航船」是浙北、蘇南平原上行於夜間的航船。夜航船的出現與江南的地理、經濟相關。環太湖流域，水網密佈，河道縱橫，船成為人們出行的主要交通工具。江南林木茂密，價格低廉，可以用來造船，在杭嘉湖平原上，流行的是「浪舡」。這種船，船體較小船上有小篷、櫓、纖繩，根據河道情況，選擇使用舟櫓，或是蓬，或是纖繩。

吳江東南六十里的盛澤鎮，居民以綢綾為業，富庶一方。「四方大賈，輦金至者無虛日，每日中為市，舟楫塞港。」嘉善與松江之間有專門運送棉紗的航船，來往不絕。各個市鎮之間的棉布、絲綢、茶葉等商品貿易，「往來無虛日」。

夜航船最多的地方是湖州，每天早上，湖州四門外面停滿了趕來的夜航船。這些夜航船載的一是行旅之人，二是販賣的桑葉。湖州有大量蠶戶需要買桑葉。桑葉要新鮮，商販必須夜間從各處出發，天明趕到湖州去賣。

夜航船有固定發船時間、固定線路，比如，從蘇州到吳江，再到震澤，再到嘉善，每一程都有不同的價格。根據各地水路情況，不同地方採取不同的航行方式，比如，到了烏鎮，因為小橋多，就不能用風帆，要用人工拉縴，或者用槳。有的地方因有湖匪，比如吳江平望這一帶，所以路過時要加快速度。江陰至常州一段，因河小水淺，不適宜大船通行。

明代在華的西方人就觀察到，中國有大量的木材，十分便宜，還有很多鐵，價格低廉，品質好，所以有許多的船隻。全國生長著數不清的樹木，哪怕沒有什麼資財的人也能輕易製造一艘船，擁有一艘艇。《天工開物》中記載，浙西、平江縱橫七百里內，「浪船（最小者曰塘船），以萬億計」。

湖州織里為造船中心，所造船名目繁多，這些船隻功效各異，主要用作生產、娛樂、交通。湖州還有個厲害的地方，就是印書。印書、造船結合起來，就催生了書船。書船從湖州出發，一路開到杭州、寧波、常州、蘇州等地去賣書，自然也要夜間航行了。

夜航船的主要功能是運輸客人，以盈利為考慮，從經濟效益出發，舒適性相對較低。一些夜航船船艙矮小，僅有一門，要傴僂著才能進出。夜航船船身狹小，人在艙內常需蜷縮著休息。所以僧人探清讀書人是個繡花枕頭後，笑著說出且待小僧伸伸腳。夜航船中擁擠，若有女子雜於其中，自會讓男子生出無數遐想了。

夜航船上，各色人等擁擠於其中，自然少不了一番夜談。葉盛《水東日記》載：「船中群坐多人，偶語紛紛，蓋言其破碎摘裂之學，只足供談笑也。」

夜航船擁擠，自然不為講究雅趣的士人所喜，於是出現了走高檔路線的夜航船。此類夜航船運送的多是有身分的士商，船艙寬敞，設有茶水酒菜，甚至有伶人在船上招待顧客。一些船隻多以夫妻店的形式經營，丈夫操作船隻，妻子料理菜餚，所提供的菜餚多是河鮮。

《西樓記》中插圖，夫妻二人操舟

「新絲賣得貫腰纏，一路歸途生晚煙。清水港看明月上，觀音關趁夜航船。」

很多商人做生意發了財也是會坐夜航船。問題來了，如果處理不好就要被人謀財害命，怎麼辦？當時出現了牙行，就是中間人，牙行出面幫你找船，幫你僱人，一切有保障。商人切忌貪圖便宜，碰上黑船，人財兩空。

話本《張廷秀逃生救父》講的就是張廷秀、張文秀兄弟，從蘇州去鎮江，因為夜航船上擁擠，就選擇了寬敞的便船。便船趁著順風，連夜而走，行至焦山時，船主露出賊人面目，將兄弟二人捆綁了投入江中。

夜航船不時會遇到暴風雨。張岱一次遇到潮水西來，風號浪拍，轟鳴聲震耳，巨浪臨空而來，墜入水面時化作無數碎雨。舟在巨浪之中顛簸，舟中眾人皆蒙被僵臥，面面相覷，唯有祈禱神明保佑。至半夜風浪平定之後，眾人出艙探視，只見月出山峽，風弱水柔，月色流淌於水面之上，留下淡淡金光。遠處群山之中，松濤陣陣。王士性乘坐夜航船行於衢州時，見傍河有橘林，綿延十數里，「花香橘香，每歲兩度堪賞，舟楫過者樂之」。

後世常將晚明活躍的經濟視為資本主義之萌芽，這頻繁往來的夜航船自然也是佐證。可在晚明，卻無產生資本主義萌芽的任何可能。

明代的中國有著比當時任何一國都多的商人，但他們既無社會地位，又無政治權力，商人在服飾、住房、交通工具等各個方面都受到限制，他們處於社會的底層，權力被以武力為後盾的、三位一體的地主、儒生、官吏階層壟斷。經濟和政治權力間是固化的，缺乏流通性，提高社會地位的唯一途徑，就是通過科舉考試改變門庭。

除了對工商業的壓制之外，中國社會中還缺乏對專制皇權的有效限制力量。在西歐歷史上，由於宗教、部落、諸侯國、商業城市等各種力量的存在，使得國王的權力不是絕對的。更重要的是，私有產權得到保護，「風能進、雨能進，國王不能進」，國王也不能肆無忌憚地去侵佔私人的財產。「無代表，不納稅」深入人心，西歐各國等級代表會議在不同年代的作用雖然不一，可在歷史上卻總是有作用的。

中國歷史上從來沒有產生過能對政治權力起制約作用的力量，城市只是農村的延伸，以更好服務於統治階層而已。廣漠的農村又是一個自給自足的封閉區域，從中不可能成長出真正的資本力量，所謂的資本主義萌芽也不過是低端市場的表現。晚明江南地區交通的發達，只是臨水區域內的自然經濟發展到極致的產物。待其發展至頂點之後，就開始走下坡路，昔日繁華難在了。

蘇嘉杭平原上，絡繹不絕的航船上，腰纏百萬的商旅看著江南夜色，心中卻是另有一番感慨。縱使家產萬貫，可普天之下，莫非王土，這萬貫家財只要被官府盯上，稍做手腳，一切繁榮即煙消雲散。除了購置田地，修建莊園外，商旅時常一擲千金，在奢侈品中消耗自己的金錢。

明亡後，顧炎武等人總結歷史，認為風氣壞在這群吃喝嫖賭的文人手中，其中掛著山人名頭到處鬼混的首當其衝被討伐。張岱也屬山人，他的忘年交陳繼儒生前不喜別人說他是山人。到了清代，陳繼儒竟然被推為山人魁首，估計九泉之下要氣得吐血。

張岱一生酷愛夜遊，留下了《夜航船》一書。《夜航船》分天文、地理、人物、考古等二十部，每部下面再分類，如天文部之下分了十四類。全書共計四千多條目，精選了歷朝歷代諸多典籍，經過張岱剪裁，形成體例。張岱寫此書的一個目的，既是讓後來者在夜航船上不缺談資，也想改變文人知識結構支離破碎的弊端，不致因缺乏常識鬧出笑話。

《夜航船》成書之後卻未得到流傳。大概因為張岱過於瀟灑、過於狂妄，政府生怕士人們都與他一樣，因此將此書列為禁毀書目，學者們也無膽去翻閱傳播。《夜航船》如同一隻孤冷的小船，飄蕩在江南水鄉澤泊之中，沉寂三百餘年後，此書方再被讀者所知。

第四章：跳躍的信仰

江南淫祀五通神

明代皇帝或是崇佛，或是通道，對各類民間信仰或是予以打擊，或是予以扶持，總的趨勢是要將信仰納入皇權控制。

洪武元年（一三六八），朱元璋下令在全國各地尋找適合官方祭祀的神祇，凡名山大川、聖帝明王、忠臣烈士，有功於社稷及對民眾有好處的各路大神，由官方每歲致祭。但凡是未得到官方許可而由民間私自祭祀的，則是「淫祠」。

能納入官方祭祀的，無不是出身正統，事蹟感人，具有教化意義的神。這類神官方認可，可民間未必喜歡。

明代中後期，隨著社會生活的活躍，信仰上呈現出百花齊放的態勢。各行各業、各地民眾根據自己的需要和喜好，捧出自己供奉的神來，建個小廟，塑個泥像，自行祭拜。

作為經濟最為發達的江南，在民間信仰上呈現出了蓬勃發展的態勢。江南地方上流行五通神，這神既淫蕩，又猥瑣，與官方推崇的高大、莊嚴、肅穆的神形成兩個極端。

魯迅《朝花夕拾》中有一篇〈五猖會〉，記述了五猖廟中端坐了五個男人，也不見有什麼猖獗之處，後面坐著五位太太。這讓魯迅驚奇、來歷奇特的五猖廟，就是流行於江南的五通神。

《初刻拍案驚奇》中，吳江秀才蕭王賓至酒肆中，只見酒肆「店前一個小小堂子，供著五顯靈官」。

五通神，又名五顯神，但二者來歷不同，至後世常被混淆到一起。

宋代傳說，婺源地方上有五名神人從天而降，說要享用地方上的香火，同時福佑地方百姓，說罷升天而去。大神飛來又飛去，地方民眾就設廟並塑五尊神像祭祀。

五神下凡顯靈，展露神力，本是地方上的傳說，不知怎麼驚動了朝廷，北宋時封五神為「侯」，因封號中都含有一個通字，故而又稱「五通」。至南宋時，五神被加封為「公」，封號中都含有一個顯字，又稱「五顯」。宋代五顯神是有官方認可的大神，被列入了國家祀典，是有身分的神。

「五顯神」又被與佛教連結起來。佛教中有華光菩薩，又名「五顯靈官大帝」。華光菩薩一般指佛祖十大弟子之一、號稱智慧第一的舍利佛。因為二者名字裡都有「五顯」，遂被湊到了一起。於佛教而言，這樣可以擴大影響，廣收門徒。於五顯神而言，被歸入佛門，地位上升，還可以得到理論上的昇華。

在民間信眾看來，華光菩薩與五顯神就是同一個神，各地的五顯廟也稱「華光廟」。《西遊記》中對此也有記載，唐僧師徒四人走到一處破敗的華光行院前，長老下了馬道：「華光菩薩是火焰五光佛的徒弟，因剿除毒火鬼王，降了職，化做五顯靈官。」

宋代蘇州即已崇信五顯神。蘇州上方山之側有一南朝人顧野王的廟，顧野王生有五子，都被封為侯，號稱五侯，五子都被供奉在廟裡。五顯神的信徒一看這可了不得，五個兒子五個侯，這不是五顯神是什麼。

《豆香水鬼》中的《説鬼圖》

到了明初，蘇州上方山顧野王的祠堂正式被改名為「五顯靈順廟」。明初五顯神也被官方所認可，洪武年間，朝廷曾在南京雞鳴山建立了五顯靈順廟。不過五顯神卻尷尬地發現，自己漸漸被與邪神五通等同起來。

這淫邪的五通神來歷更為久遠。唐代就有關於「五通」的記載，不過此時的五通還是鬼，「牛阿房，鬼五通」，專門在陰間進行收魂行刑等勾當。據柳宗元記載，「柳州舊有鬼，名五通。余始到，不之信」。柳宗元將地方上的「五通」小鬼予以打擊，斷絕了柳州妖邪崇信。

宋代有大量與「五通」相關的故事。五通神來歷各異，或是戰場戰死者的孤魂，或是各類動物草木化作的精怪。祂們淫邪不已，不時在鄉間姦淫婦女；不遵從五通神心意者，常遭到報復。宋代筆記小說中常可見有人不肯祭祀五通神，結果抱病身亡的故事。五通神還有一個特殊神通，即能幫助人發財。不信就要遭殃，信了則有財運。如此，淫邪但能幫人發財的五通神大放光芒，在江南地方上備受尊崇。因為五顯神在北宋時封號中含有「通」字，也稱「五通」，於是官方認可的五顯大神，與民間流傳的五通淫神被混淆在了一起。南宋時曾有人特意對二者做了區分，五顯是尊貴的正神，五通是卑下的邪神。

到了明代，官府對於「五通」與「五顯」還是能辨識清楚的，可民間哪裡能認識這些。在民間，「五通」與「五顯」被畫上了等號，原先五顯正神的廟，現在也被五通邪神盤踞，蘇州上方山則有成為五通邪神道場的趨勢。

邪惡的大神往往喜歡稱聖，五通邪神又稱「五聖」。在田間的稱田頭五聖，在樹上的稱樹頭五聖，在屋上的稱為簷頭五聖，在路上的稱路頭五聖，在橋上的稱橋前五聖，在水裡的稱水間五聖。

五通神在明代受到民間信奉，因為它身上兼具金錢、美色、權力三種特性。

世間男人，好色的很多；世間眾人，不求財的也無幾人。傳說五通神淫邪，只要他看上的婦女都能以各種手段弄到手，五通神又能讓人暴富，祂雖淫人妻女，卻賜以大量錢財。五通神還能操縱疾病，既能使人患病，也能讓人痊癒。五通神又有報復懲戒的能力，祂睚眥必報，誰在背後說祂壞話，必要遭到報復。於是，對五通神民間又敬又畏：敬，是想發財；畏，則是怕祂來勾引妻子，或是背後報復，讓人病魔附體。

據載，明代的五通神比以前更加淫邪好色。馮夢龍講了與五通神有關的一些故事，大致是美貌婦人被五通神給霸佔，家中丈夫雖頭戴綠帽，可五通神搶佔其妻，卻有豐厚饋贈，看在金錢的份上也就忍了。也有不甘心妻子被霸佔的，如長洲縣顧孝，因為老婆與五通神相好，持了兵刃與五通神格鬥，結果禍及妻子，不久妻子暴斃。

此類五通神勾引女子的故事中，五通神常化身為富家公子模樣，相貌英俊，出手大方。婦人們或因家庭不睦，或丈夫遠行，或是年輕守寡等原因，處於孤獨之中。此時五通神的出現填補了婦人們內心的寂寞，使婦人們從精神到肉體上均得到滿足，並與之生出感情。高郵李甲之婦，未到三十即守寡，因其貌美，「遂為五郎神所據」。此後被其子設計，五郎神「與婦嗚咽而別，自此杳然」。

五通神在各類故事中淫人妻女，照理說應該為世人所唾棄。不想，由於祂能讓人暴富，信仰者日盛。「五通神」在蘇州地方上也被稱為「五路神」，即東西南北中五路之神。「出門五路皆得財也」，五通神遂被與此相附會，並傳正月初五是五路神降臨之日。

《警世通言》中記載了當日蘇州的習俗：「正月初五，蘇州風俗，是日家家戶戶，祭獻五路大神，謂之燒利市。吃過了利市飯，方才出門做買賣。」

不過，五通神被設置在矮小擁擠的廟宇之中祭祀。民間風傳，五通神喜歡低矮小屋，於是百姓就如五通神所願，在高廣不過三四尺的空間內設置了五尊神。兄弟五人，在此中已是擁擠不堪，可信徒們還給五通神配上了五個婦人，一人一妻，免得五通神心生雜念，出來搗亂。

由於五通神具有使人患病的能耐，巫師為人治病時常將病因歸咎為五通神作祟。又由於五通神與瘟疫神聯繫在一起，五通神被進一步演變為瘟神五帝，被人加以祭祀。

「杭人最信五通神，亦曰五聖。」行走於明代杭州，在大樹下、在空曠的園子中、在橋梁旁邊，不時可以看到矮小的廟宇中供奉著五通神。杭州法力最強的五通神被供奉在西冷橋旁的神廟中，人們爭相祭祀。

杭州人前往五通神廟求財時，事先要用紙折好大量銀錠，供奉在五通神廟前。然後測算好所求銀兩的數目，將相同數目的紙折銀錠帶回家中，這叫做「借」。過一些時日後，要至五通神廟加倍獻上紙折銀錠，稱為「還」。有借有還，再借不難。

明初規定，凡是民間塑造未得到官方認可的神的神像，若鳴鑼擊鼓，舉辦迎神賽會，杖一百，罪坐為首之人。五通神不是官方認可的神，可民間照樣舉辦廟會，也不見有誰被杖責。

五通神誕辰日，江南各地會舉行隆重的迎神會。「每會出旌旗隊儀，輿服歌吹，費以千計。四方觀者，舟車闐隘，親朋高會，灑食宴樂之費復以千計。」

五通神會，有的地方稱為「五方賢聖會」，比其他神的廟會更加旺盛。五通神會時熱鬧非常，觀者如堵，常樂極生悲。弘治七年（一四九四）九月，杭州舉行五通神會時，無數人擁擠著觀看，北新橋上也擠滿了人。嘈雜之中，有人被擠下橋落水，有人驚呼「橋崩了」。圍觀者驚恐奔走，當場踐踏死了三十餘人，落水者更多。

五通神雖不被官府所認可，但民間人人推崇，有錢的在家裡設廟祭拜，窮人則繪像於板祭拜。上方山石湖的五通神廟，春秋佳日，遊人稠雜，畫舫連接，香火旺盛，官府也不能抑制。而五通神的淫邪本色，及其身上附著的追逐錢財的色彩，與官方的宣傳相悖逆，從中央到地方，一度展開了打擊「淫祀」的專項行動。

弘治年間，新蔡人曹鳳到蘇州擔任知府，看到五通神崇拜盛行，下令嚴禁，將廟宇神像拆毀。至曹鳳去職之後，五通神崇拜再次風行開來。上方山上的五通神廟在後世歷經多次拆毀，卻總是死灰復燃，屢拆屢興，香火縈繞，一直延續至今。

弘治元年（一四八八），浙江慈溪人楊子器，進士出身，至昆山擔任知縣。楊子器到了昆山後，先是表彰先賢祠墓，對於民間設置的祠堂則全力打擊，撤毀淫祠百餘，將塑像投諸水火，禁絕各類廟會。各類淫祠被撤毀後，有的祠堂被改為學校、文廟，進行教化工作。

調去常熟做知縣時，楊子器將地方上的「淫祠」撤去，改祭對地方有貢獻的「和孝廉」。楊子器改廟讓地方議論紛紛，認為「為政者好奇立異」，甚至有地方民眾至官府抗議，具陳廟不可改之由。不過，和孝廉祠命運也是坎坷，此後經歷了多次變更，最終還是變回了「淫祠」。

藉著打擊「淫祠」的名義，官方也將寺院中的財富收繳，充實國庫。嘉靖三十五年（一五五六），朝廷因為剿滅倭寇，軍需告急，遂在東南打擊「淫祠」。在這波風浪中，就是正經寺院也不能倖免，繳納大量金銀方得過關。

明代的五通神雖已墮落，但尚未顯示出原形；到了清代，五通神原形畢露，或為豬，或為馬，或為青蛙，或為龜。因為淫邪好色，在各類小說中五通神不時被擒，遭到閹割的悲慘命運。在蒲松齡老先生的筆下，屢屢可見五通神被閹割的描寫。

對五通神的崇拜只是凡人心思的反映。世俗中人，所求所願不過是一生平安，財源滾滾。

劉猛將與金總管

小小蝗蟲，鋪天蓋地而來，讓自詡為萬物之靈的人類也敬畏不已。有明一代，各類天災密集發生，蝗災爆發的頻率、規模也是空前。

明代的特大型蝗災，基本上都發生在夏秋之際。每逢乾旱時期，水草密集之地，蝗災最易發生，北方黃河至海河之間是蝗蟲災害高發地區，此地與蝗蟲有關的故事也最多。蝗災爆發時，蝗蟲密集而過，沿途吞噬一切禾苗草木。崇禎十二年（一六三九），爆發蝗災，蝗蟲漫天，橫亙數十里，並排而進，從北向南，所過之處草木無遺。蝗災過後，大批災民無以為生。以前走投無路時還可以「落草為寇」，現在連草都沒了，只能落地為盜寇，持刃抗官府。

面對蝗災，處於刀耕火種時期的人們是脆弱無力的。官府會出面捕打蝗蟲，可面對鋪天蓋地的蝗蟲根本捕不勝捕，人力無法捕捉每一粒雨滴，也無法消滅每一隻蝗蟲。無奈之下，朝廷不得不再三發佈命令，保護蝗蟲的天敵，如鶖、野鴨之類，嚴禁民間捕殺這些動物。

對於蝗蟲災害，古人不能理解，為何天上會出現如此密集的蟲類，吞噬地上一切作物。蝗蟲來臨時卻又有一種奇特現象，即「蝗不越境」。蝗蟲過境時雖鋪天蓋地，可有時卻不吞食某些田地的莊稼。大片田地中的莊稼被蝗蟲吞噬一空，某些地方，個別田地的莊稼卻完好無損，人們無法解釋這種現象，只好將此與驅蝗神聯繫起來。

在北方，驅蝗神主要是八蠟廟中的神，在南方，驅蝗神主要是劉猛將。八蠟廟本是祭祀與農業相關之神的廟，後逐漸變成單一的蝗神廟。每年農事結束時，民眾都要殺牲畜祭祀八蠟廟中的神靈。官方雖然禁止地方上舉行八蠟廟祭典，可遇到蝗災時，地方官員顧不上禁令，親自舉行八蠟廟祭祀典禮。如成化四年（一四六八），山陽縣爆發蝗災，太守楊景親自前去八蠟廟祭祀，「蝗盡死，歲以大稔」。

驅蝗神劉猛將是明代新興起的神。雖然劉猛將沒有被納入國家認可，在民間卻得到了百姓近於狂熱的崇信。

劉猛將的由來，一說劉猛將是宋代的名將劉錡。劉錡曾以少勝多，大破金軍，為宋中興四將之一。劉錡死後，民間傳說其顯靈滅蝗。景定四年（一二六三），劉錡被宋理宗封為「揚威侯天曹猛將」，於蘇州建立揚威侯祠。後來又被加封為「吉祥上義中天王」。宋、元、明三代，劉猛將主要是被人們當作抗金英雄崇拜，其中也隱含了驅逐金兵如掃除蝗蟲之意。

八蠟神與劉猛將，在祭祀上各有區別。北方經由獻納祭品賄賂蝗神，乞求蝗神不要降下災害，這是消極、被動的祈禱。南方則祭祀劉猛將，期待由劉猛將出面消滅一切害人蟲，這是主動、積極的祈禱。南北方祭祀上的差異，也與蝗災的爆發情況有關，北方是蝗蟲產生、爆發地區，對蝗災根本無法應對，只能軟化態度，求蟲神不要降災。南方的蝗災，則主要是北方蝗蟲南下過境，因而南方人心中信心相對較足，態度強硬，求神消滅蝗蟲。

祭祀劉猛將，在江南地區從南宋延續到現代。祭祀劉猛將的時間各地不同，蘇州地方相傳正月十三日是猛將神生日，在此期間舉辦猛將會、天曹會。蘇州地方上，人們將猛將塑像抬出，奔走如飛，以跌落傾倒為樂，名之「迎猛將」。猛將會熱鬧非凡，地方上組織起來鳴金開道，列隊張蓋，遍走四處，富戶人家都要捐資，以求平安。

吳縣農村，各家各戶出份子錢，中午聚餐，然後由少年將猛將塑像抬至田間巡視，將紙製小紅旗發給各戶，插入田野中，意為這片田地受猛將保護。若是遇到蝗蟲大規模來襲，人們自然要將猛將塑像抬著，在田野間四處奔走，沿途村莊無不敲鑼打鼓，壯大聲勢。至於驅蟲效果，在官方及文人的筆下，這種方法總是神奇地奏效。猛將一出，蝗蟲滅絕。

《荊釵記》中插圖，祭祀場景

在明代江南地區流行的民間大神中，淫邪好色的五通神不被官方認可，屢遭打壓。劉猛將因為能夠「抵禦蝗蟲」，官方對之睜一隻眼閉一隻眼，任其發展。而且對於民間的各路大神，朱元璋也曾有過指示，只要有功德於民，即便不曾納入官方祭祀，也「禁人毀拆祠宇」。

不過，劉猛將成功轉型進入官方祭祀系統，卻要到清雍正三年（一七二五）了。明代也有民間大神成功轉型被官方承認的，其中著名者如金龍四大王。

金龍四大王的原型是南宋謝緒。謝緒憤懣於朝政不清，隱居在金龍山巔讀書。蒙古滅宋，擄南宋太后北去後，謝緒投水自殺。據說他死後水勢突然洶湧若龍狀，屍體被送出，色態如生。

謝緒本只是一名效忠南宋，最終選擇自盡殉國的士人，沒有什麼神蹟。明洪武至永樂年間，並無有關金龍四大王的記載。之後謝緒突然聲名鵲起，被稱為金龍四大王，成為主管黃河、漕運的大神，這卻是為何？

元代，隨著漕運的頻繁，各類庇佑漕運的神紛紛湧現，如金總管、海神李王、沈總管、王太尉、陳總管等。金總管姓金名昌，元代被民間封為總管，專司保佑漕運平安。海神李王是湖州的土地神，卻被常熟地方上百姓演變為海神，負責保佑海運漕糧。

江陰地方上歷來就有沈總管、王太尉、陳總管等幾個神主管水運的說法。傳說沈總管是宋人，元代海運船隻多賴其神力保佑，因此被封為沈總管。王太尉是南宋人，生性剛毅，衛國保民，傳說宋軍與金國交戰，往往得到王太尉保佑，故而設祠祭祀。陳總管本名忠，生於宋末元初，傳言凡海道運糧，遭遇風浪，只要喊他的名字就能奏效。

既然江南地方上祭祀各路大神的儀式已發展成熟，那麼，為什麼還要塑造出一個金龍四大王？

為何要選擇謝緒作為金龍四大王？

對第一個問題，要從兩方面來解答。

明代黃河氾濫成災，漕運也受到衝擊，而自朱棣定都北京，朝廷供給仰仗東南，物資輸送主要經過京杭大運河。黃河改道、決堤，連帶著影響到大運河水上運輸。而在當時要治理黃河，卻是極其困難的，人們遂將希望寄託在水神之上，希望神靈庇佑黃河、運河通暢。此種拜神心理，如同人們認為吃啥補啥的心理一般。

從主觀上來看，已有的各路水神基本上是元代民間所設，來歷不明。對朝廷及士人們來說，祭這些身分不明的大神就是「淫祀」，無法接受。如江陰地方上供奉的水神陳總管，常年保佑漕運，可謂勞苦功高。不料到了弘治年間，卻被江陰知縣黃傅揪出來批鬥。黃傅批評陳總管廟：「國朝於陳氏之祠，未嘗有奉祀之典也。」

對於民間供奉的神，地方上的信徒通過偽造前朝封號、敕文等行為，為其獲得一個可靠出身。陳總管也被包裝有了前朝封號，信徒稱其早已進入官方祀典。

這黃傅是個較真的人，既然你說是官方認可的，那就該有記載。結果黃傅「翻遍案牘，未曾一見」，氣得大罵「以養盜賊也。嗚呼，怪乎」。來歷不明的陳總管被定為淫祀，陳總管遂被從祠堂中驅逐。

對第二個問題，為何選中謝緒，這與他自身所具備的各項條件有關。首先，謝緒出身名門，是讀書人，一切條件都符合儒家要求。其次，他在南宋滅國時殉國自殺，故事感人。再次，當日他自殺時，就已有神蹟出現，如其屍體栩栩如生之類。

於是，圍繞謝緒的故事被完整化。在明代士人的記述中，謝緒死前歎息：「生不能圖報朝廷，死當奮勇以滅賊。」朱元璋平定天下時，謝緒托夢給鄉人，稱將要保佑聖主。朱元璋派兵北伐，明軍在黃河呂梁洪段與元兵大戰時，有神靈披甲助戰，讓水逆流，致元兵潰敗，這神靈自然是謝緒了。隨著造神運動的深入，謝緒的家族也被塑造出來，他在家中排第四，因為在金龍山隱居，成神之後，稱「金龍四大王」。

神造出了，定位在何處，這又是個關鍵問題。

南方各地諸神雲集，謝緒要想在其中殺出條血路卻是難事。此時徐州黃河一段水患頻發，成為了傳播金龍四大王的黃金地段。「呂梁開險關，懸河傾奔號」，故而文人們在造說時，將金龍四大王顯聖之地取在險峻的呂梁洪。

山東陽谷縣張秋至徐州一段，一直是黃河水患最為頻繁的區域。正統年間，黃河決口，將此段運河大堤沖垮，漕糧運輸受阻。朝廷雖然派了大臣治河，卻久治無效。到了景泰二年（一四五一），朝廷派出多名重臣全力籌劃調度，卻仍然未能治理成功。不得已之下，朝廷接連敕建河神廟，指望河神來治河。景泰四年（一四五三），朝廷又在張秋鎮運河段建感應祠祭祀河神，金龍四大王在河神左側配祀。到了景泰七年（一四五六），金龍四大王被獨立出來，人們專門在山東運河沙灣段建廟祭祀，這標誌著金龍四大王地位正式確立。

至明代後期，在河工建設中，各路官員所做的第一件事就是祭祀金龍四大王。謝緒成神後，本體人身被忽視，他的形象被定位為「金色小蛇」，這樣方才吻合金龍四大王的形象。根據需要，在人形與動物形態之間轉化，也是神的一個重要功能。

據載，每至黃河決口，在圍堵決口的緊要關頭，在所有人心跳猛地加快的剎那，都會有象徵吉兆的金色小蛇適時出現。隨後黃河成功合龍，然後官員將金龍四大王顯聖的事蹟報告皇帝。皇帝受神蹟感染，又進一步加以敕建廟宇、頒發匾額、賜予封號，使金龍四大王在神壇上的地位越發顯赫。

山東濟寧地處京杭大運河中段，是連接南北的樞紐，船舶往來頻繁，商旅輻輳。金龍四大王一出現，隨即被濟寧商人所接受，濟寧商人進而又將金龍四大王推廣到各地，包括謝緒的老家浙江。金龍四大王在後世就這樣一步步走向神壇，最後成為運河沿岸及黃河中下游流域的「正祀」之神。在運河流域，朝廷百官、漕運兵丁、船夫、農夫、商賈，無不至金龍四大王廟中燒香。至清光緒年間，金龍四大王突破了「封號過四十字不復加」的慣例，竟然得到了四十二個字的封號。

抬出來的城隍

少時，對城隍廟總有著陌生而遙遠的感覺。看《聊齋》之類的小說，也有諸多與城隍廟及城隍神有關的描寫。可城隍廟、城隍神是啥樣子，我一直不甚明白。

中國古代的神多不勝數，城隍神是其中比較特殊的一個。城隍神是城市的保護神，城指城牆，隍指城池，二者結合，共同保護城市居民的平安。中國古代的城市居民基於對高牆深池的崇拜，遂以擬人化的形象構造出一個城隍神，透過他來捍衛內外，庇護一方。

城隍神崇拜始於巫術盛行的漢朝，六朝時出現了一些城隍祠，官員參與祭祀。至隋唐五代，城隍神在較大地域範圍內被傳播，被文人墨客所吟誦。不過唐代的城隍神其祭祀規格並不高，地方官員就可以任命城隍神。據載，唐代城隍神的使命除了保護城池之外，還增加了在陰間審案，掌握生死簿，控制水旱吉凶等功能，業務十分繁忙，也算是與時俱進。

至宋元時期，城隍神的祭祀「幾遍天下」。朝廷開始封敕城隍神，「或錫廟額，或頒封爵」。

各地官員上任之後，到城隍廟中祭拜也成了必行之事。

元代，蒙古人對城隍神一點也不排斥，在大都建城隍廟，封為「佑聖王」，如此，城隍神具備了王朝守護神的身分，地位日崇。

朱元璋登基之初，城隍廟一度獲得了大發展。朱元璋令各府州縣興建城隍廟，春秋時節官員要致祭。洪武二年（一三六九），朱元璋分封各地城隍神，最高等級的京師城隍神被封為王，開封及朱元璋老家安徽四府州城隍神被封為正一品，其餘各府為正二品，州為秩三品，縣為秩四品，還對各級城隍神的服飾相應地做了規定。

城隍神地位提高後，祭祀規格也得到了完善。以前人們將城隍神與風神、雷神、山川諸神等大神放在一起祭祀。朱元璋認為這「非隆敬神祇之道」，於是將城隍神獨立出來，享受尊貴的「太牢」待遇，也就是用牛、羊、豬祭祀。洪武二年改制後，城隍神得到了系統的分封，祭祀形式、規格也被確定下來。

城隍神揚眉吐氣，居住條件也得到了改善。往日的城隍廟不過一二間破屋，在風雨之中飄搖。朱元璋看到城隍廟破敗，令各府州縣建城隍廟，「其制高廣各視官署正衙」，此後城隍廟與官府衙門的規格一樣。各地的城隍廟修得富麗堂皇、氣派、森嚴，與官府不同的是，此處的老爺是泥塑像罷了。

城隍廟大門上掛有城隍廟大匾，兩旁有石獅或銅獅。大殿中供奉城隍神像，神像前有香臺、功德箱、拜墊，大殿上懸有「賞善懲惡」、「到此分明」字樣的橫匾。城隍神作為主神，既有泥塑像，也有木雕像，逢節日時，木雕像會被抬出去供信徒膜拜。大殿兩旁是判官、牛頭馬面、黑白無常以及大小鬼塑像。有的城隍廟走廊上還有各種塑像，描繪惡人在地獄中接受懲罰的可怕景象，如下油鍋、上刀山等，警示世人，不可作惡。

各種神都被納入城隍廟，塑成神像，坐享香火。如果看到如來佛、太上老君、孔夫子並坐，十殿閻王共同辦案，絲毫不要覺得奇怪。至於送子娘娘、財神爺之類的大神，更是受民眾歡迎，也被城隍廟「笑納」。城隍神的頂頭上司玉皇大帝，因為有專廟祭祀，未被納入城隍廟。這就好比知縣的衙門中裝不下皇帝。至於城隍神的下屬土地神，則在城隍廟中設有專門的土地廟供奉。

周新在永樂年擔任御史，因為為人剛直不阿，死後被封為杭州城隍

然而，不過一年半，城隍神就被革去了「烏紗帽」，泥塑像被砸了扔到水中。洪武三年（一三七〇）六月，朱元璋下令革去各地城隍神的爵位。此時城隍神經過民間演繹，已具備了人形特徵，各地城隍廟中都有塑像。朱元璋下令各地城隍廟只可以供奉木主，「毀塑像舁置水中，取其泥塗壁，繪以雲山」。

之所以發動一場破除神像運動，是因為城隍廟地位日崇，其中出現的一些現象，如設廟立像加以祭祀，已逾越禮法規定。

「天神地祇鐔而不屋，人鬼則於廟中祭之」，城隍神應該劃歸天地神祇的行列，待遇是弄到鐔里加以祭祀。至於廟，則是人鬼才有的待遇。現在城隍神不僅出現了擬人化的塑像，更有了廟，違背了禮制，朱元璋不得不出手加以糾正了。可此番對城隍神的改造，僅停留在去封號、毀塑像、立木主上，廟宇仍被保留了下來。

不過也有陽奉陰違，暗中將城隍神塑像藏起來的。有鎮江人偷偷將城內的城隍神塑像移到南門外，放在社稷鐔旁的齋宿房中供奉，稱為「小城隍廟」。待風頭過去之後，又重新在城內城隍廟塑了神像，社稷鐔內的「小城隍廟」則被改稱為「社稷城隍」。

蘇州民間信仰昌盛，廟宇眾多。雖然朱元璋規定了城隍神只到府縣一級，可蘇州地方上，鎮、村一級，亦設有各自崇拜的城隍神。有的鎮甚至有兩三處城隍廟，原本屬於縣城隍管理的土地廟，也被鎮城隍接手。

各地的城隍廟雖沒了塑像，可廟裡香火如常，官員一如既往地去祭祀。洪武、永曆之後，各地城隍廟中，塑像又重新被抬了出來。此時各地官員將塑造城隍神像當作了自己的政績，根本沒有想過當初的禁令。

只塑造一個城隍神像立在廟裡，既不和諧，又顯得孤單，地方官老爺們「大發善心」，為城隍神配上了俏美夫人。還有官員體貼城隍神，再配上一房小妾的，引以為美事，認為城隍神定會對其庇佑有加，使其官運亨通。

城隍神的擬人化被推到了一定的高度，祂不但有了老婆，還有了生日。至城隍老爺、夫人生日時，地方上官紳民眾都要去拜壽。城隍神及其夫人的生日，慢慢地演變為地方上的盛會。四川大寧縣城隍神的生日是五月二十八，當天盛陳儀仗，城隍神像坐八人大轎，招搖過市。所經之處，家家戶戶沿門焚香致敬，觀者如織。各地舉辦城隍神誕辰的慶祝活動，無不極盡其能。上海城隍神夫人生日當天，眾多傾城士女前往觀賞，深夜燈明如白晝。

城隍神有了老婆，於是城隍廟的佈局也發生了變化，城隍廟增設了城隍神夫人的臥室。官員們拖家帶口前來上任，看著城隍老爺有了夫人，卻無兒女，也是寂寥。將心比心，於是在城隍廟中又出現了城隍公子、城隍小姐塑像，地方官期待城隍神一家和睦，城隍神享天倫之樂，安心為地方服務。自洪武三年（一三七〇）之後，城隍神就沒了官爵，也有官員操心於此。山東登州知府楊頤就出頭，幫本地城隍神求封賞，只是朝廷未允許。

明代每逢初一、十五，善男信女們都要到城隍廟燒香，官員也不能免俗。而到城隍廟中燒香祈福的人也動機不一。士子求功名，妓女求恩客，官員求高升，屠夫求豬肥。松江地區最重供品，祈福時富人家要用全豬羊，貧民也要用豬首。至於妓女上供，頂多是一碗肉了。看著妓女們進供的香噴噴的紅燒肉，城隍老爺們會不會默默地降低道德底線呢？

據載，生日之外，城隍老爺一年還有三次出巡的機會，分別是清明、七月半、十月初一，俗稱「三巡會」。

在這三個節日，城隍老爺的木像被抬出來沿街招搖，途中民眾載歌載舞，圍觀慶祝。城隍老爺出巡時與官老爺一般無二，要坐綠呢大轎。綠呢大轎也是城隍廟的必備之物，一些農民領袖起義後，急著想穿官服，坐大轎，只要去城隍廟就能找到全套行頭。至於抬城隍老爺出巡的轎夫，不用擔心缺人。據說抬過城隍老爺的人會有好運，各地民眾都爭著要抬轎。

夜色漸暗之後，城隍廟外人頭簇擁。人們藉著高高掛起的燈籠散出的光，都想一睹城隍老爺出巡的盛大排場。

萬眾期待中，巡遊隊伍出場，有火球隊、鬼隊、儀仗隊等各隊。火球隊率先湧出，十幾個人拿著點燃的、裝有松油的火籃不停舞動，既有呼呼風聲，又有嚇人火光，一出場就震懾觀眾，頓時全場鴉雀無聲，靜看表演。

火球隊帶著呼呼的風聲前行，地保則手持令旗在後方押陣。鬼隊由人扮作黑白無常、小鬼、判官、餓死鬼等組成。儀仗隊則模仿地方官員，由舉著書有「肅靜」「迴避」的旗牌的人開道。罪人隊由少男少女組成，頭纏黑紗、手戴木銬，跟在城隍老爺的轎子後面。父母的心態是，讓小孩跟在城隍老爺後面先做回罪人，然後能消災祛病，可得一生平安。這與西方一些宗教節日中，教眾透過自殘贖罪異曲同工，只是東方人認為身體髮膚不可輕易損毀。

三巡會的主要目的是超渡孤魂野鬼。在喧囂之中，城隍老爺被抬到城外，人們舉行祭祀典禮，焚燒紙錢，獻上貢品，讓孤魂野鬼吃飽上路，重新投胎為人。

利用城隍廟舉辦廟會，既可以娛樂地方民眾，也能成為重要的商機。各類廟會也成為地方上的無賴提供了斂財的機會。萬曆三十八年（一六一〇），浙江嘉興濮院地方上的無賴，以城隍法會的形式斂財，地方官員三令五申，嚴禁不止。

城隍的設置，除了庇佑地方之外，人們更希望城隍能監督約束地方官員。洪武四年（一三七一），朱元璋詔令官員到地方上任時，必須要去城隍廟立下誓言，保證造福一方，不貪財作弊，蠹政害民。如果敢貪贓枉法，「靈必無私，一體昭報」。

於是乎，新官上任，沐浴齋戒之後，必穿上官服，帶上祭品，面對著泥塑的城隍莊嚴起誓：「我將忠於大明皇帝，全心為地方民眾服務。」

由於官員與城隍之間有莊嚴契約，在民眾眼裡，城隍既是陰間的判官，也是陽間的監督者。一些背負了冤屈，告狀無門的民眾，遂將城隍廟作為訴冤之處。在許多的筆記小說中，城隍大展神威，懲戒惡人，使含冤者得以平反昭雪。一些刁鑽書生對地方官不滿時，就將城隍神塑像抬出來沿街鼓噪，對抗官員，宣洩情緒，期望城隍能顯靈，打壓官員的威風。

城隍神擬人化之後，清官、忠臣、功臣都被納入城隍行列。義烏巨富項顯佑曾以自己的財力和船隊幫助朱元璋採購、運輸軍糧。朱元璋登基之後，為報答已經去世的項顯佑，將他封為義烏城隍。周新在永樂年擔任御史，因為為人剛直不阿，死後被封為杭州城隍。楊繼盛因為彈劾嚴嵩被逮捕入獄，遭受酷刑，後被處死。嚴嵩失勢之後，作為忠臣代表，楊繼盛被封為北京城隍。

不過這城隍的人選，總是處於變動狀態，北京城隍原先是文天祥，後被楊繼盛取代。杭州城隍本為周總制，後被周新取代。一代新城隍換舊城隍，城隍不斷。

曇陽子神話

隨著修仙小說風行，讀者沉迷其中，對修仙之路的神奇而驚歎。歷史上也有修仙者，其故事性不輸修仙小說。

王燾貞是王錫爵的次女，十七歲之前她很普通，作為一個平凡人而活著。

父親王錫爵是太倉人，在會試中高中榜眼，此後在官場上一路高升，歷任國子監祭酒、詹事府詹事、文淵閣大學士等職。萬曆五年（一五七七），首輔張居正的父親去世，依照禮法，張居正要回鄉守孝三年，可張居正留戀權力，不願返鄉守制。王錫爵等人聯名上書，請張居正守制。張居正則以皇帝之命，以「奪情」為藉口，繼續留在京師為官。張居正的地位無可撼動，王錫爵則連遭打壓報復，遂辭官返回家鄉太倉。而此次返鄉，讓他捲入了女兒的修仙大業。

據王錫爵記載，女兒王燾貞剛生下來的時候身體不佳，被疥瘡所苦，每日裡不停啼哭。女兒皮膚發黃，隱隱如泡沫狀，很多人以為這個小女兒長不大，王錫爵夫妻對這個女兒也不是很喜歡。可王燾貞卻頑強地活了下來，並顯示出了不同常人的個性。王錫爵曾請師傅教授她相夫教子之類的功課，女兒不肯學，讓她學女紅也不肯。王錫爵無奈，就隨她去了，反正名門大戶的女兒不愁嫁不出去。

王燾貞早早地訂了門親事，男方是徐景韶。雖然從未見過未來的丈夫，但透過丫鬟及家人之口，她得悉徐景韶才華出眾，貌若潘安，芳心竊喜，一心等著過門。

十七歲這年，噩耗傳來，徐景韶突然染病去世。

如果是一般人家的女兒，自然可以改嫁。可作為朝廷大臣王錫爵的女兒，她必須做出表率，遵循禮法，為這位從未見過一面的男人守節。此後的日子裡，她不但享受不到閨房之樂，且還得在孤獨中度過餘生。在為徐景韶之死悲傷痛哭時，王燾貞更為自己的命運而悲泣。

無奈之下，王燾貞決定閉關修煉，以尋求解脫。她的父親向來崇信佛法，江南地方又流行融合佛、道兩教的修煉。

閉門修煉時，王燾貞開始為自己構造一個神鬼世界，以彌補內心的空虛與痛楚。她構思了一個故事，說她在未婚夫去世前三個月夢到了真君大士。真君向她口授了《照悟靈空真經》，王燾貞在夢裡領悟了這段真經，醒來後對父親道：「此是道經而禪語。」悟道之後，王燾貞只食果汁柏葉，修仙家法術，斷人間煙火。

被未婚夫去世所刺激的王燾貞，在閉關修煉過程中她的飲食缺乏營養，導致身體狀況更加惡化，開始出現各種幻覺，「真君袖仙果」，過來給自己充饑的場景頻頻出現。王燾貞也告訴父親，在閉關修煉三個月後，她已能陽神出竅，魂遊天外。

對女兒的這套說法，見多識廣的王錫爵並不輕信。為了說服父親，將自己的法號定為「曇陽子」的王燾貞「絕食證聖」，也就是用絕食來證明自己有神靈附體。王錫爵還是不大相信，萬一女兒中了邪，所修煉的是妖術，豈不是自找麻煩嗎？王錫爵進行了多次試驗，測試女兒修煉的是法術還是妖邪。

據傳，飄然若仙的曇陽子曾突然踩到地上一灘能破除妖術的狗血，可她照常行走，毫無異常。她用符水幫人治病，屢試不爽。她預言庭前生稻，果然被人印證。一日，在她住所上空突然出現耀眼光芒，所有人都被照射得眩暈。

為了讓父親相信自己的神力，曇陽子讓父母從門縫中偷看神靈附體。透過門縫，雖然王錫爵和老伴只看到了房內著神仙裝束的人影，未曾看到神仙真容，但此後對女兒再不懷疑。

王錫爵崇信佛法，性格恬淡寡欲，「終生無二色」，所好不過書畫法帖而已。他個性耿直，認定的事會不顧忌後果全力去做。在確認女兒具備法力，真神附體後，他不顧世俗的壓力，拜

《玉杵記》中的女仙子形象，據記載，曇陽子最後「登仙」時的形象與此相似

女兒為師。他四處奔走，宣傳女兒的神蹟，他信誓旦旦，稱親眼看到女兒的法力。曇陽子對老爹的鼎力相助感激不盡，稱：「吾道賴吾父而就。」

女兒能修煉成仙，也是王氏家族的榮耀，怎麼也得將此事廣而告之，讓世人膜拜，讓女兒的事蹟千古傳頌。可親生老父去宣傳女兒，說得再天花亂墜，還是缺乏說服力，得有影響力的外人來做，這就需要找一個有名望的信徒。王錫爵的腦海中湧出了老友王世貞的名字。王世貞在鄖陽為官時，因為懲治了張居正的妻弟，被張居正打擊。王錫爵、王世貞都是太倉人，往來密切，關係「雖兄弟不若也」。

萬曆六年（一五七八），王世貞退出官場，返回太倉。作為當時的文壇領袖，他期待著在官場能有所作為，成為一代名臣。但忤逆首輔張居正之後，仕途無望，王世貞遂辭官退隱。萬曆七年（一五七九），失意的王世貞拜在曇陽子門下。第一次拜見曇陽子大師時，對她的容貌王世貞有生動描寫，「其唇朱，獨貌黃金，色稍淡」。由此可以看出，曇陽子大師面色不佳，估計與長期營養不良有關。

王世貞希望曇陽子幫助自己尋得解脫，「能出之苦海迷途」。曇陽子授其祕法「八戒」，不過是各教派裡都有的陳詞濫調，如戒淫殺、慎言語、憐恤孤寡之類。對此王世貞卻信服不已，認為此八戒「樸而要，淺而有深旨，蓋生人之大紀備矣」。

曇陽子要求王世貞，每日十二點時檢討自己是否有過。若是自己有過，就得悔過。王世貞遵從曇陽子的教導，開始反思自己的往昔作為。他悔過，自己好飲、好文、好詠噱、好一切鉛槧之末技。晚年時他甚至懺悔自己出仕，「違心而出，尤悔萬狀」。悔過之情，主宰著王世貞的晚年，悔過之心，也讓他更加虔誠地拜在曇陽子門下。

對曇陽子，王世貞是發自內心地崇信。面對社會上質疑的聲音，他頻繁作文，為曇陽子辯護。「恨不令兄見之，疑城一破，蓮花不遠矣。」

他寫了長文《曇陽大師傳》，意猶未盡，又接連寫了《曇陽子外傳》、《金母記》、《曇鸞大師記》等文章，鼓吹曇陽子的神蹟。作為文壇領袖，王世貞的文章在士人中有著巨大的影響力。由於王世貞的賣力鼓吹，一批文人拜入曇陽子門下，其中有當時著名文人屠隆、沈懋學、徐渭、王敬美等人。

屠隆是浙江鄞縣人，以詩文聞名於當世，著有《曇花記》等戲曲作品。萬曆六年（一五七八），屠隆擔任青浦知縣，不時招集名士飲酒賦詩，遊山玩水。在青浦，屠隆寫了篇肉麻的信給王世貞表達仰慕之情，「世無先生，何羨異代？世有先生，又何羨異代」。看了屠隆的吹捧文章，王世貞滿心歡喜，也回信吹捧：「詩語秀逸，有天造之致，的然大曆以前人。文尤瑰奇，橫逸諸子兩都。」在王世貞的引薦下，屠隆拜曇陽子為師，兩人更是彼此互稱道友，時常書信交流修道心得。

不識字的山野巫師，尚能自我炒作，弄出些神蹟，騙來萬千信徒。在一群妙筆生花的頂級文人的鼓吹之下，曇陽子的諸般神蹟遍傳東南，信徒益眾。

曇陽子被系統地加以神化，在文人們編造出的故事中，她五歲就會剪紙，且能剪出栩栩如生的觀世音像，然後供奉起來膜拜。每天早上醒來，年幼的她都要在被窩之中誦念「阿彌陀佛」百餘聲，方才起床。得道之後，每當仙人帶了仙果來看望曇陽子時，房內必然有金鈴鐺聲傳出，也有仙人佩戴玉佩，「佩聲和而清，泠泠蕭蕭然」。

仙人們到來時，曇陽子房內頗是熱鬧，仙人們或大笑，或諷刺，或頌歌。甚至有人親耳聽到了天樂飄飄，還有樂器留在樓上。王錫爵從窗子裡伸手去摸仙人的樂器，也不能猜出來這是何物，「或為螺，或似箏，或為洞簫，而皆堅滑如玉石」。

據載，萬曆八年（一五八〇），王燾貞突然對父親道，自己將在九月九日坐化仙去。對女兒的飛升，王錫爵毫無悲傷，還有些許欣慰。一人得道，雞犬尚且升天，女兒成仙，老父怎麼也能入仙籍吧。在文人信徒們的賣力鼓吹下，王家二女兒將要成仙的消息傳遍江南。

九月九日，十萬餘人湧來圍觀這場神蹟，信徒們頂禮焚香，期待著能沾沾曇陽子的仙氣。曇陽子選擇在未婚夫徐景韶的墓前坐化，認為雖然生前不能在一起，坐化成仙之後，卻可與未婚夫做神仙伴侶。

徐景韶的老父徐廷對兒子的早逝無比痛心；但此日，徐廷卻又不無自豪，徐家有一個好媳婦為死去的兒子守貞至死，並羽化成仙，兒子在另外一個世界裡必不孤獨。飛升當日，徐廷脫光了衣服，赤條條地站立在柵欄墓地門外守衛，所有人都不覺得他這樣做有何不妥。這是一場狂歡，所有人都如癡如醉，若狂若癲。這是一場盛宴，所有禮法禁錮都被打破，所有的外在拘束都不存在。

曇陽子飛升之前，來到未婚夫墓前設罈祭祀。祭畢，突然用刀將右鬢割下，置於几上，並道：

「我已經得了仙人渡化，死後身體不會腐朽，不能與你一起下葬。將此髻留下，作為信物，陪你肉體一起長眠。」隨行眾人無不感動，將徐景韶墓挖開，將髮髻放入陪葬。

九月九日，曇陽子隆重出場。

據記載，她「攜靈蛇，左手結印執劍，右手執麈，端坐而瞑」。曇陽子成仙之時，兩頰熱氣騰騰，漸漸變成血色。天空之中突然出現異象，兩道紅白長虹橫貫天空，輕輕播灑淨水，水滴若金沙，閃爍著光芒。曇陽子端坐在信徒王世貞捐獻的神龕之中，法相莊嚴，溘然仙去。

此時，兩隻黃色蝴蝶翩翩而來，停在神龕之上，久久不願離去。

據王世貞記載，目睹了這一幕神奇景象的信徒們，「十萬人，拜者、跪者、哭而呼師者、稱佛號者，不可勝計」。徐渭則記載：「而師道成，立以化，紅光亙天，趨而仰者，約滿十萬眾。」

曇陽子仙去之後，王世貞、王錫爵覺得人生了然無趣。王世貞捐出錢財修建曇陽觀，又到觀中出家修煉，與妻兒日益疏遠。王錫爵也捐資幫女兒修建道觀，與老兄弟王世貞躲在裡面，每日苦修大法。兩人斷絕葷腥，不碰筆硯，不見親人，只求修煉成仙。王世貞的兩個弟弟也在家裡刻苦修煉，期待著能成仙而去。

王錫爵、王世貞對於曇陽子仙去時的神蹟，吹得天花亂墜，並信誓旦旦，一切為真。王錫爵道：「不敢輕撰出一字。」王世貞則云：「不敢飾，不敢誣。」不甘寂寞的王世貞還寫了篇《金母記》，描述了成仙之後的曇陽子的情況。在仙界之中，曇陽子得到了西王母的親切接見，並賜給她仙藥和仙籙，還賜給她一件黃色仙衣，「可以禦寒暑」。

二王對曇陽子的鼓吹，導致了很多士人不滿，認為這二人行事怪誕，語怪力亂神。曇陽子成仙事件影響極大，很多想要成仙之徒紛紛結廬苦修。浙江湖州人朱長春，為了成仙，用數十張桌子疊起，然後爬到最上方，張開雙臂，踮起腳跟，學鳥飛之狀。結果摔下來，跌了個半死。

張居正對太倉二王早就不滿，抓住機會彈劾二人，令禮部擬定處理意見。二王一時驚慌，找了老友禮部尚書徐學謨幫忙說情，方才擺平此事。徐學謨對二王崇拜曇陽子之舉也有不滿，認為二人「張惶太過，形跡太露」。之後二王不得不稍稍收斂行為，對曇陽子的崇拜行為也暫時低調起來。

萬曆十年（一五八二），張居正去世後，王錫爵、王世貞相繼復出。至萬曆二十一年（一五九三），王錫爵被拜為首輔。湯顯祖與王錫爵、陳繼儒有過不快，後來湯顯祖寫作《牡丹亭》，世人多以為是諷刺曇陽子一事。但王錫爵卻較早地將《牡丹亭》付諸家樂演出，並稱「吾老年人，近頗為此曲惆悵」。如此來看，《牡丹亭》卻不似有暗諷曇陽子之意。

曇陽子的另一得意弟子屠隆，終生敬畏維護乃師。萬曆十八年（一五九〇），有人造謠中傷曇陽子，屠隆憤而作《上城隍書》，祈求城隍轉達天曹，大顯神威，將造謠者用雷打死，或讓其得惡疾而死。王世貞至死都崇信曇陽子，並不時能感受到曇陽子的召喚。一日夜裡，他獨臥於樓上，突然聽到樓下有三聲響，王世貞突然有所感悟：「恐非仙師示警？」遂決意戒酒吃素，以對得起曇陽子師父的教誨。

僧尼形象為何不堪

明代的僧人在面對著朱元璋時，莫不是百般滋味湧上心頭。朱元璋是和尚出身，對佛教的一套運行方式及教義有較深瞭解。

做了皇帝之後，朱元璋卻對佛教採取了防範態度，因為他知道宗教的威力。限制佛教的發展，方法很簡單，將僧人的剃度權納入政府手中即可。朱元璋推行度牒制度，世人只有經過官府許可之後方可出家，私自剃度者要受到法律制裁。《大明律》中規定「杖八十，寺觀主持及受業師私度者，與同罪，並還俗」。

僧人出家的年齡，此時也受到嚴格限制。大量的青壯年勞動力出家，既妨礙社會生產，又導致寺廟力量膨脹。朱元璋規定，二十歲以下者不許出家。青年不准出家，兒童也不許出家。朱元璋認為，幼時出家能耐得住寂寞，年長以後，血氣方剛，欲心一動，鮮少有能耐得住寂寞的，「所以僧中多有氾濫不才者」，這也是朱元璋自己出家為僧的體驗吧。

朱元璋規定，寺廟不准收養幼童為僧，違禁者「首僧凌遲處死，兒童父母遷發化外」。婦女要出家為尼姑者，必須年滿四十歲以上，這也是為了避免少婦耐不住寂寞。此外，一些掌握技術的人員也禁止出家，如軍人、工匠、灶人等。

朱元璋對僧人的日常生活也有嚴格規定。僧人不得與世俗民眾雜處。僧人不住寺院而私住民間者，告官後處以梟首示眾。僧人如果娶有妻室，任何人知道後都可以「捶辱之」，並可以索取鈔五十錠，「如無錠者打死勿論」。此規定一出，娶妻的禿子們無不叫苦，走到哪裡，等待他們的都是群眾警惕的眼神。

《平妖傳》中反映捉拿妖僧的插圖

在如此嚴格的規定之下，想來各路僧侶，當以人生導師的形象出現，法相莊嚴，舌燦金蓮，兜售心靈雞湯。然而，在明代的各類小說中，僧侶多以負面形象出現，不脫財色酒氣，罕見有跳出三界之外的高僧。

《金瓶梅》中，西門慶與潘金蓮聯手弄死武大郎後，請了幾名和尚來家裡念經。結果這幾名和尚一看到潘金蓮的媚態，「一個個都昏迷了佛性禪心，一個個多關不住心猿意馬，都七顛八倒，酥成一塊」。西門慶與潘金蓮在房中行雲雨之事時，「被這禿廝聽了個不亦樂乎」。

《醒世恆言》中，江西臨江府監生郝大卿在清明時出城踏青，被城外「非空庵」的兩個女尼勾引住，此後留在庵內，不分晝夜淫樂。過了兩個月，郝大卿想回家時，女尼卻不肯放他走，將他剃光了頭，扮作女尼，強留在庵內。郝大卿每日裡要陪兩個女尼，長期下來，將小身板兒給累垮了，最後油盡燈枯，送了性命。

《僧尼孽海》三十六則，每則講一至五個故事，共五十五個故事。這些故事的篇幅長短不齊，有文言，有白話，均是描述和尚姦淫民女，尼姑不守佛戒之類的故事。余象斗編《皇明諸司廉明奇判公案傳》，全書共分十六類，一百零五則，涉及僧人事有十三則，其中有十二則講述僧人與因貪財好色而致人喪命之事相關，且尤以姦情為多。

在明代的各類小說中，僧尼成為不可或缺的角色，他們多數與色情相關。小說源於生活，僧侶形象糟糕，也與僧侶在明代的世俗化相關。

在明代，僧侶有兩類，一是禪門的僧侶，以受戒為度，不入紅塵，進行佛教義理研究。另一是應門的僧侶，以納牒為度，專門從事誦經之類的佛事。

禪門的僧侶必須系統學習佛教經典，參加考試。考試如同科舉一般，從佛教經典中出題，通過者才能正式成為僧侶。禪門考試嚴格，通過者較少。至於應門，僧侶則不需要進行考試，只要略通皮毛，會吹法螺、做法事，就可取得度牒。故而想出家的人大多選擇參加應門，不學佛教經典，摸到些法事門道，混張度牒，就可以成為僧人，進而透過法事賺取錢財。

在將研究佛教義理與從事佛事活動分開的同時，朱元璋也規定，應門僧侶進行各種法事不是無償的服務。就誦經費用，官方制定了明確的價目表。如《華嚴經》一部，錢一萬文；《涅磐經》一部，錢二千文；《蓮經》一部，錢一千文；《楞嚴咒》一部，錢五百文。

本是莊嚴無比的法事活動，經朱元璋的商業化運作之後，成了一種市場行為。一手交錢，一口念經，於是乎，宗教的神聖性被金錢的光芒給壓過，僧侶們在紅塵中頻繁出入，為了生意而奔波。又由於出家為僧，誦經作法是一項收益頗高的經濟活動，更多人期盼著加入這支隊伍。

於是，在民眾心目中，僧侶不過是一個能吹吹喇嘛嗩吶，念幾聲「阿彌陀佛」，賺一些香火錢的群體。

當僧侶成為熱門職業時，官方又在僧侶數量上放鬆了管制。

度牒發放的時間，初期並無規定，洪武十七年（一三八四）方才規定，每三年一次發放度牒。度牒發放的數量也無明確規定，一次發放多則四萬張，少則一萬張。

明英宗正統年間，在太監王振的請求下，朝廷將度牒發放時間改為一年一發。每次發放數量也無定數，隨皇帝心意而定。有權勢的太監可以利用皇帝，大量頒發度牒。

佛門本是清淨之地，可度牒制度的實行讓大量罪犯逃遁於佛門。明代實行嚴格的戶籍管理制度，出行者都要攜帶記載本人詳細資訊的路引。罪犯被通緝之後無路引，無法潛逃，此時出路就是弄張度牒，擺脫俗世身分，成為僧人。各類罪犯搖身一變成為僧侶，行走江湖，僧侶成了犯罪率較高的群體，形象自然一落千丈。

明代皇室崇佛道，上行下效，達官顯貴也都禮佛敬道。皇室有自已的香火院，豪族也有自家的寺院。僧人玩弄著各種旁門左道，迷惑皇帝，影響朝政。「上自王公貴人，下至婦人女子，每談禪拜佛，無不灑然色喜者。」僧侶與權貴結合，沖淡了出家之人的清淨之氣，增添了一層抹不去的趨炎附勢色彩。

明代太監之中禮佛者甚眾。高僧們要興建寺院，發揮影響，不可避免地要與太監們交往，這引發了民間非議。明代四大高僧之一的德清與同為四大高僧的紫柏在東南爭奪名利失敗，到山東自創海印寺。消息傳出之後，京內的太監仰慕不已，「爭往頂禮」。

太監雖然在官員們面前人五人六，威風凛凛，勒索錢財，可在民眾眼裡，他們這個群體卻是低賤卑劣的。民眾雖然在心理上鄙視太監，卻只能看著太監群體作威作福，這種不平之氣化為對太監的詛咒。而太監們為了祈求福運，獲得精神寄託，不時捐資修建寺院，並與僧人們密切來往。於是，在民眾眼中僧人與太監就是狼狽為奸。

一些僧侶更是招搖過市，浪蕩行事。高僧雪浪無視清規戒律，每日與文人、士大夫遊玩，出入青樓酒館，狎妓看戲，毫不避諱。雪浪身邊的隨從都是天生麗質、唇紅齒白的青年，穿著大紅大紫之色，「幾同煙粉之飾」。雪浪至吳越地方上後，「士女如狂，受戒禮拜者，摩肩接踵」。高僧尚且不能脫離世俗，在紅塵是非中遊走，更遑論一般僧人了。

朱元璋曾禁令僧人娶妻，違禁者，民眾可以責打，並向其索取錢財。到了明代中後期，僧人已不受限制，一概「葷娶」。福建一些地方上的寺院，數百僧人中推一人削髮，其餘人則過著世俗生活。《寓圃雜記》中記載了僧人升日南，在南京時「犬馬魚鱉之肉無弗食，俳優妓女之家無弗游，長髮為浪子者數年」。

至於僧侶吃肉喝酒，打架滋事，敲詐勒索，更是司空見慣。《玉光劍氣集》中載：「趙頭陀自云終南山來，不知其所證，成化中遊吳幾十年，所丐食往來啖肉能頓盡數十斤。」呂坤《呂公實政錄》中記載，遊方僧人寄宿寺庵，五七成群，勒索斗米匹布，稍不如意，「或含怒結仇，或咒詛魘鎮」。白天四處恐嚇勒索，夜間與盜賊合謀，劫掠地方，成為一大公害。

《北西廂記》中反映齋醮鬧會的插圖，圖中女性與僧人夾雜一起

在明代各類小說之中，道姑、尼姑臭名昭著，最能招惹是非，是大戶人家不可不防之公敵。尼姑被列入三姑六婆行列，視為「三刑六害」。「其間一種最狠的，又是尼姑。」「尼庵不可進，進之多失身。」

在明代家訓之中，屢屢可見此種教誨，即良家女子千萬要遠離尼姑，絕不可允許她們進入家門。《西園聞見錄》中載，沈鯉家訓，家中男女「莫山頂進香，莫廟宇燒香，莫狎近尼姑」。民間更流傳「不交僧與道，便是好人家」。平素不與僧尼往來，不入廟庵燒香拜佛，成為女性必守之德行。

採取「遣尼僧」、「毀尼庵」、「令尼還俗」等措施，是明代一些官員維持地方風氣的手段，成為他們的政績。

南京地方上宗教事業特別發達，僧尼較各省更多，「淫汙之俗視別省為尤劇」。尼姑庵中，有與僧人溝通的，有勾引良家女子入庵的，更有一群惡少每日在尼姑庵外遊蕩，勾搭上之後就夜宿不出。

嘉靖年間，霍韜到南京擔任禮部尚書，大力整頓。女尼五十歲以下都被遣返回家，名聲不好的尼姑庵被拆毀，金陵地方上頓時清淨不少。不想，霍韜剛去，群尼復歸，尼姑庵再興，香火比往昔更加旺盛。

明代婦女平日被禁錮在家中，大戶人家尚能讀些書籍，學點女紅，作為娛樂。一般人家的女性則要從事各種勞動。整體而言，女性的生活是灰色而乏味的。女性們唯一的娛樂活動，就是打著燒香拜佛的旗號，參加廟會，順帶進行購物等娛樂。

明代中期之後，民間燒香風氣開始蔓延。每月月初、十五，大批民眾以燒香遊山為名，出入寺觀。各地的婦女對藉廟會燒香之機，出入寺觀習以為常。在廟會、寺院之中，花枝招展的女性容易吸引登徒子的注意力，偶爾發生一兩起調戲女性的事件，借助輿論力量，很快傳播各地。

女性去寺院燒香，在當時卻是違禁行為。法律中對此有明確禁令，「若有官及軍民之家，縱令妻女於寺觀神廟燒香者，笞四十，罪坐夫男」。

女性們不顧禁令進入寺院燒香，也為一些秉持正統理念的士人所不齒。於是乎，藉由自己的如簧之舌，描述了一個個女性入寺院燒香後發生的離奇故事，或被淫僧擄走，或與僧人勾搭。

至於僧侶利用法事與婦女勾結，也不單純是文人憑空想像。《留青日劄》中載，大戶人家的婦女如若無子，在家中口誦佛號；供奉神像。又去寺院之中，求僧人傳授法術「磨臍過氣之法」之類，修行之後，就能生出子嗣。

至明代中後期，隨著社會風氣的開放，文人開始創作大量包含色情內容的小說。士人受當時社會輿論的影響，又目睹了僧侶們的諸般胡作非為，聽到了無數離奇故事，這些自然成為他們創作的素材。更重要的是，僧尼破戒貪淫的故事，人人愛聽，備受歡迎。為了迎合市場的需要，士人們在創作中更是添油加醋，一個個淫蕩僧尼的形象出現在筆下。

明代高僧湛然圓澄對於僧尼形象糟糕之原因，洞徹於心，認為社會風氣的墮落主要在於世俗，僧侶中雖有姦淫之人，但與世俗相比，仍是少數。僧侶形象所以糟糕，卻是文人推波助瀾的結果。文學作品的魅力是永恆的，僧侶們的形象就此在筆墨中定型。僧侶們若要怨恨，就得怨恨朱元璋，誰讓他將清淨寺院變成了生意場。

「妖言」的力量

中國一些男人的心中潛藏著一個皇帝的夢想，哪怕是太監的身子，也有皇帝的心思。於是乎，各類玄幻小說備受追捧，讀者跟著作者的筆墨，盡情追逐帝王的夢想，好生暢快。而各類玄幻小說中的內容，放在古代就是妖人妖言了。

「妖言」「妖人」的力量，讓歷代王朝的統治者恐懼。心懷異端的謀反者們揭竿而起時，總要先捏造出各類神蹟，迷惑萬千信眾，然後對朝廷發起挑戰。朱元璋登基之後，對於民間「妖言」，以重刑加以打擊。《大明律》中規定「凡造讖緯妖書妖言，及傳用惑眾者，皆斬」。「皆斬」二字體現了用刑的嚴酷，不分首從，一律處斬。

雖然朱元璋對民間施加了諸多限制，可社會經濟的發達，文學作品的傳播，夢想的綻開，卻不是他所能左右的。官方做了嚴格規定，可民間卻不吃你這套，為了生計，為了美妾，為了夢想，一個個「妖人」橫空出世，口授妖言，信眾雲集，朝廷屢禁不止。

嘉靖朝有個叫作胡大順的人，醞釀出了一本《萬壽金書》，稱此書是呂祖所作，並稱呂祖親授其三元大丹，服之卻疾不老。得悉大仙轉世後，官員紳士無不膜拜，與其結交，也不在乎什麼「妖言」「妖書」了。

成化年間，山東人張中先遇到奇人傳給他一本《金鎖洪陽大策》。張中先刻苦修煉，頗有心得，以為顛倒乾坤，執掌山河，指日可待。被帝王欲望所刺激，張中先在左右臂膀上各紋了一條龍，左右手掌各紋「山河」二字，自稱「白毛祖師」。每當登壇傳道時，張祖師光膀亮相，雙手一張，山河二字璀璨奪目，信徒無不膜拜。

山東人于原，也從奇人處得了一本《緊關周天烈火圖》。于原聲稱此書得自孫臏，有無上法力。「你雖不識字，懷裡揣著，逢水不淹，逢火不燒，逢刀不砍，逢箭不射，逢虎狼不傷。」一時地方民眾無不敬畏，知縣也被仙書震懾，成為于原的忠實信徒。今日金庸小說之中，奇人傳授祕笈乃是成為高手的不二捷徑，與明代的諸多「大仙」有異曲同工之妙。

這麼多「大仙」橫空出世，或是得了高人祕笈，或是自稱神靈附體，其中不乏有雄心壯志之徒，摩拳擦掌，欲奪天下。諸多人物在一個小地域內掀起風浪，自稱帝王，封臣納妃，風光一時，然後頭顱落地。

河南永城縣地方上有名無賴劉天緒，流落到朱元璋老家鳳陽府臨淮縣求生。到了鳳陽，劉天緒大概受到了啟發，自稱「無為教主」，開始傳教。要吸納教徒，自然得有神蹟吸引徒眾。劉天緒編排了一個神話故事，說：「距離本地七千里外，有一處脫骨塘，到塘裡洗浴一次之後，可以脫骨成佛。」

這種低級謊言竟然有人相信，劉天緒很快便招募了幾名忠心耿耿的徒弟，各自稱佛稱仙。徒弟四處幫其宣傳造勢，沒過幾年，劉天緒手下竟也有了幾千徒眾，遍佈南北。看著徒子徒孫雲集，昔日的光腳漢現在生了爭雄之心，而一個鳳陽府也容納不下「無為教主」了。

在徒弟們的安排之下，劉天緒轉而到南京發展，並改稱「辟地定奪乾坤李王」。南京繁華地讓劉天緒眼界大開，他在南京成功勾搭了一名寡婦岳氏暖被窩，英雄總要紅花相伴。

萬曆三十四年（一六〇六），劉天緒鄭重地拿出一本神書，書中稱「冬至日李王出世。」劉天緒捧著神書，對眾弟子道：「十一月你們隨我去神烈山，如果我有當皇帝的命，必然有豪氣上騰。」

到了十一月，眾弟子隨教主一起登上鐘山。到了山上後，劉天緒擺開陣勢，先是做法，再拜天望氣，結果什麼神蹟也沒顯示。眾人垂頭喪氣下山時，突然見白氣二道，狀如天河，自西北亙於東南，何其壯觀。眾弟子見到此等神蹟，無不驚歎，都以為劉天緒乃是真主，必然要成為皇帝。

既然已有神蹟證明劉天緒乃是真命天子，接下來所圖謀的就是怎麼打下天下了。眾徒弟慷慨捐資，暗中購買刀槍弓箭，添置盔甲。由於劉天緒崇尚紅色，大紅衣服也是起事時的必備物資。劉天緒改稱「龍華帝王」，寡婦岳氏搖身一變成為觀音化身。

岳氏與亡夫育有一個兒子，她利用自己搭上了「真龍天子」的機會，幫兒子也求了官爵。劉天緒封岳氏兒子為護國大將軍。寡婦的兒子成了大將軍，也不能涼了貼身親信的心，於是十餘人被封為國公、侯、伯、將軍、指揮使等官職。

當月二十三日，劉天緒上朝，百官來賀，共商大業。正躊躇滿志時，卻有兩個徒弟事發被擒，將劉天緒圖謀之事的消息供出，官府祕密部署，將「龍華帝王」及其文武百官一網打盡，送上法場。憨漢癡迷帝王夢，害了寡婦命一條。

此次事件，劉天緒尚未來得及行動就被官府佈置抓捕，本無爭議。不想此案在官場上卻引發了激烈爭論。就如何處理此案，南京官場分為兩派意見，一派以兵部官員為主，認為應該定以「謀逆罪」，嚴厲清剿。另一派以刑部官員為主，主張息事寧人，以「妖言律」處理，僅處死劉天緒一人，其餘寬宥。

劉天緒準備起事之後「燒毀陵寢」，也就是焚毀朱元璋孝陵。這等燒皇帝祖陵的大事，怎麼說也是謀逆大罪，萬曆帝大怒，嚴厲指責南京刑部，要求嚴懲。可南京刑部卻陽奉陰違，堅持以「妖言」定罪。萬曆帝被南京刑部給弄得頭痛，下令將此案移交給北京刑部處理，最後仍是以「妖言」罪結案。劉天緒及二名頭目被銼屍，五人坐斬，其餘黨徒被赦免。因對刑部的處理意見不滿，南京兵部尚書憤而辭職。

劉天緒想要稱帝，一步步發展信眾，聚集力量，這是他自己有此野心。可也有人在一兩個江湖術士的慫恿之下，竟然生出帝王之心，扯旗造反。

《大明律》中對術士有嚴格規定，「術士妄言禍福」條載：「凡陰陽術士，不許於大小文武官員之家，妄言禍福，違者杖一百。其依經推算星命、卜課者，不在禁限。」既然不許在文武百官家中妄言禍福，那麼術士施展才華，傳播祕笈的對象就是民間百姓了。

卻說正德年間，西安府乾州地方有名喚作樊紳的人。樊紳的相貌放到任何時代都能讓人「驚豔」。他嘴大目長，舌頭還能舔到鼻子。因為人長得醜，所以父母早早地幫他娶了個老婆。老婆劉氏也是奇相，左眼重瞳，二人堪為絕配。

父母故去後，靠著殷實的家境，樊紳衣食無憂，閒居無事。某日在街頭閒逛時，樊紳看到一個道人在擺攤，兜售祕笈。樊紳就湊過去想問問自己的未來。這道人仔細端詳了他一番，一拍大腿誇讚道：「口大容拳，舌頂鼻尖，兩目見耳，非常貴相。」

樊紳時常因為尊容不佳被親友嘲笑，聽了道士誇獎，樂不可支，只是不解自己的「非常貴相」，貴在何處。

時光悠忽，又過了六年，樊紳帶了老婆在街頭亂逛時，碰到了一名游方道人辛自然，就過去諮詢禍福。

辛自然抬頭一看，樊紳嘴巴大得能放入一個拳頭，舌頭長得能舔到鼻子，心中一驚，趕緊道：「您這可是大貴之相啊。」又看了下樊紳的老婆劉氏，見她「左目重瞳」，又是天生異相，頓時拜服，口中滔滔不絕，將樊紳夫婦說得心花怒放。

說到動情處，辛自然將隨身攜帶的三本祕藏經書贈送給樊紳，慎重地囑咐他要好好學習，其中可悟出一場富貴。樊紳得了經書，又被老道一番吹捧，心中越發自信，重謝了辛自然，方才告別。

樊紳的神奇相貌很快便在江湖中傳播開來。樊紳每走上街頭，少不得要碰上一兩名道人，湊過來大讚一聲：「公子，您這是大貴之相啊。」一名慕名遠道而來的陳道士特意送了本奇書給樊紳，書中除了大談王朝鼎革，歷代興廢之外，更有一圖形似「樊」字，象徵著逐鹿天下。

樊紳被道士多番蠱惑，不但不以為自己長得醜，反以為自己是大貴之人，承載天運。

到了嘉靖三年（一五二四），樊紳已苦修法術數年，頗有收穫，時常與一名叫秦韶的道人講論天文，觀人世之變。

一日，聊著聊著，樊紳突然問秦韶：「今年星變如何？」秦韶掐指一算，云：「恰逢帝王興替，正是革命之時。」

樊紳聽了欣喜不已，起義的鬥志更加旺盛，日夜籌劃，準備起事，奪得天下。

嘉靖四年（一五二五）正月，樊紳邀徒弟楊樸過來密商，稱：「我看天書內載，後朝人主姓樊。又常遇人都說我是真命天子，當有天分。我們同心招集四方人馬，約日起手，成了大事，同享富貴。」

楊樸精通武術，在各地教授拳術，順帶推銷樊紳。至涇陽縣韓恭家中教拳時，楊樸鼓吹：「有個真人樊紳，你可以供養他，日後有好處。」

韓家眾人聽了樊紳的諸般神蹟後，無不信服，張羅著宣傳。韓家的宣傳工作確實有一套，用木板印刷了數千張傳單，宣傳樊紳神蹟。一時間，乾州地方上的無賴光棍紛紛依附於樊紳，藉機勒索地方，獲取錢財。

此時，四十三歲的樊紳自覺羽翼已豐，準備起兵。

嘉靖四年七月，樊紳、楊樸趕到三原縣，弟子殺羊備酒熱情招待。酒足飯飽之後，徒弟們四處奔走宣告：「紳是真人，當有天分。目下起手，先破乾州，殺了知州，壓服人心。後取陝城，就定天下，各封官爵。」

在楊樸的策劃下，樊紳正式登基稱帝，年號「大中天武」，隨後分封太子、諸王、將軍、總兵。又印刷「大中令」四處散發，宣稱持有此令「全家免戮，殺傷者抵罪返坐」。

九月十四日，樊紳從徒弟家弄了一匹好馬，帶了楊樸等弟子，帶著弓箭先到韓恭家歇息。到了韓家後，樊紳對韓恭道：「我是教主，你將女兒韓金兒獻給我為妾吧。」

韓恭一看自己能做國丈，幸福感油然而生，立刻將女兒獻與樊紳。

九月二十一日，樊紳聚集了上百名弟子，騎了馬騾，帶了弓箭器械，打著「大中令」旗幟出發。沿途有在田地中收割的農民也被樊紳挾持，一起去攻打乾州。

樊紳帶著徒弟及裹挾來的農民，共計五百餘人，將乾州城四門包圍，喊殺聲驚天動地。不料作為內應的弟子早被城內知州擒殺，四門皆被堵死。樊紳只好在城下發起猛攻，交戰的結果是，攻守雙方各有二人被箭射傷。樊紳見攻城無望，就帶了弟子撤退，準備到他處謀取出路。

陝西地方官員得到樊紳在乾州鬧事的消息後，調遣精銳將士在各處要隘設置關卡。二十八日，樊紳帶了二十六名親信被官兵攔下，雙方對陣。二十六人抵擋不住，全數被擒。樊紳及骨幹二十五人，依「共謀者不分首從」的規定，被凌遲處死。樊紳以下，總計有八十四人被處死，二十三人為奴。

有明一代，無數好漢在江湖術士如簧之舌的鼓吹下，揭竿而起，想要登基稱帝。其熱情、其鬥志，不可阻遏。對於江湖術士們妖言惑眾的功夫，朝廷也頗為頭痛，天順二年（一四五八）十一月，禮部建議「凡精通天文、歷數、地理、課命之術者，不分軍民，起送赴京」。術士們犯下罪行隱遁於江湖的，也一併免罪。朝廷將這些術士弄到京師來集中管理，免得他們在民間滋生是非。此建議獲得朝廷內大臣們的一致認可，隨即被推行。

可行走江湖的術士們哪裡肯到牢籠受縛。一本祕笈，就可以造就一個粗俗莽漢的北斗登龍之心，這是何等的愜意，何等的誘惑。江湖上，術士們繼續仗劍而行，一本本祕笈被拋出，一個個土皇帝湧現。

「公子，您生有異相，有九五之命，老道這裡有本祕笈，就送給你了。」

狂禪徒手縛蛟龍

為了貼近世俗，親近平民，禪宗提出了吃穿住行，飲食男女，皆是佛道之說。如此，佛教的一些功課，如研修佛法、嚴格戒律，相應被忽略。禪宗體查民意，民眾也喜聞樂見。在迅猛發展的同時，禪宗之中也出現了無視戒律，浪蕩於世俗，呵罵佛祖的特立獨行者。

禪宗的異類思想，在晚明與儒家中的另類——泰州學派碰撞出了火花，二者結合，也就產生了狂禪。狂禪沒有系統化的組織，也沒有統一的思想，主要指反對程朱理學的僵化思維，卓立於當世的一批人。狂禪中有士人、有僧人、有商人，代表人物有王艮、王龍溪、何心隱、李贄、湯顯祖等人。

泰州學派的創始人王艮沒有受過教育，少年時就跟隨父親在鹽場燒鹽，「生長灶間，年三十才可識字」。王艮成年後，藉由水陸兩路販賣私鹽，逐漸富裕。二十五歲時，王艮第三次去山東經商，經過曲阜時拜謁了一次孔廟，沾染了些書香氣。此後又做了個怪夢，夢裡，天突然墜落，眾人奔走呼號。在世界末日關頭，王艮挺身而出，奮臂托天而起。夢醒後，王艮以為自己有救萬民於水火的重擔，遂發奮讀書，欲從此中找出濟世之路。

在當日，能選擇的書只能是儒家經典。於是，富豪王艮開始了研學儒家經典的生涯。知識可從書中取得，個人的見識卻只能在生活中得到增長。一個精明的生意人，有敏銳的洞察力，刻苦的精神，假以時日，在學術領域的造詣不輸象牙塔內的老夫子。

王艮將自己的讀書領悟說與友人聽，友人聽了驚奇地說道：「這與王陽明說得一樣啊。」王艮對王陽明此人充滿了好奇，於是穿了紅色衣服，戴了頂紙糊的高帽，拿了塊笏板，跑去南昌拜見王陽明。見到王陽明後，二人辯論一場，王艮很是佩服，決定拜他為師。可一出門，王艮就後悔了，要拯救天下蒼生的人，怎能輕易折服於別人呢。於是他第二天又去找王陽明辯論，一番舌戰後才真正折服。

王陽明另一高足王畿（王龍溪），也是有個性的人物，年輕時豪邁任俠，好酒縱性。王陽明也是個灑脫之人，自稱有狂者的胸次。王畿主張佛、儒融合，引禪入儒。他肯定狂人，鼓吹狂者，認為狂者光明磊落。

泰州學派的發展，代代有突破，時時有創新。泰州學派吸收禪宗「即心即佛」等內容，力倡自由，主張打破禮法約束，張揚自我個性，赤手縛龍蛇。泰州學派傳至何心隱時，已不單單是摒棄經書，純任心性，更有掀翻天地的氣勢。何心隱組織「萃和堂」，以宗族為基本，管理一切事物。何心隱還將非血緣的師友關係，凌駕在父子兄弟之上，打破了往昔的三綱五常。何心隱的學說、行動，對主流價值形成了強勁挑戰，被視為「妖人」。萬曆七年（一五七九），何心隱被逮捕後在武昌被殺，臨行前云「殺我者，張居正也」。

僧侶、佛法，給世俗中人的觀感，不外是清淨無欲，恬淡自得。若是其中真出了個魯智深般的猛和尚，只怕這寺廟要香火斷絕，門庭冷清。可在晚明，卻有一批僧人及世俗中的佛教信徒，挾持風雷之聲，以剛猛態勢，如魯智深一般，路見不平一聲吼。狂禪信徒，率性而為，不為世俗拘束，更具俠肝義膽，為天下蒼生而呼號，每見世上有欺天罔人之徒，便欲手刃，取其首級。

僧人達觀與李贄，並稱狂禪兩大教主。

達觀生性慷慨激烈，與人一言不合，即以老拳相向。達觀少時為遊俠，行走於江湖之中。十七歲時至蘇州閶門，天突降暴雨，達觀避雨時遇到虎丘僧人明覺。明覺看此少年相貌威武，就邀他同去虎丘寺。是夜，達觀聽僧人誦念佛經，心中有所感悟，次日請求剃度出家。

出家為僧後，達觀一身俠氣卻未曾褪去，他繼續遊歷，影響漸大。他在江南以棒喝立教，所至之處，信眾雲集。一日，弟子馮夢禎與達觀同席，席間上了一盤肥美的蟹子，馮夢禎抓起蟹子大吃，邊吃邊解釋「是不宜吃，無奈嘴饞」。達觀大怒，拿了大棒就打了下來，「直欲頓斷命根」。有次，達觀看書看到忠臣自殺時，感動得

陳洪綬《無法可説圖》

淚流滿面，不想旁邊的侍者沒哭。達觀大怒：「當推汝墮崖下。」

湯顯祖深受狂禪派影響，十三歲時受學於泰州學派傳人羅汝芳。湯顯祖與達觀交往甚密，知道他這樣的性格早晚會生出是非，於是勸他及早入山隱居。達觀嫉惡如仇，在世俗中浮沉，為不平而鳴，為不公而吼，哪肯退隱山林。

萬曆帝為了增加稅收，派太監為礦監稅使至各地徵稅。礦監稅使至各地，打著皇帝的旗號，巧取豪奪，盤剝天下，荼毒萬民。達觀晚年發誓要以命相搏，請求朝廷取消此稅。達觀北上京師時，湯顯祖料定他此行凶多吉少，婉言相勸。達觀笑道：「我當日斷髮時，已如斷頭。」萬曆三十一年（一六〇三），受京師「續妖書案」牽連，達觀入獄。入獄之後，達觀遭遇酷刑，坐化。

狂禪另一教主李贄天生叛逆，一生歷經滄桑。

李贄晚年時總結一生，云自己四十歲前什麼都不信，見道人則惡，見僧人也惡，見道學先生則尤惡。四十歲時，李贄從友人處接觸了王陽明學說，頓時為之傾倒，遂拜王艮之子王襞為師，並與泰州學派傳人焦竑、耿定理、羅汝芳等人來往。李贄喜好禪宗，晚年更是剃髮出家，以居士身分立言護法。

李贄的狂禪精神，在評點《水滸傳》時盡情流露。在水滸眾好漢中，他最愛的兩人一是魯智深，一是李逵。魯智深的一切行徑，在他看來均符合狂禪精神。魯智深出家卻不肯學坐禪，在他看來是佛；魯智深在佛殿後隨意大小便，在他看來也是佛；魯智深喝醉酒在禪床上嘔吐，在他看來還是佛；魯智深吃狗肉、打僧侶，在他看來更是佛。

魯智深在野豬林救下林沖，說出了「殺人須見血，救人須救徹」這樣的話語，讓他膜拜，狂呼其為：「仁人，智人，勇人，聖人，神人，菩薩，羅漢，佛。」魯智深吃肉喝酒，狂野無拘束，絲毫不符合出家人的形象。可李贄卻反問那些說魯智深不似出家人模樣的人，「請問，似出家人模樣的，畢竟濟得恁事」。

李贄在評《水滸傳》時，一方面對李逵、魯智深不遺餘力地給予讚美，另一方面則大力鞭撻道學先生。

宋江初時曾勸花榮要與劉知寨和睦相處，說出了自古冤仇可解不可結之類的冠冕堂皇的話。可待宋江被劉知寨夫婦迫害後，抓住這對夫妻，將他們剜心斬首，出那口怨氣。李贄看了評道：「大是道學。」張橫被官兵俘走，阮小七捨身相救，張橫的弟弟張順畏懼，勉強跟上，途中一看形勢不妙，也顧不上去營救哥哥了，「撲通地先跳下水去」。李贄批：「道學先生多是如此。」

在評點宋徽宗狎妓時，李贄道：「才像個皇帝。」在他看來，狎妓的宋徽宗像個皇帝，太正經的倒不似了。這也與他對佛道的理解相關，李贄認為，成佛成聖，唯在明心，本心若明，雖一日受千金不為貪，一夜御十女不為淫。

李贄憎惡道學先生的矯情虛偽，他不顧世人的非議，特立獨行。社會上有關於他風流事蹟的諸多傳言，說他與登徒子遊庵，白日與妓女共浴，勾引士人妻女，夜宿尼姑庵之類，他絲毫不忌。

湯顯祖對李贄甚為仰慕，將他與達觀並列為影響自己一生的人物。萬曆三十年（一六〇二），李贄於獄中自殺後，湯顯祖甚為哀慟。他寫下了《歎卓老》紀念李贄：「自是精靈愛出家，缽頭何必向京華？知教笑舞臨萬杖，爛醉諸天雨雜花。」

李贄去世後，他的作品被列為禁書，可士人們卻爭相收藏。湯顯祖為《李氏全書》作序，盛讚李贄的作品可以傳世、經世、濟世、訓世，駭世亦無不可。湯顯祖在他的名作《牡丹亭》《南柯夢記》中詮釋了狂禪精神，主人公為了追求真愛，無視世俗，放縱情欲，情了為佛。

狂禪起於王陽明，本意是討伐傳統儒學之中的不足。不想，在引入禪宗內容後，狂禪開始棄絕禮樂，甚至給了孔子當頭一棒，進而形成與儒家思想對峙的異端思想，這卻不是王陽明所能預料的。

晚明狂禪思潮，也是有明一代那些不羈且有自由意識的前行者們思想的凝聚。他們不滿於僵化死沉的主流思潮，也不滿於儒家學說中林林總總的對社會生活的控制。他們有著共通的叛逆之心，因各種誘因而爆發。

此時的他們已經不在意世俗眼光，不畏懼酷法，他們揮毫如利劍，鞭撻虛偽、保守、腐朽的一切。他們的行為，他們的言語，就是一桿桿標槍，對舊勢力發出一次次衝擊。他們看似消極、頹廢，可他們內心燃燒著熾熱的火焰。

他們有著赤子之心，李贄吶喊著去尋找童心，湯顯祖以筆寫就至情之作。他們就是狂野的戰士，以筆為槍，騎在嶙峋的馬上，孤獨地衝向千百年陳舊勢力凝就的城堡，雖槍斷、馬翻、血濺，終無怨無悔。

唐吉訶德這樣的人物，只能在小說中漫遊。可狂禪們，卻孤獨地在俗世中搏鬥。

第五章：女性生活

納妾與揚州瘦馬

利瑪竇來到中國傳教後，將傳教目標定位在士大夫階層，希望透過在士人中發展教徒，打開傳教的大門。

而在發展教徒時，利瑪竇面臨的難題之一就是納妾。基督教主張一夫一妻制，而中國社會普遍流行納妾，實際上是多妻制。

入教還是納妾，魚還是熊掌，如何選擇，對一些士人來說是個難題。

納妾的歷史在中國很漫長，納妾的主要原因是為了繁衍後代。古人認為，人生最重要的事是傳承香火，「不孝有三，無後為大」。婚姻的目的是繁衍後代，維繫家族，這就決定了它無視自由戀愛。結婚之後如果不能生育，或是未生出男嬰，則被視為大不孝。

沒有性愛，婚姻照樣是婚姻，但沒有生育，婚姻的本質就不能實現。如果一個女人結了婚之後不能生育，就會藉由為丈夫納妾來彌補。有妻者可以納妾，但正房只能有一人。「夫為日，妻為月，妾為小星。」

妾有著各類別稱，諸如小老婆、小星、小婦人、側室、偏房、屬婦、副房等。妾的地位雖然低於妻，但具有良民身分，與婢、奴有明顯區別。

妻與妾之間在身分地位、吃穿住行上有著較大區別。朝廷封賞官員妻子，即命婦，只能是正房妻子受封，穿賞賜的命婦禮服。妾被排斥在命婦封號之外，不過也有官員膽大，以妾充妻騙取封號。此類以妾充妻騙取封號的事件，在明代並不少見，也無誰為此受到懲罰。

若是妾生的兒子爭氣，出仕做官，飛黃騰達，則可以藉由兒子光明正大得到封賜，是為母因子貴。

妻妾不但生前地位懸殊，死後待遇也有差異。正妻死後可以與丈夫同穴合葬。繼室屬於妻子，也可與丈夫合葬，但妾不得與丈夫合葬。顧炎武祖父的兩位小妾，死後均「葬之域外」，即不與丈夫合葬。顧炎武父親的小妾對他有養育之恩，這位「養母」去世後，為了捍衛禮法，顧炎武堅持不肯讓她與父親同穴合葬。

《大明律》就妻妾之間的秩序做了嚴格規定，凡以妻為妾者，杖一百。妻在，以妾為妻者，杖九十，並責令改正。若有妻，又再娶妻者，杖九十，責令離異。

李瓶兒去世後，西門慶傷心欲絕，要求幕僚溫秀才在孝帖上寫上「荊婦奄逝」，即正房妻子的意思。「以妾為妻」明顯違背了法律，溫秀才很是為難，就悄悄與應伯爵商量。應伯爵對此也是反對，最後此事不了了之。

隨後在題旗幡時，西門慶要求寫上「詔封錦衣西門恭人李氏柩」。明代只有四品官員的母親與妻子才可被封為恭人，西門慶只是從五品，李瓶兒又是妾，若是寫上自是違背法律，應伯爵再次反對，最後寫上了「室人」這個模糊的稱呼。室人，古代妻妾的泛稱。

妻妾的地位差異，在生活中的吃穿住行中，以及座位上都有體現。

明代婚嫁圖

《金瓶梅》中，正妻吳月娘的穿著是「兩套大紅通袖遍地錦袍兒，四套妝花衣服」；眾妾「每人做件妝花通袖袍兒，一套遍地錦衣服」。西門慶開筵宴時，西門慶與吳月娘占了上座，李嬌兒、孟玉樓、孫雪娥、潘金蓮等小妾都只能在兩旁列坐。

「正房」已明瞭其意，所居自然是院中正房。至於妾，稱為「側房」，只能居於偏隅之處。西門慶說：「惟有我第五個小妾潘氏，在這前邊花園內獨自一所樓房居住。」

不過若是正房妻子彪悍，丈夫則要另外購置住宅安置小妾。妾反而因禍得福，在別處享受到了部分正房妻子待遇，稱為「兩頭做大」。

妾從屬於丈夫，丈夫可以隨意將妾買賣或轉嫁。一旦丈夫死去，妻子也可以將妾轉手賣掉，或者將她改嫁。對於妾的處置，好一點的是「聘嫁」，即將小妾再嫁他人。孟玉樓再嫁時，可以攜帶走自己的房中物品，乘坐大轎出門而去，這就是「聘嫁」。

差一點的則是「打發」，給小妾一些物件，將她逐出家門，由其自謀生路。潘金蓮被吳月娘趕出家門，只給了她「兩個箱子，一張抽屜桌兒，四套衣服，幾件釵梳簪環，一床被褥」。除了正房妻子可以處理妾外，家中諸子也可在父親死後將妾打發或聘嫁。

妾在家中地位低，面對正房時須恭恭敬敬，讓正房不快的話，正房乘著男人不在家，將妾賣掉並不是個案。

納妾也會滋生出家庭糾紛，宰輔焦芳的兒子焦黃中，為了一名姬妾而與老父肉搏相鬥。大清官海瑞一生納妾多名，六十多歲時納了兩個妾，最後妻妾爭風吃醋，兩妾同日上吊自殺。嘉靖中葉，山西保德十四歲少年崔鍵，看到父親寵幸小妾魏氏，不時呵斥生母，憤懣之下竟然手刃魏氏。

弘治十一年（一四九八），泗州知府許弼的妻子孫氏嫉妒妾朱氏有了身孕，先下毒，沒有毒死；又用鐵錐擊其腦，不死；再用石頭壓其腹，羊毛塞其口鼻，總算將朱氏給殺死了。不想將朱氏裝到棺材裡，朱氏又神奇復活。此事暴露後，皇帝也被孫氏的狠辣震驚，下令杖孫氏八十，責令離異。依照法律規定，命婦將妾毆打致死，也不過是納贖而已；處以杖刑，這是皇帝憤怒之下法外加刑了。

明代法律明文規定「凡男子年滿四十而無後嗣者」，得納妾，「民年四十以上無子者，方聽娶妾」。同時規定，違背法律者笞四十。可見明代納妾的合法條件是：年滿四十，無子。

這條法律最初針對的雖是庶民，但此後也被引用到官員之中。在現實裏，納妾的法規未得到嚴格遵守，很多官員不符合條件卻納了妾，也未受到處分。

聶洪二十九歲出任丹徒知縣，其妻張氏早已生下一子，照法律講，他沒資格納妾；可他接連納妾，過著妻妾成群的生活。

已有子息還要繼續納妾生子，其中考慮諸多。比方當時衛生條件不足，擔心一個兒子不能健康成長，所以違律納妾，希望多生幾個兒子，多幾分保險。納妾的花費比娶妻低，且妾可以作為後備妻子。當時醫療衛生條件落後，婦女分娩死亡的機率較高。一些士人的妻子去世後若再娶正房，開銷頗大，乾脆將小妾扶正，省去一筆費用。

明代男子納妾時，普遍年齡長於女子較多。一般男子在接近四十歲時納妾，妾的年齡則在十五歲至十九歲之間。也有高齡老翁納妾，山人沈飛霞年近七十，打著「添丁」的名義買了一個妙齡婢女為妾。袁中道得悉後，寫詩調侃云「閒當更為圖枯木，付之荷葉待添丁」。

官場中，新科進士們納妾的欲望最為旺盛。士人一旦高中進士，要做的是兩件事，一是納妾，二是改號。新科進士們納妾，首選京師女子，京師有諺語云「改個號，娶個小」。

考中進士意味著家族地位提升，為了讓家族地位進一步鞏固，多生兒子，壯大家門，成了進士們的普遍心理。此外，進士們進入官場後宦遊四方，妻子要留在家中孝敬父母，此時，他們需要一個美妾在身邊，消除長夜寂寞，照看衣食起居。

對於納妾，也有禁忌，如居父母喪不得娶妾、祖父母或父母被囚禁者不得娶妾、同姓不得娶為妾、親屬妻妾不得娶為妾、逃亡婦女不得娶為妾、奴婢不得私自嫁與他人為妾、品官不得娶娼妓及良家女為妾、大臣出使途中不得娶妾等。雖然法律規定：「凡官吏娶樂人為妻妾者，杖六十，並離異。若官員子孫娶者，罪亦如之。」可在現實中並沒有誰切實遵守，晚明官員中流行納青樓女子為妾，也未有誰被處罰。

對於納妾幾人，禮法也有明確規定。《明會典》中就皇親國戚與普通官員、庶民納妾的數量做了詳細規定。親王最多可納十人，郡王最多可納四人，鎮國將軍最多可納三人，鎮國中尉最多可納二人，官員與庶民依照法律只能納一人。不過在現實中，納妾多少完全看個人的身體狀況及財力而定。利瑪竇曾道：「另外再娶一個、兩個，多少都可以，沒有任何限制，只要有能力供養。因而許多人有十個、二十個、三十個妻妾，皇帝及皇子皇孫則有上百上千的妻妾。」

納幾個妾，在高官之中稀鬆平常，數十上百的也有。明初開國大將湯和，「家畜妾滕百餘」。正統年間的工部尚書吳中，納有寵妾數十人。張居正納妾數目過多，一時間「運作」不過來，不得不靠壯陽藥助戰。有些時候，納妾問題還上升到政治高度。清軍兵臨揚州城下，史可法膝下無子，妻子勸他趕緊納妾，以免斷了香火。

如果士人終生只有一妻，會讓世人生出各種揣測。而古板清高的于謙一生未納妾，自然是德行高遠，備受世人讚歎。

納妾時，雙方也要訂立婚契，約定女子是親生自養、自願嫁給他人為妾，並已受婚聘財禮，如女子逃亡，男方負責追還等內容。因為納妾相當於買賣，故而所訂文書稱「婚契」，而不稱「婚書」。

納妾對於女方家庭來說，是可以接受的。迎娶妻子，講究明媒正娶，門當戶對，納小妾則無此講究。一些貧寒家庭會透過嫁女為妾，可以攀附富貴親戚，進而改變家族命運。若是小妾命好，碰上正房去世，還可能被扶正。

納妾的火爆，使得培養知書達理、才藝雙全的妾，成為一門投資報酬率極高的生意，更出現了與妾相關的產業一條龍，此產業在揚州最盛。揚州以美女而聞名天下，「維揚居天地之中，川澤秀媚，故女子多美麗，而性情溫柔，舉止婉慧」。

揚州地方上，收養女子，轉賣給他人為妾的，俗稱「養瘦馬」。「養瘦馬」出自白居易詩句「莫養瘦馬駒，莫教小妓女」。

「養瘦馬」的人家被稱為「瘦馬家」。「瘦馬家」中常以老嫗主持一切事務，「瘦馬」稱老嫗為母。「養瘦馬」是個高回報的投資，「鬻女例一歲值一金，稍稍有姿容，則昂其值」。「瘦馬」賣出後，若是在主人家得到寵愛，又能給予「瘦馬家」更多回報。

揚州地方，上至豪門貴族，下至一般人家，多喜歡「養瘦馬」，少則幾人，多則數十人。「養瘦馬」的風氣不單單風行於揚州，南京、蘇州也風行，名妓陳園園就出自蘇州「瘦馬家」。

「養瘦馬」要選擇相貌姣好的女童，買來後予以「嬌養」。為了讓「瘦馬」日後能賣出好價錢，還要予以教育。「瘦馬」十三學畫、學圍棋，十四學琴、學賦詩。同時被教以禮法，要守婦道，懂進退，侍嫡長，不失態，不讓男子費心神。

每當「瘦馬」到了出嫁年齡，則「瘦馬家」中媒婆盈門，不時有富人帶了僕從前來挑選。交易的中間人被稱為「白螞蟻」，取白蟻無縫不鑽之意。「瘦馬」交易時，買主首重姿色，次及才藝。「瘦馬」要將身材、小腳、手、頸一一展示，來回行走，讓買主觀察。相貌儀態展示之後，就是才藝展示。買主選購「瘦馬」不會一次敲定，常貨比多家之後再決定。看不中「瘦馬」也沒有關係，只要買主多出些茶錢就可以。

一旦看中了某個「瘦馬」，就要下「插戴」，即用簪、釵插在女子的髮髻之上，表示定親。隨後，「瘦馬家」拿出紅本，上面寫明聘禮，如綢緞若干、彩禮若干、金花若干之類。若是買主同意，則達成交易。通常買主還未到家，「瘦馬家」送的紅羊綠酒已送到其家門口，以免買主到家後反悔。

往往展示才藝時，「瘦馬」棋琴書畫，無所不通。可常常買到手後，買主卻發現，「瘦馬」能彈琴，可能只會彈奏一段；能畫畫，不過會畫幾筆蘭竹；能下棋，不過棋局數著；能寫字，不過會寫幾個字而已。挑選時，買主被女色所誘，對其才藝也未曾深入考察，因而常中圈套。到底，「養瘦馬」是門生意，捨得長期投資，耗費心血，培養才藝出眾的「瘦馬」的人沒有幾個。

雖然古代中國在名義上是一妻制，但納妾卻使其成為實質上的多妻制。為了維護禮法，避免糾紛，只能名不符實，並對妾從衣食住行到名分等各方面予以壓制。官方以法律的形勢，規定了男子納妾的條件，可這些法律不過是一紙空文，躺在《大明律》中三百年。與此相反，涉及壓制、貶低妾的法律條文，卻頻繁被引用，以捍衛所謂的禮法。

不管是放蕩不羈、悠閒自得的山人，還是科舉高中、意氣風發的士人，當他們或多或少地擺脫，乃至對抗官方千奇百怪的限制人身自由的規定時，他們很少有人會尊重女子的自由。在他們眼裡，妾這類女子只是玩物，只是傳宗接代的工具而已。至現代，納妾雖在形式上消失，但其精髓卻被傳承下來，並換了個表現形態。當下金屋藏嬌納二奶的男人，其心理與幾百年前的古人們一般無異，不過是為了傳宗接代，為了獵豔，為了滿足征服欲。

貞操：束縛與叛逆之間

至明代，貞操觀念被宣揚到了極致。女子若被陌生男子拉了下手，就要斷臂。身體某部位受傷，卻不肯露出來給醫生看，最終貽誤病情死亡，這類事件比比皆是。崇禎年間，興安發大水，兩姐妹被水圍困，看到有男子裸身來救，自覺受到玷污，就投水自殺。旁觀者則大呼：「死得好，死得好！」

明代皇宮之中有專業處女鑑定師，稱為「穩婆」，幫助皇帝檢查入宮女子的處女膜。在民間，訂婚之後照例也要檢查女子是否為處子，由男方女性親屬或媒婆查探。當然，這些檢驗只是初檢，最重要的考驗則在新婚之夜，印證在一張白巾之上。這場考驗至關重要，關係到婚姻最終能否持續，是否能幸福。

《喻世明言》中記載了一段近乎於荒誕的檢驗處女方法。有一黃姓女子，女扮男裝與男子同行在外做生意多年，返鄉之後姐姐懷疑她已失貞，決定進行檢驗。檢驗的方法是，將細乾灰鋪在便桶內，讓其脫了褲子坐在桶上。再將棉紙條放入她鼻中，令她打噴嚏，如果失貞了，上氣洩，下氣亦洩，乾灰必然吹動。若是童身，乾灰不動如初。「當試那妹子，果是未破的童身。」

《易‧漸卦》中說：「漸，女歸吉，利貞。」意思是女子出嫁時必須符合婚嫁的禮儀，循序漸進，婚禮按照程序進行，最後的一個環節就是檢驗女性貞操。

《醒世姻緣傳》中，狄希陳迎娶了悍婦薛素姐後，薛素姐連續兩天拒絕與他同房，狄大娘大罵兒子無能，又開始懷疑媳婦不是處女。狄大娘安排薛素姐娘家的僕人薛三省的娘子去查探情況，又強令兒子霸王硬上弓。

到了第四天早上，捷報傳來，薛三省的娘子將被「元紅」沾汙的被子展示出來。狄大娘大喜過望，「賞了薛三省娘子合老田每人二百錢，三尺紅布，一條五柳堂織的大手手巾」。此場景，如湯顯祖在《邯鄲夢》中所云「今宵同睡碧窗紗，明朝看取香羅帕」。

貞操是最重要的嫁妝，為了證明女子是處女，在新婚之夜準備一條被稱為「喜帕」的白巾，是女方的義務。若是白巾上沾上了元紅，則男女雙方都放下心。這種測試方法叫作「取喜」。

「取喜」是件莊嚴的大事，當新娘被證明為處女後，男方要將消息奔相走告，並給予報喜及賀喜的人賞錢。男方還要派人敲鑼打鼓地去女方家，送上書有「閨門有訓，淑女可親」的報喜帖子。至於「取喜」成功的白巾，則被驕傲地加以展示。

如果白巾無元紅，則女方一家人要對坐愁歎，視之為奇恥大辱；男方則會策劃著怎麼離婚，追回彩禮。沒有見到「喜帕」掛出，親朋好友也不敢登門祝賀，以免刺激對方神經。

《醒世姻緣傳》中，程大姐出嫁時已不是處子之身，自然憂慮不已。程大姐的母親孫氏是個老江湖，定下一計，她取了條白巾，抓了隻碩大的雄雞，用針在雄雞雞冠上刺出血來，滴在白巾上面；再教程大姐將白巾藏在身邊，頭兩夜不可與丈夫魏三封同房，到第三夜將丈夫灌醉之後再行房事。

不想此事被魏三封發現，惱羞成怒之下：「拳撞腳踢，口咬牙撕，把個程大姐打得像殺豬似的叫喚。」隨後又打開程大姐的箱櫃，凡是魏家的東西全部留下，凡是陪嫁來的東西一件不留，全部打包送回。

到了五更時，魏三封逼迫程大姐「穿了一條紅褲子，穿了一件青布衫，帶上那塊雞冠血染的白絹，反綁了手」。魏三封自己拿了根棍子，走一步打一下，將程大姐一路打回娘家。

程大姐的母親孫氏也是個人物，潑辣異常，當場為程大姐辯護。不想圍觀者都不支持她，認為「孫氏昧了心」。魏三封占了理，撒起潑來，眾目睽睽之下，出其不意，向前一拳將孫氏打翻在地，照著私處亂踢。之後，在地方調解之下，女方承認過錯，接受了魏三封的休妻行為。

對於新婚女子若非處女，《明會

《秦樓月》中插圖，男女山盟海誓

典》中規定，男方可以離婚，並追索彩禮。對於很多女子來說，倘若在日常生活中不小心弄破處女膜，則日後要面臨被休的命運。《金瓶梅》中，周小姐盪鞦韆跌落，「把身上喜抓去了。落後嫁與人家，被人家說不是女兒，休逐來家」。

不但良家婦女重視貞操，就是青樓女子對第一次接客也頗為看重。妓女第一次接客，自然要賣出高價，接客之後，驗紅的過程稱為「梳籠」。

《續金瓶梅》中對「梳籠」有詳細描寫。妓女銀瓶早已不是處子，可為了騙取翟員外的錢財，老鴇就出了個主意，將雞冠血染在白巾上面，然後去誘惑翟員外「梳籠」。

「梳籠」當日，翟員外打扮一新，坐了轎子，鼓樂喧天，帶了一堆幫閒過來。眾人吃酒鬧騰到天黑，翟員外才扶著銀瓶入房辦事。第二日，幫閒們擁擠到門外，大喊著要喜酒吃，銀瓶手中的汗巾則被人笑著奪走。酒過三巡之後，「喜帕」被放在螺甸漆盤上端了出來，交由翟員外當眾驗紅。驗紅完畢，翟員外打賞了二兩銀子，又喝了幾杯酒。

處女情結，貞操意識，最初發端時是為了保證血統的純正。純正的血統才能保證家族的延續，財產的承襲。之後又與男子的佔有欲聯繫在一起，在男子心目中，只有佔有了女子的第一次，才象徵著女子完全歸屬於自己。若是女子的第一次不屬於自己，則此女子已屬他人，其在心理上是難以接受的。

《型世言》中，蔣日休與文姬私奔。行男女之事後，文姬歎息道：「我一念不堅，此身失於郎手了。只是念我是個處子，莫要輕狂。」

蔣日休得手後，送走文姬，「回到房中，只見新紅猶在，好不自喜得計」。

男子擇偶時，最重要的考慮是女子是否是處女，這也與道德情操相關，所謂「水不厭清，女不厭潔」。中國古代社會有種流行觀念，認為童子之身是最潔淨、最神聖的，即所謂「吾愛童子身，蓮花不染塵」。

明代呂坤認為「嚴於婦人之守貞，而疏於男子之縱欲」是「聖人之偏」。在男權社會，童貞是針對女子而言的，它要求一個女子在結婚之前必須保持處女之身，不得與任何男子發生性關係。當男子縱情聲色時，卻又用貞操觀念來嚴格要求女子，並給她們套上了層層枷鎖。

不過，明代生活的另一面卻是也有女子敢於叛逆。在馮夢龍所蒐集的反映民間生活的民歌中，有著諸多未婚即偷嚐禁果的內容。

《掛枝兒・調情》：「大著膽，上前親個嘴，謝天謝地，他也不推辭。早知你不推辭也，何待今日方如此。」

《掛枝兒・喜鵲》：「喜鵲兒不住地喳喳叫，急慌忙開了門往外瞧。甚風兒吹得我乖親到。攜手歸房內，雙雙摟抱著。你雖有千期萬約的書兒也，不如喜鵲兒報得好。」

馮夢龍評價這幾首民歌雖是「情膽大如天」，「卻是天地間自然之文，何必胭脂塗牡丹也」。從這些民歌中，可見一些大膽追求真愛的女子，並不在乎什麼禮法的限制，她們放縱於性愛中，追求肉體的自由。我的身體我做主，禮教的束縛，被她們無視。

兩難：守節還是改嫁

儒家經典從禮法的高度對男女之間的關係做了界定，認為女性應該未嫁從父，既嫁從夫，夫死從子。到了漢代，婦女貞潔觀又被系統化整理，給婦女們加上了從一而終的緊箍咒。

不過，這套說教在漢代並未得到遵行，喪偶婦女再嫁是稀鬆平常的事情。雖然道學先生們再三鼓吹，要求女性從一而終，政府也褒獎節婦烈女，奈何少有響應者。直到唐代，在喪偶婦女的再嫁問題上並無太多非議。據統計，唐代公主寡居後再嫁者就有二十餘人，民間自然也改嫁成風了。

至宋代理學興起後，在存天理、滅人欲的旗幟下，婦女被要求從一而終。餓死事小，失節事大。道學先生們不但反對寡婦改嫁，更反對男人娶寡婦。不過，就是理學的領軍人物朱熹，對「餓死事小，失節事大」也持反對態度，「自世俗觀之，誠為迂闊」。

到了明代，不好女色的開國皇帝朱元璋又狠抓節婦烈女的問題。於是，有明一代，節婦烈女之多，冠絕古今。

「節婦」，指丈夫去世後，堅守貞節絕不改嫁的已婚女子。

「烈女」，指為死去的未婚夫殉身，以及為避免受侮辱而自殺的未婚女子。「烈婦」，指在丈夫死後的三日或七日內自殺殉夫的已婚女子。

明朝自開國以後，就有意識地宣傳節婦烈女。對節婦的鼓勵，除了精神上的引導外，更有物質上的激勵。明代規定「凡民間寡婦，三十以前夫亡守志者，五十以後不改節者，旌表門閭，除免本家差役」。這個法令一出，許多家庭恨不得早早出幾個寡婦，再嚴防死守，鼓勵守節，熬足年限，評上節婦，然後免除官府差役。

明代規定，寡婦三十歲前死了丈夫，五十歲前不改嫁，則旌表門閭。之所以如此規定，是因為明代結婚年齡較早，一般男十六、女十四就可以結婚。很多女子守寡時還不到二十歲，泰州朱氏十九歲喪夫，靠著紡織撫養兒子，供養公婆，最後官府旌其「貞節」。

三十歲以前的女子，還是青春年華，最是耐不住寂寞，撐不起家庭的重擔，官方對這個年齡段的女子考驗最為嚴格。三十歲以後的女子，心理相對穩定，對外界誘惑抵抗力較強，改嫁的機率相對較少，官方對這個年齡段的婦女重視程度就相應降低。

如果女子年齡過了三十歲才守節，如何處理，官方沒有明確規定。不過對於事蹟特別感人的，照例也要給予表彰。太宜人曾氏，三十一歲時「舅姑與其夫相繼而歿」。此後她守節四十年，兒子爭氣，考中進士，她自然被當作節烈典型來宣傳了。

丈夫去世後，有兒女、有身孕的妻子，也有選擇在短期內自殺成為烈婦的。如龔氏在丈夫和婆婆死後，家中貧窮，無法下葬。有人要捐棺材幫助她，龔氏擔心對方不懷好意，將兒女託付給母親後，抱著丈夫屍體自焚。

也有為了兒子沒有自殺的，等兒子稍微長成後再選擇去死。譚氏生子三個月後丈夫去世，在母親和婆婆的勸阻下沒有自殺。待兒子七歲上私塾後，她將兒子託付給婆婆，心中竊喜「吾今可以遂志矣」，不久自縊身死。

《型世言》第十回中，陳氏想殉夫，幾次自殺都未成功。後來在母親的幫助下，終於自殺成功。得悉陳氏自殺成功後，官府與地方士紳一片歡騰，文士們寫詩撰文稱讚，鄉紳們前來拜祭，絡繹不絕，陳氏的「光輝事蹟」被官府層層上報，一位烈女就這樣誕生了。

死需要勇氣，活下去更要勇氣。在丈夫去世之後，一方面婦女要保持貞節，抵擋住各種外界誘惑，包括男性對自己的覬覦。同時，節婦還需要承擔起供養家庭的重擔，她要撫養兒子長大，以使夫家香火綿延；她要孝敬公婆，端茶倒水，服侍周到；她要考慮家庭傳承，如果亡夫無後，則要從血緣靠近的族人之中選擇繼承人，將他撫養長大，娶妻生子，此時方才完成了守節。

年輕貌美的寡婦，為了教育子女，也為了斷絕外界的騷擾，有將自己的容貌毀去，將手指截斷者，然後含辛茹苦，撫養子嗣。九江歐陽氏的丈夫去世後，父母逼迫她改嫁，她就用針在額頭上紋了「誓死守節」四個字。額頭上這四字讓好色之徒一見生出敬畏之心，再無人來強迫她改嫁，地方上尊稱她為「黑頭節婦」。

孝婦義女，指的是那些為了孝養公婆、父母的女子。她們有的是在老人病重時整日伺候，在必要時還把自己身體上的肉割下來做藥引子給父母吃，有的是在遭遇惡獸、大水、大火時，捨身營救父母。江西有李孝婦為了治癒婆婆的痰疾，竟然割下自己的一個乳房，以乳肉與藥相伴餵婆婆，自己卻差點氣絕身亡。

你是孝婦嗎？那就請割下一塊肉證明，於是各種近乎自虐的孝婦紛紛湧現。因為臥冰救父母，割股、割肝救長輩的孝婦義女不斷湧現，朝廷也覺得過於荒唐了。洪武二十七年（一三九四），朝廷在重議旌表時限定，割肝、殺子、臥冰、割股之類的自虐，不算孝婦。

貞女，是指尚未嫁入夫家，未婚夫就去世，此後為未婚夫終身守寡者。如湖南溆浦縣丁正明之女丁美英，幼年時即受聘於夏學程。十八歲將要出嫁時夏學程死了，丁美英發誓不再出嫁，並買田辛勤勞作，供養公婆及自己的父母。再如太倉曇陽子為未婚夫守貞多年後，宣佈自己成仙，以自殺的方式辭世。

嘉定地方上的宣氏，在丈夫身前一直遭受家庭暴力。丈夫死後宣氏準備殉夫，有人就勸她：你過了這麼多年苦日子，還殉夫幹什麼。宣氏歎道：「予知盡婦道而已，安論夫之賢不賢？」

明代各地湧現出一批節婦烈女的事蹟。最為震撼人心的，由地方官員上報，朝廷賜建祠祭祀。情節比較感人的，就造牌坊，豎黑色旗杆，以光耀鄉里。再次一點的則在地方誌中加以記載。最後出現的局面是，明代的節婦烈女有三萬人之多，超過中國歷史上其他朝代節婦烈女的總和。

為了追求轟動效應，能評上節婦烈女，各種悲苦慘烈的事蹟湧現。上吊自殺是常態，投水淹死不算稀奇，餓死也是司空見慣。為了避免死後被侮辱，還要將身上的衣服密密麻麻地縫上。有的自殺前會將女兒一起殺死。如果是兒子，則不能殺死，因為殺了就是斷了血脈，無望評上節婦烈女。

明代鼓勵寡婦守節，造成了一定的社會問題。由於重男輕女之風盛行，男女比例失調，大量男性無法娶妻。弘治十五年（一五〇二），福建全省男性占人口總數的七成以上，男女比例嚴重失調，使得地方上同性戀盛行。各省都出現了男女比例失調的現象，江西泰和縣「七男三女」，浙江衢州府龍遊縣「俗三男一女」。浙江處州府松陽縣，有超過四十歲娶不到老婆的，宗族出面幫助其搶奪女子成親。

大量的男子娶不到老婆，官方卻鼓勵節婦烈女，造成了資源配置上的不均。但朝廷只是鼓勵節婦，「並無阻止寡婦不嫁之例」。既然官方並沒有限制寡婦改嫁，寡婦是許多大齡男性的最佳選擇。

不過法律規定，寡婦改嫁之後不能保留丈夫的財產。只有在經過長輩同意的情況下，改嫁時才可以帶走陪嫁財產。但透過招夫入贅的形式，則可以達成變通，既嫁出去，又保留了財產。入贅的男子稱贅夫，他入贅後不是隨妻子娘家的姓，而是隨妻子原夫的姓氏。

對處於赤貧狀態的男子而言，可以透過入贅寡婦家解決娶妻的難題。入贅者要簽訂文書，闡明自己因家貧不能娶妻，自願入贅。就入贅後生子屬於哪一方、房屋財產、違約懲罰等問題均在文書中做出明確規定。所立文書基本上是利於女方，而對男方加以限制。

在明代還會出現一種情況，即亡夫所在家族為了圖謀財產，逼迫寡婦改嫁。逼迫寡婦改嫁的緣由諸多，寡婦不能守節是常用的理由。《嘉靖新例》中也有規定，民間寡婦不能守志者，聽其改嫁。

此外，法律明確規定寡婦不能改嫁的情況也存在。凡被朝廷冊封過的婦女稱「命婦」，根據法律規定，有封號的婦女不得改嫁，如果改嫁則「追奪並離異」。封號是因為丈夫得來的，因而命婦不許改嫁；如果是因為兒子發達而得了封號的，同樣不許改嫁。在丈夫喪期內，寡婦也不准改嫁，違背者，杖一百。婦女再婚的對象不能是前夫的近親，否則要追究責任。再嫁對象與前夫的血緣關係越近，罪就越大。

對一般婦女改嫁，官方不予干涉，只有在非常情況下，官方才會出手干預婦女改嫁。天順年間，山西提刑按察司僉事劉翀準備娶妻朱氏。朱氏先後三次結婚，丈夫因各種原因去世，按民間說法，她就是所謂剋夫的命了。劉翀卻對朱氏一往情深，毫不計較，冒著「喪命」的危險娶了她。不想此事卻被多事者告發，認為朱氏四次嫁人，有傷風化。劉翀作為官員，娶這種「不貞」的妻子有失身分。官司打到了京城，英宗下令將劉翀削職為民，罪名是「忘廉恥，配失節婦」，「有玷風憲」。

雖然明代官方鼓吹，士人追捧，可在《金瓶梅》等小說之中，女性改嫁的現象卻是相當普遍的。評上節婦烈女，官府給予的表彰和好處往往只限於上層社會。對下層婦女守節，官方甚少給予關注。《型世言》第四回中，李權勸姐姐改嫁的理由就是，守貞沒有好處。「就是縣裡送個貞節牌匾，也只送了有錢的，何曾輪著我們鄉村？」在弟弟等人勸說下，李氏決定改嫁。

在當時的實際生活中，改嫁的現象相當普遍。丈夫死後，守節婦女往往要挑起家庭的重擔，依靠自己的雙手孝養公婆，撫養子女。由於婦女身體條件的局限，她們無法從事一些較重的活，所以大多數婦女只能靠簡單的種植和紡織、女紅、給別人做傭人來維持生計。為了生計，大量的底層女性還是選擇了改嫁。

一些地方編排縣誌時，蒐集地方上節婦烈女事蹟，結果發現節婦烈女非常少，這讓官府痛心疾首。萬曆年間，江浦縣修縣誌時只收到了七名節婦烈女的事蹟，且事蹟還不夠感人，地方官員羞愧不已。南直隸賀州地方修地方誌時全州範圍內只找到了十一名貞潔烈婦，地方官員自然又是一番世風日下之慨了。馮夢龍跑去福建當小縣令，好不容易蒐集到了幾個節婦的事蹟，沾沾自喜，當作自己的政績。

在浙江溫州府平陽縣，有「寡婦欲再醮，叔伯及婦父母、兄弟欣然，以此得錢者往往有之」。在江西鉛山地方，也有丈夫得病臥床不起後，妻子就接受他人聘禮，忙著準備改嫁。

面對此情此景，道德家們發出哀歎：「世多再醮，不以為汙。」

羞辱：女子裸體受刑

古人眼中，男女之防，事關重大。一個女子若是在光天化日之下露出手臂什麼的，如同失去貞潔一般。若是將女子的衣服褪去，公開行刑，任由公眾圍觀，無異於從道德上宣判女性死刑，將女性逼到絕路。

中國古代刑罰中，滿是肉體刑罰的內容，在官方看來，肉體上的疼痛，可以彌補教化之不足。

宋代，杖刑是肉體刑罰之一，常以脊梁作為施刑部位，所以「打脊的」在水滸中成為不法之徒的別稱。對女子的刑罰，此時尚給女子存了些許尊嚴，留了點體面，即允許女子穿衣受刑。痛雖痛了，但沒有暴露肉體，勉強維繫了女子的最後一點尊嚴。

蒙古人到了中原，沒有漢人的小心思。既然要懲戒婦女，那就一次到位，讓她在肉體、尊嚴上受雙重打擊。在元代，將杖脊改為杖臀腿，又第一次以法律條文規定，女性犯有通姦罪，應去衣接受杖刑，「諸和奸者，杖七十七。婦人去衣受刑」。

朱元璋稱帝後，頒布禁令，限制穿蒙古人衣服，禁用蒙古語，以恢復漢人的禮法。可朱元璋對元代法律卻是全盤承接過來，且在殘酷程度上有過之而無不及。《大明律》中規定：「其婦人犯罪」，「應決杖者，奸罪，去衣受刑。餘罪，單衣決罰。」

元代不過描述了「私奸」行為，明代則加了道德定性「既無恥」。元代只是規定脫衣服受刑，是否保留內衣，尚可斟酌。明代則直接規定「去其底衣」，即脫光了受刑。後來有學者認為，脫去婦女衣服行刑，「此有明一代之弊政。實與婦女發教坊，同一酷法也」。

《燕子箋》中插圖

西班牙人門多薩在一五八五年出版了一本《中華大帝國史》，描述了明代人的生活情況，其中也介紹了女子裸體受刑。一般情況下，很少發生女子與人通姦的事，因為她們閉門不出，且恪守貞節理念。如果發生通姦事件，丈夫可以當場殺死通姦者，並不受處罰。也有將姦夫淫婦送交官府，「除殘酷地打他們的屁股外，再給處罰，這是該國的律法」。

犯下被世人所不齒的通姦罪，婦女要脫光衣服受杖刑。若是偶爾觸犯刑律，受較輕的笞刑，女子也要脫衣或僅穿單衣受刑。在明代各類小說中，常見各類作奸犯科的女性裸體受刑。

《人中畫》中，張媒婆牽線搭橋，成全了一對未婚男女偷情，平日裡也時常幫人偷情約會之類，最終被官府抓捕。

審案時，縣令怒罵：「你這賊婆，既勾引元公子，誆騙了許多財物，又勾挑桃花小姐失節於人……如此奸宄，人倫風化，幾乎敗盡。」

縣令威風八面地吆喝：「放了拶，脫了褲子，重打三十毛板。」

張媒婆被重打三十大板，爬著出來。

此雖小說，卻可映射當日社會生態。當社會生活極大活躍之後，各類有違人倫風化的事件便層出不窮。士人之中也開始出現分化，一批人對青樓並不排斥，主動到這種地方尋歡。另一批人則恪守道德理念，認為世風日下，須加以挽回，而終極武器自然是讓傷風敗俗的女性裸體受刑。

於是，妓女們時常無端中槍，被公開裸體行刑。

嘉靖年間的散曲作家馮惟敏，就曾目睹了兩起妓女裸身受杖刑的情形，並以散曲的形式加以記錄。大概是有道德潔癖的地方官展開了一場嚴打運動，「以訪捕為一切之政」。此番嚴打，不分良民、賤民，被抓捕後一律施以酷刑。

有十名妓女被抓後，集體接受裸身刑罰，至於受刑的原因，馮惟敏沒有交代。

「十美人一時受杖而出，觀者如堵。」對於圍觀者來說，這已不是刑罰，而是一場香豔的視覺盛宴。

行刑之後，妓女們肉體裸露，面如澆蠟，渾身顫抖如篩糠，紅繡鞋散落公堂，在別人的扶持下勉強歸去。

主審的官員、行刑的衙役、熱鬧的圍觀者，一起從妓女的行刑中得到了快感。他們的歡樂之中，夾帶著無上的道德優越感。在這個時代，生而為賤民的妓女，彷彿就是天生不道德的人，就該接受懲戒。

另一起案件中，只有一名妓女受到杖刑。說是官妓李爭冬，姿容出眾，備受追捧。一日，李爭冬騎馬招搖過市，與儒生發生爭執。一個娼妓竟然敢在大街上騎馬，且不尊重士人，書生義憤填膺遂去告官。此時應該過了嚴打期，官員對此置之不理，「此等小事，也來麻煩老爺」。

書生們看官府不管，更加憤怒，集合起來鬧事。

面對書生們所施加的壓力，官府只好將李爭冬抓了起來，並施以酷刑。行刑時大堂上滿是圍觀人群，對這些人而言，李爭冬的裸體平常要付出高價才能看到，今日可藉行刑免費一睹為快。

馮惟敏記載了行刑時的景象：「拶指兩頭齊，批頭一片紅，兩般兒任意隨身用。筋連十指鑽心竅，血染雙臀入子宮，皮開肉綻花心動。這其間破了的誰補，綻了的誰縫？」

一群書生們自以為佔據了道德高地，一場義氣之爭，鬧上公堂，讓女子受刑。他們得意洋洋，享受著勝利的快感，他們以鄙夷而又貪婪的眼神，打量著公堂上女子裸露的身體。他日，當他們能在科舉上有所突破時，他們會忘記今日的一幕，去青樓之中放縱自己的情欲。

杖刑極其殘酷，利瑪竇曾親眼目睹杖刑，說：「這種刑罰是當眾執行的。受刑的人臉朝下趴在地上，用一根大約厚一英寸、寬四英寸、長一碼中間劈開來的堅韌竹板打裸著的大腿和屁股。」

公堂上大板橫飛，血肉模糊，對受刑人而言，裸體受刑更是精神上的凌辱。

西方人曾德昭記載：「婦女犯奸時，受到鞭打或杖刑，把褲子一直扒到腳跟，讓她出醜，有時當街鞭打。」很多婦女，寧死也不肯到公堂上公開受刑。

《金瓶梅》中，韓道國的弟弟韓二與韓道國的妻子王六兒通姦之事敗落，兩人被街坊鄰居抓住，要送交公堂。韓道國滿頭「綠光」，還是堅持要去請西門慶幫忙，希望不要將王六兒送到公堂，讓她免受裸臀受杖的肉刑。

將婦女脫了衣服在公堂上行刑，既是肉體刑罰，更是殘酷的精神侮辱，受刑的婦女此生都再難抬頭做人。一些開明的地方官員在執行刑罰時，對此條也有所保留，常以繳納錢糧等懲罰方式加以變通。

可衛道士們不能接受。

宣德三年（一四二八），有御史提出犯姦婦女就該脫去衣服，裸體受刑，以勵風俗。一些官員許以錢糧贖罪，無錢糧的婦女被囚禁在監獄中，又生出淫亂事端，請朝廷嚴加整頓，該裸體受刑時就要堅決執行。

衛道士們堅持裸體受刑的背後，還有著性窺探心理。《金屋夢》中對此有生動描寫，李師師經營青樓生意，詐騙了嫖客翟員外。翟員外到官府告狀，官員將李師師傳了上來大罵一通，然後下令皂隸剝去她的衣服行刑，「我且看看你這白屁股兒」。

「先打了二十大板。可憐把一個白光光、滑溜溜、香噴噴、緊，兩片行雲送雨的情根，不消幾下竹篦，早紅雨斜噴、雪皮亂捲。」

女子裸體受刑招惹出無數是非，到了成化八年（一四七二），有官員提出改革，女子除了姦淫、盜、不孝及妓女犯罪等情形外，若是受笞、杖刑罰，可以穿著衣服受刑。

女子不但在公堂之上裸體受刑，因為所謂的家法，在家庭、家族內部，也有女子裸體受刑的情況。《金雲翹傳》中，金雲翹先被賣到妓院，因為不願意接客，被剝光衣服吊在梁上。老鴇提起皮鞭，一氣就打二、三十下。金運翹「無寸絲遮蓋，赤身露體，羞得沒處躲藏」。被老鴇徹底摧毀了自尊，只好屈服接客。

後來金雲翹被轉賣到大戶人家，與男主人公偷情，被正房妻子的母親束氏知曉後，決意找機會懲戒她。在尋找了金雲翹一個小毛病後，束氏大叫：「捆打她三十，再盤問她。」

兩旁丫頭應了一聲，將金雲翹按翻在地，「拿手的拿手，拿腳的拿腳，扯褲的扯褲，脫開來大紅褲子映著瑩白的皮膚，真是可愛」。這些丫鬟都是久慣行杖，下手毫不留情，打了二十竹板，將金雲翹打得昏迷不醒。

後來金雲翹得了海盜幫助回來報仇，將

《醋葫蘆》中的裸身受杖刑圖

當年羞辱過自己的女人剝光衣裳，用月經帶吊在屋梁上，以馬鞭抽打。打了一百下後，受刑者已是半死不活。

在男權社會中，以裸體受刑對女子施加凌辱，被視為可起到教化作用，也可滿足男子隱祕的窺私欲望。在莊嚴的公堂之上，女子袒露著肉體，血肉橫飛，陣陣慘叫，卻不能搏得男子的一絲憐香惜玉之情。他們以貪婪的目光，緊緊盯住女子的身體，口中念誦著仁義道德，頭頂高懸著道德匾額。然而，女子裸體受刑，侮辱的不單單是女子，更是這一個朝代。

晚明悍婦緣何多

女子的形象，是與水、花等物相聯的。若是女子怒氣衝天，操了一把菜刀或木杖之類的傢伙奮力衝來，這雖破壞了女子的形象，但有著不可抵擋的威勢。

晚明時期，女子好似被壓抑了太久，悍婦突然噴湧而出，橫行一時。因為悍與妒聯繫在一起，悍婦時常也被稱為妒婦。

素以女子溫柔若水著稱的江南地方上，女子可不單單是水做的，悍婦跋扈，名滿江湖。《五雜俎》中指出，妒婦「江南則新安為甚，閩則浦城為甚」。《雲間雜識》中，作者憤怒地聲討了晚明松江地方上悍婦的行徑，「松之悍婦，不能枚舉」。

松江地方上，哪怕老公發達，官場得意，悍婦也不給他面子，在公共場合大喊男人的名字，並加以訓斥。男人就是娶了美妾，也不能吃到嘴，只好看看過乾癮。男人升官本是好事，有的悍婦卻穿戴麻衣詛咒男人倒大楣。更有悍婦故意不給老公吃飽飯，或是當堂鞭撻奴婢，或是大手大腳地花錢敗家。

松江的悍婦們很囂張，她們揚言「夫之無奈我何」。我就彪悍了，你能拿我怎樣？

懼內在晚明竟成為一種潮流，從達官貴人到一般民眾，無不在妻子面前瑟瑟發抖。

工部尚書吳中以納妾多聞名於當時，可他卻懼內。老婆想看皇帝親賜的誥命，吳中不敢抗拒，乖乖交出。老婆看了後譏諷吳中：「今誦之終篇，何嘗有一清有一廉字？」吳中被老婆如此挖苦，也不敢發怒。

面對悍婦們，男人們毫無戰鬥力，他們只能私下給悍婦們安上「河東獅」、「母夜叉」、「胭脂虎」、「羅剎女」、「跗骨之蛆」之類的外號，從中得到些許安慰。

悍婦的流行也產生了一種新的小說。這種小說可以稱之為「悍婦小說」，其中最具代表性的是明末伏雌教主的《醋葫蘆》，及明末清初西周生的《醒世姻緣傳》。

伏雌教主，一聽作者名字就知道家有悍婦。慘痛的人生經歷，化作了《醋葫蘆》中的故事。《醋葫蘆》的男主人公成珪，年已六十，卻好色無比，不時嘀咕「未破瓜的女子，我也受用些過」，滿腦子想著出去尋歡作樂。

可惜，成珪的老婆都氏蠻橫的程度可謂空前絕後。她與成珪沒有生下兒子，照理說應該主動幫丈夫納妾，好傳承香火。可都氏不但不許丈夫納妾，更嚴格限制丈夫的活動空間和時間，以免他在外尋花問柳。

成珪出門前要向都氏打報告請示。得到許可之後，成珪要先點上香，在香燃盡前回家，如果逾時不歸，則要被嚴厲懲罰。

一次，成珪去看老友周智，因為害怕誤了時間，顧不上吃飯，三步併兩步飛奔回家。

都氏不能生育，又不許丈夫納妾，為了斷了丈夫生兒子的心，不時告誡丈夫「豈不聞和尚無兒孝子多」。

老友周智勸成珪振作起男人的雄風，收拾下悍婦，恢復夫為妻綱的禮法。可成珪一見到都氏就渾身酥軟，毫無反抗的勇氣。

《醋葫蘆》中宣揚因果報應的插畫

周智幫他設下一計策，讓成珪威脅都氏，不讓納妾，就去出家，到時在廟裡收上幾個好的徒子徒孫，「也完了這點子嗣念頭」。

都氏冷笑一聲，就如了他的心願，幫他納妾。成珪大喜，以為自己的春天來了，不想納妾後卻發現所納之妾熊氏是名石女，根本就不能碰。面對著都氏精心安排的「雌太監」，成珪哭笑不得，只好暫時收起了納妾的心。

知道丈夫心裡不安定，都氏也做了防範措施。都氏嚴禁丈夫與婢女們接近，防止他偷腥。一次，成珪把吃剩的點心賞給兩個婢女吃，都氏就賣掉了這兩名婢女，又將家中婢女都換成又醜又老的女子。

「雌太監」熊氏雖不能讓成珪「解讒」，可她帶來的丫環翠苔卻姿色可人，讓成珪垂涎不已。一次，藉著與都氏一起參加周智老婆生日聚會的機會，成珪裝腹痛中途逃回家與翠苔私會。得知成珪偷腥後，都氏大怒。

「都氏逞著威力，將她衣服層層剝下，自頭至腳，約打有三四百下，不覺竹蓖打斷。復將翠苔頭髮分開，縛在太湖石上，自去攀下一枝粗大的桃條，復連花帶葉，又抽上二三百。還要去尋石頭來打肚子，燒火烙來探陰門。只見翠苔漸漸兩眼倒上，四肢不舉，聲氣全無，酥酥地倒在地下。」

至於《醒世姻緣傳》的薛素姐更是殘暴異常，她對丈夫狄希陳施暴的方式五花八門，足以寫部酷刑史。一次丈夫狄希陳跑去小妾寄姐房裡，素姐見了，「慌忙取了個熨斗，把爐子裡的炭火，都撮在裡面，站在房門口布簾裡面，等得狄希陳出寄姐房來，從後邊一把揪住衣領，右手把熨斗的炭火，盡數從衣領中傾在衣服之內。燒得個狄希陳就似落在滾湯地獄裡的一樣，聲震四鄰。」

放蚊子咬、打耳光、口咬牙撕、扭肩膀、掐胳膊、擰大腿、搊脖子、用煙燻眼睛，都算輕的，針刺、鞭子抽、鐵鉗擰、炭火燒烤，也不算重，憤怒時素姐拿起碗、棒槌、窗栓、板凳，劈頭蓋臉把狄希陳往死裡揍，最後薛素姐乾脆挽弓搭箭要射死老公。

面對異常彪悍的婦女們，男人們望風而逃，內心充滿了不平。明代在法律上規定，如果妻子毆打丈夫，杖一百，如果打傷了，加凡人三等。丈夫毆打妻子，只要未打傷，就不追究，打傷了，減凡人二等。可讓男子們去反抗悍婦，他們沒有勇氣。他們沮喪無比，又不會紮小人詛咒。

明末才女馮小青受妒妻迫害而死，士人們無不熱血沸騰，掀起了「小青」熱。士人們紛紛用文章詩詞表達他們對馮小青的惋惜，聲討悍婦的跋扈。可寫完文章回到家中，面對悍婦，他們大氣也不敢喘。

不過，悍婦歷史悠久，古人就留下了治悍婦的祕方。

《山海經》中記載了幾種治療悍妒的祕方：「獸焉，其狀如狸而由髦。其名曰類，自為牝牡，食之不妒。」，「有鳥焉，其狀如梟白首，其名曰黃鳥，其鳴自詨，食之不妒。」，「其上有木焉，葉狀如梨而赤理，其名曰格木，服者不妒。」

《延齡經》載：「療惡妒方，取夫腳下土，燒，安酒中與服之，娶百女亦無言。」

張岱記載了一個尋求「化妒丹」的事蹟。紹興人朱賡娶了美妾，老婆常「獅子吼」，他苦惱不已就四處尋仙，求「化妒丹」。

《醋葫蘆》中，成珪的遭遇讓老友周智同情，就給他出了個點子，「弟於《大荒經》中，曾見一句道：『東海有鳥，名為鶬鶊，食之可以療妒』」。

這鶬鶊，就是《山海經》中的治妒良藥黃鳥。

為了給成珪打氣壯膽，周智還舉出歷史上治妒婦的成功案例。如，梁武帝因老婆悍妒，命漁夫搜捕鶬鶊，煮了幾次給老婆吃，果然有效。「兄今欲歸，盍行此法，聊小試之，倘有應驗，即當舉之於世，以救天下之懼內者」，真是功德無量。

成珪回家後多方求購，買來了鶬鶊，親自下廚為都氏烹煮「鶬鶊膳」。不料都氏吃了「鶬鶊膳」後腹疼，疑心成珪想毒死自己。面對老婆的暴怒，成珪渾身發抖，將事情真相全部供出。

「鶬鶊膳」沒有顯示治妒效果，都氏悍妒之性有增無減，將成珪一通暴打之後，都氏又來了個「龜頭列印」的奇特懲罰。

為了防止成珪在外偷腥，都氏在成珪的生殖器上蓋上印章，每晚查驗。若印章圖形有所磨損，就對成珪一頓嚴刑拷打。為了避免不小心擦壞了圖印，成珪找了塊絹帕包裹在龜頭上，才敢行走。

女性彪悍，原因諸多。其一，男子納妾導致家中妻妾爭風吃醋；其二，男子出入青樓一擲千金，也是家庭糾紛產生的主要原因。

明初對納妾曾有嚴格規定，如年滿四十無子，納妾的主要目的是為了傳宗接代。明初納妾，主要是為了子嗣，此時悍婦的記載還不多見。到了後期，男人納妾已不僅是為了子嗣，更有淫欲及追求新鮮刺激的因素。

小妾貌美，如果再生下個子嗣，自然是萬千寵愛集一身，正房妻子必然會心理失衡，從而誘發衝突。《西湖二集》中發出了女性的心聲：「一夫一婦，此是定數，怎麼額外有什麼叫做小老婆？我卻嫁不得小老公，他卻娶得小老婆，是誰制的禮法？不公不平，俺們偏生吃得這樣多虧，這是第一著可恨之處了。」

明代中後期，經濟發達，人們生活水準提高，飽暖思淫欲，處處有青樓。男子狎妓玩樂，在青樓流連忘返，一擲千金。既置家庭於不顧，又浪費錢財無數，沒有哪個妻子能接受丈夫在外常年鬼混。

《醒世姻緣傳》中，當薛素姐的老公出去嫖娼被發現後，薛素姐準備用暴力教訓丈夫。不想婆婆跳出來袒護兒子，公開宣稱：「嫖來！是養漢老婆的鞋！漢子嫖老婆犯法嗎？」並揚言要賣掉田地，以資助兒子去嫖娼。

為了守護自己在家庭中的地位，防止丈夫在「銷金窟」中被腐蝕，正牌妻子們不得不壯起膽來獅子吼，與青樓女子及寵妾們展開一場場殊死較量。

男人們煉丹化妒，學習馭妻術，可這些卻對悍婦無效。文人們頭痛之下轉而編出各種悍婦遭到輪迴報應的小說，勸誡女性棄妒從善，遵守婦道。

《醋葫蘆》中的超級悍婦都氏，自己不能生育，又不肯讓丈夫納妾。最後，都氏將自家侄兒都飆過繼為子，還分了三分之二的家產給他。

都飆分到家產後不再理會都氏，每日花天酒地，吃喝嫖賭。都氏一開口教導他，都飆打罵：「老潑賤、老花娘，不識高低，不知輕重，抬舉你做個繼娘，也不過想你些家計，到如今不夠我半年受用，已是十完八九。」都氏躺在地上只能哀歎：「罷了！罷了！」

都氏死後，在陰間受到嚴懲。都氏一見到酆都閻羅，就挨了頓板子，被打得血肉橫飛，死去活來。都氏老實交代了往日虐待丈夫的種種行為，閻羅遂命鬼卒將地獄中所有的酷刑一一施加於她。

《醋葫蘆》之類小說中的描寫，只能讓畏懼老婆的男人們躲藏在陰暗的角落裡，壯起雄風，抖起豪膽。一轉身，當他們走出陰暗角落面對老婆時，立刻原形畢露，畏妻如虎。不過也有人提出，因為家中婦女太過彪悍，逛青樓費用又太高，男人就轉而尋找男人作為慰藉。這不是先有雞，還是先有蛋的問題，沒有哪個女子天生就是悍婦。悍、妒，都是在生活之中慢慢養成的。

明代還有另外一種「悍婦」，她們不是施行家暴，不是對老公、小妾以老拳相向。她們的悍，是強悍，不是蠻不講理的彪悍。她們挑起了家庭的重擔，以自己的勤勞智慧，養家糊口。

在經濟發達的南方，此類悍婦較多。蘇州、松江等地，從事紡織品和手工藝品生產的主力是婦女，女性成為家庭的經濟支柱。在烈女傳中，多見女子勤儉持家，透過紡織、做女工維持一家生計的記載。更有女子精於計算，藉由借貸食息，發家致富。萬曆年間，江陰徐氏以陪嫁首飾作為資本，透過放貸改善了家庭經濟狀況。

嘉靖年間，海寧文人許瞻仲癡迷書畫，不問生計，妻子董氏自稱「健婦兼丈夫」，挑起了家庭重擔。在她的主持下，家中經濟狀況反而得以改善。後來董氏向兒子解釋，丈夫「多大言，少成事」，全家人要吃飯，只能靠自己去經營了。

錢謙益在《陳府君合葬墓誌銘》中記載了常熟的一對夫妻：丈夫陳欽光「長不滿六尺，低首俯躬，語言妁妁然」，夫人「長身魁形，謦咳如偉男子」。夫人不但督導丈夫學業，且時常當著外人的面數落他，丈夫也不敢反駁。

在男權社會中，一些女性以彪悍的姿態、強悍的風格及暴力來捍衛自己在家族中的地位。這是被壓迫者轉而以壓迫他人的方式，來轉移自己的苦痛。個別女性在家中異常彪悍，在整個社會看來是笑料談資，是教化不夠。只有那些靠自己的努力養家糊口的獨立女性，她們以強悍的姿態，在晚明女性歷史上，留下了自己濃墨重彩的一筆。

舉世魂銷媚金蓮

王婆口中「潘驢鄧小閒」一出，天下男人皆以鄧小閒自詡，可真正能做到的又有幾人？自然，《金瓶梅》的男一號西門慶符合王婆心中極品男人的要求。他相貌英俊，可比潘安，讓女子一見傾心。他身強體壯，精通房中術，也符合「驢」的身板要求。他家財萬貫，堪比史上富豪鄧通，又出手大方，一擲千金，有著縱情風月場的足夠資本。對他要追求的女人，他總是小心翼翼，揣其心思，投其所好。他是武官，閒居於家，有的是閒暇時間。

《金瓶梅》傳入西方後，譯名為《中國的唐璜》，可西門慶勝出唐璜何止千百倍。西門慶有一妻五妾，書中與他有性關係的女人就有十九人。他在宅中坐擁溫香軟玉，眾星捧月，女人們圍繞著他打轉，爭風吃醋，競相討好。女人們對西門慶是心悅誠服，孟玉樓在前夫死後，本可改嫁給尚舉人做繼室。可她卻放棄，堅決要給西門慶做妾，並聲稱絕不計較西門慶「打婦熬妻」、「眠花宿柳」。

女子對他付出了真心，不顧一切要和他在一起，既為了性，也為了情。可浪子的心卻不會被某個女子給牢牢拴住。風流放浪如西門慶者，總在不斷地尋求新鮮，追求刺激，以滿足自己無邊的欲望。為了討好他，迎合他，得到他的寵愛，女人們也努力投他所好。

西門慶足以代表明代的戀足男，三寸金蓮對他具有無與倫比的殺傷力。深好於此的他，只要看到穿紅色繡花鞋的小腳就渾身顫抖，是為「舉世魂銷媚金蓮」。

潘金蓮，名字就蘊含了巨大的魅力，三寸金蓮，鑄就一段孽緣。

《金瓶梅》第一回中，潘金蓮在家無事，躲在簾子後面嗑瓜子兒，卻將一雙小金蓮露出來，勾引得浪子們不時在門前徘徊，等待一親芳澤的機會。浪子之中，西門慶勝出。

在飯局上，西門慶藉著筷子掉落的機會，在潘金蓮的繡花鞋頭上輕輕地捏了一捏。那婦人笑將起來。一捏，一笑，勝過千言萬語。

西門慶對紅色繡花鞋極愛，將潘金蓮納入房中後，他道：「我的兒，你到明日做一雙兒穿在腳上。你不知，我達一心只喜歡穿紅鞋兒，看著心裡愛。」

當西門慶外出狎遊終日不歸時，或為了加強自己在西門慶心中的地位時，潘金蓮使出殺手鐧——紅色繡花鞋。一日白天，二人在葡萄架下調情，藉著西門慶出去片刻的機會，潘金蓮「脫的上下沒條絲，仰臥於衽席之上，腳下穿著大紅鞋兒，手弄白紗扇兒搖涼」。

西門慶走來看見，怎不大動淫心？

潘金蓮與西門慶在葡萄架下宣淫，一時激情過度，丟了隻繡花鞋。潘金蓮決定再做一雙紅繡花鞋，對此孟玉樓不解，問她：「六姐，你平白又做平底子紅鞋做甚麼？不如高底鞋好著。」

孟玉樓也有著一雙不輸給潘金蓮的小腳，初出場時她「裙下映一對金蓮小腳，果然周正堪憐」。西門慶看到孟玉樓時，見她穿了雙大紅遍地金雲頭白綾高底鞋兒，頓時丟了魂似的，愛戀不已。

出於對孟玉樓小腳的警惕，潘金蓮自然要隱瞞西門慶對紅繡花鞋的嗜好。潘金蓮就含糊道：「不是穿的鞋，是睡鞋。」

穿上「新做的兩隻大紅睡鞋」，潘金蓮全身「揉得白膩光滑，異香可掬」，自然俘獲了西門慶的浪子之心。

三寸金蓮，紅色繡花鞋，成為性的重要部分，有著勾魂的魅力。猶如品茶總要焚香渲染氣氛，士人的性事常是從把玩小腳開始。

小腳為何得名金蓮，史上眾說紛紜。有雲南朝齊東昏侯蕭寶卷的潘妃，赤足走在金箔剪成的蓮花之上，步步生蓮；也有認為是小腳裹成之後形同蓮花。

可小腳裹成後若彎弓狀，卻是與蓮花搭不上邊。對小腳研究頗深的李漁則認為，最小的蓮瓣也不止三寸。如果依照蓮花之形狀，則腳當闊而大，何止三寸？他發出感歎「此『金蓮』之義之不可解也」。

金蓮之由來，大約是與佛教中「鹿女」的故事相關。佛教故事中，鹿女足跡所到之處，皆有蓮花生出，遂將蓮花與女子之足聯繫，「蓮」成為腳之代稱。又由於中國古代社會對重要事物前常要加「金」，遂衍生而為「金蓮」。齊東昏侯的潘妃赤足走金蓮，即為模仿鹿女之行為。

在纏足風習出現之前，人們只是以金蓮作為女子足的代稱。小腳出現之後，以小腳為金貴，以大腳為粗賤，於是金蓮一轉而成為小腳的專屬稱呼。

小腳愛好者們，將三寸之內的腳稱為金蓮，大於三寸小於四寸者稱為銀蓮，大於四寸者則為鐵蓮。三寸小腳，最受追捧，最終形成了「三寸金蓮」之說。不過小腳的名稱林林總總，各不相同。如小腳彎折如弓，形如彎月，故名新月；小腳瘦且長稱「竹萌」；小腳形似菱角則稱「紅菱」。

文人們使盡招數鼓吹小腳之妙，各類「小腳」文章撲面而來。個中高手唐寅寫道：「第一嬌娃，金蓮最佳，看風頭一對堪誇。」

小腳在文人們的大力鼓吹之下，被昇華為世間極美之物，最雅致可人之事。小腳瘦是寒梅瘦影，小腳輕是落地無聲，小腳彎是彎比虹橋，小腳纖嫩是「玉筍纖纖嫩」，小腳柔軟是如一團新絮觸膚融。

經過士人如簧之舌吹捧，錦繡文章包裝，女子裹小腳這種醜陋畸形之事，堂而皇之地流行開來，成為社會主流。甚至讓人形成了古今美人莫不是小腳的錯覺。

《金瓶梅》中插畫，西門慶初次邂逅潘金蓮小腳讓人心動，繡花鞋更是催情奪命。

可漢唐時節，女性尚未纏足，一些女子跳舞時穿上相當於後世高跟鞋的「利屣」，不過是為了獲得優美舞姿。五代南唐時，南唐李後主令嬪妃窅娘「以帛纏腳」，在金蓮上起舞，因此，窅娘可視為纏腳的開山祖師。至宋徽宗宣和年間，在汴梁出現了纏足專用鞋「錯到底」。南宋時，臨安婦女以纏足為時尚，稱「杭州腳」。元朝時，中原之地纏足之風照常興盛。

明代女子纏足風氣盛行，纏足技術、小腳造型、小腳品鑑也獲得了充分發展，出現了一些纏足領先地區。山西大同、宣德府地方上的纏足女子，為各地小腳愛好者們所喜，紛紛前來挑選最美金蓮。從正德年間開始，大同有「賽腳會」，於每年六月初六廟會時舉行。大同有十二大寺廟，各廟輪流承辦一次，十二年一個輪迴。

比賽開始前，自認為小腳可人的女子，沐浴熏香，濃妝淡抹，然後至廟會現場，端坐於簾後，將小腳獻出，供愛好者鑑賞。第一輪評選之後，勝出者再進行評比，第一名稱王，第二名為霸，第三名曰后。入選前三甲的女子其親友團歡欣鼓舞，認為此女子今後能嫁入好人家了。賽腳會上，小腳人人可以觀摩，但不能窺視芳容，有違規者逐出。

更令人驚歎的是，明代出現了長不滿二寸，若嬰兒腳一般的金蓮。宜興周相國耗費千金，買了名腳不滿二寸的美人。因為美人的腳太小，以致寸步難行，每次出行都要有人專門抱著，得外號「抱小姐」。

裹小腳成為高貴身分的象徵，是大家閨秀的必修之課。若是不裹小腳，哪怕才華出眾，容貌豔麗，身價也會大打折扣，落得個「半截美人」的惡名。媒婆說媒時，一說起這大腳姑娘，心中自然怯了幾許，膽氣弱了幾分，因為大腳姑娘難嫁人。小腳裹得好，能遮三分醜，哪怕長相一般也能嫁個好人家。

地位卑微者，則連裹腳的資格也沒有。曾經與朱元璋對抗的張士誠舊部，被朱元璋編為丐戶，受到各種歧視。「浙東丐戶，男不許讀書，女不許裹足。」不過丐戶不論男女，每日裡為了生計奔波，哪裡有心思去裹小腳。

在明代，纏腳、繡花鞋，被發展成為一種隱祕的文化，一種變態的審醜。

小腳要瘦、要小、要尖、要彎、要香、要軟、要正。品鑑小腳時，可以看，玩味它的畸形；可以聞，去嗅它的味道；可以把玩，在手中感受所謂的軟若無骨；可以遠觀，看女子凌波碎步，搖曳行走，若風中弱柳。

小腳的把玩被演繹到了極致。把玩的步驟，分解纏、行纏、濯足、製履、行步等。從角度上，可以下拜俯視，脫鞋時側視，跪著平視。把玩小腳時，可以對著名花賞其豔麗，對著新月賞其妍媚，對著雪景賞其幽靜。最甚處，甚至可以用嘴、用腳去把玩，用嘴可以吮、舐、齧、咬、吞、食，用腳可以提、搔、挾、舞。

纏足之發展，小腳之幽祕，也使繡花鞋被視為女子最私密的物品。越是隱晦的事物，就越能激起人的渴望與追逐之心。若是繡花鞋被人偷走，小腳被人摸了一把，則此女子就好比失去貞操一般。對繡花鞋、襪子、纏腳布、小腳，乃至鞋上的飾物，女子看護得何其嚴密，不許丈夫以外的男子窺探。

在豔情小說中，繡花鞋就是私訂終身的最好信物。自然，對金蓮的碰觸也是男女傳情的方式。西門慶故意從桌子上拂落一隻筷子，掉到潘金蓮裙下。藉著撿筷子的機會，在潘金蓮的繡花鞋上捏了一把，潘金蓮笑將起來。這一捏，這一笑，就是傳情，然後就是進一步的行動。

繡花鞋因為隱祕，也被認為具有獨特功能，可判斷丈夫出歸日期之類。占卜時將繡花鞋扔在地上，根據繡花鞋仰臥情況判斷吉凶。西門慶因為一個多月未曾去看潘金蓮，潘金蓮罵了幾句負心賊，脫下兩隻紅繡鞋兒來，試打了一個相思卦。

繡花鞋被其愛好者們當作了酒器，出現了「金蓮杯」、「雙鳧杯」之類。明初詩人楊維楨對此極為熱衷，酒席上看到小腳特別纖細的舞女，就讓其脫下鞋子，「載盞以行酒」。

何良俊到蘇州遇到王世貞，老友相見，自然要夜宴歡歌。何良俊袖中帶了繡花鞋一隻，這隻鞋還是他從名妓王賽玉處偷來的，視若珍寶。酒酣之後，何良俊將鞋貢獻出來盛酒，一時滿座歡騰。王賽玉以小腳聞名，粉絲無數，王世貞一見此鞋，頓時大樂，次日作詩紀念，「手持此物行客酒，欲客齒頰生蓮花」。何良俊隨身攜帶這隻偷來的「金蓮杯」，每至重要場合都要拿出作為寶物炫耀，「座中多因之酩酊」。

不過也不是所有的士人都喜歡這種「金蓮杯」，沈德符記載，倪元鎮對此舉很是噁心，「每見之輒大怒避席去」。這也不奇怪，倪元鎮有潔癖，每次去妓院嫖娼，只是讓妓女反覆洗澡，絕不肯與之同床共赴巫山雲雨。

在明代，裹腳界也湧現出了一位大神，以庇佑天下裹腳女性。傳明末某位相國，生前雅愛小腳，眾多妻妾皆為小腳，每當妻妾的小腳出現疼痛時，相國都有應對辦法，遂被奉為小腳神。相國墓前，前來燒香禮拜的裹腳女子絡繹不絕，「痂症累累，迎刃而解」。

雖有小腳神庇護，可裹腳的過程卻是漫長而痛苦的。女子自幼年時就要開始裹腳，一些地方，在女孩三四歲時，就故意給她的腳套上狹小的尖頭鞋，限制其腳部的發育。到了纏足年齡後，再用纏腳布將腳重重包裹，使其扭曲變形。為了防止剛剛纏腳的女孩忍受不了痛苦，將纏腳布解開，人們常將裹腳布用針線密密縫牢。

纏腳也是循序漸進，第一步先求尖小，第二步求弓彎，最後形成一種畸形恐怖的形狀。裹腳界有句俗語叫「不爛不小，越爛越好」。肌肉糜爛之後容易裹成小腳，在裹小腳的過程中，人們會故意在裹腳布中放入碎石、瓷屑，劃破肌肉。更有人將肌肉劃破，然後放入各種蟲子，傷口感染，致肌肉腐爛。也有人故意將小腳弄破，放入剛剛開膛的雞、羊肚內浸泡，以感染傷口，讓肌肉腐爛。

至於纏腳布，在當時的社會生活之中，還有著一個特別作用，即用來懸梁自盡。《金瓶梅》中，李瓶兒最後痛哭了一場，用纏腳布懸梁自盡，所幸被人救了下來。宋惠蓮氣不過，尋了兩條纏腳布，拴在門檻上，自縊身死。

不但女子纏腳，就是男子也有纏腳的。

成化年間，京師有個漂亮寡婦，兩足纖細不盈四寸，擅長女紅，常至富貴人家中傳授針線活。因其腳小，一時被京師小腳愛好者追捧。此女子性情剛烈，從不理睬男子的搭訕，傳授女紅時，只肯與跟她學習的女子共眠。有名庠生見了女子的小腳心癢難耐，遂詭稱妻子是自己的妹妹，請她來授課。

庠生囑咐妻子，臨睡之前假裝出去上廁所。當夜，庠生妻子藉口上廁所將門打開。庠生乘機鑽入房間，準備來個霸王硬上弓。寡婦一看大驚失色，拚命抵抗，卻難敵庠生欲火焚身。不想庠生扯下寡婦褲子後卻發現，寡婦竟是男子。次日，庠生將寡婦送交官府，查明此人名叫桑翀，年二十四，纏足扮為女性，藉授女紅之機玩弄女性。

萬曆年間，面對蒙古人的頻繁入侵，裹小腳也被當作了抵抗外敵的武器。小腳愛好者瞿九思發表高見，蒙古人之所以不遠萬里侵入中原，是因為草原上缺乏美女。如果要想將這些「韃子」控制住，只有讓他們沉浸於美女的誘惑之中。

至於美女，自然是小腳美女。

為此需要派人去蒙古教以纏足，再仿效中土裝束。待蒙古女子都纏腳之後，呈現出柳腰蓮步，嬌弱可憐之態，蒙古人「惑於美人，必失其兇悍之性」。奈何喜好小腳的朝野上下，卻不曾有一人主動去塞外傳播纏足祕訣。

纏足，是女子在男性威權壓迫之下的自虐。女子不會生來就要纏足，在男性的壓迫之下，她們不得不進行自虐。將女子裹足之後楚楚可憐的行走之態，視為風情萬種者，便是施虐者。

所謂三寸金蓮之癖好，不過是男子從女子的痛苦之中獲取自己的快樂。

青樓豔事難窮盡

袁宏道談及人生的五種真樂，其中之一就是「千金買一舟，舟中置鼓吹一部，妓妾數人，遊閒數人，泛家浮宅，不知老之將至」。

明代中晚期，娼妓業之繁盛，「為我明一絕耳」。

不過明初對娼妓業曾予以嚴格控制。洪武九年（一三七六），當《大明律》修改之後，一些生性風雅的官員面目慘然，此次修訂中出現了懲戒官員宿娼的內容。限制官員宿娼，在明前期對娼妓業造成了一定的影響。至明中期以後，青樓的生意日漸興隆，官員們也開始擺脫束縛，與富豪一起出沒於青樓之中。

娼妓業繁榮之時，青樓滿布天下，大都市自然是千百計，窮鄉僻壤也為數不少。屬於官府管理的教坊，按時納稅，謂「脂粉錢」。民間私營的妓院中，謂之「土妓」者，更是多不勝數。

娼妓業最為發達之處，當屬南北兩京。

北京城中處處笙歌，皇親國戚、文武官員、土豪富商，自有燕趙胭脂、蘇杭金粉供他們享樂。

一般人等，也能去所謂的「小教坊」中尋歡作樂，是為一等人養一等人。不過與金陵比較起來，北京還是稍遜一籌。

金陵都會之地乃靡麗之鄉，娛樂事業無比發達，最終勝過北京，引領當代娛樂業潮流。秦淮河兩岸青樓鱗次櫛比，稱為「河房」。白日裡，紈絝浪子、瀟灑詞人，往來遊戲，車水馬龍，熱鬧非凡。到了夜間又是另一番光景，秦淮河上遊船如龍，雕欄畫檻，珠簾之內，絲竹管弦之聲，撩人心弦。

秦淮河上，一片靡麗景象，兩岸屋宇精美，其間繁花似錦，且行且觀，到了門前，輕扣銅獅環，門微微開啟，珠簾低垂，老鴇熱情招呼，鸚哥輕呼上茶，狗兒奔走歡騰。入室坐定之後，丫鬟將豔麗妓女攙扶而出，歌舞彈唱，酒席豐盛，紈絝子弟，纏腸才子，至此「無不魂迷色陣」。

秦淮青樓，獨門獨院，其中自成天地。為了營造出高雅意境，青樓在房舍的建造、內部的裝陳上費盡心思。名妓李湘真「所居曲房密室，帷帳尊彝，楚楚有致，中構長軒。軒左種老梅一樹，花時香雪，霏拂幾榻，軒右種梧桐二株，巨竹十數竿。晨夕洗桐拭竹，翠色可餐。入其室者，疑非塵境」。

青樓女子隸屬樂戶，曲藝雜談乃是基本功。金陵各家青樓入夜之後笙歌豔舞，響徹九霄。在明代文人看來，女人能識字便有一股儒風。若是能閱書畫，更是閨中的學問大家了。名妓們也有意識地追隨名師，學習文化知識。徐翩翩十六歲時尚無名氣，在追隨名師學了一陣子書法琴曲後，名氣暴漲，躋入一線名妓行列。秦淮名妓中，如卞玉京，知書、工小楷、善畫蘭鼓琴；卞玉京的妹妹卞敏，善繪蘭竹；寇白門，精於音律、工畫蘭、能吟詩；如顧眉，才色俱豐，通曉音律、尤善蘭竹。

與名妓們的才華氣質相配套的，則是日常器具。傢俱中要有天然几、藤床、小榻、醉翁床、禪椅、小墩、香几之類。筆硯、彩箋、酒器、茶具、花樽、鏡臺、妝盒、繡具、琴簫、棋枰之類雜物，也需備齊。

進入青樓，會看到一副刻意營造出來的意境。牆上掛著一幅名人山水，香几上的博山古銅爐中點著龍涎香餅，花瓶內要插幾枝海棠，案上擺著幾卷古書，壁上掛著錦囊古琴，連寵物也是鸚鵡白鶴。日常飲食也需呈現格調，飲甘露，食橄欖、蛤蜊、百合，燒飯要以桐柏為薪、薏苡為米，如此清高卓然，方顯品位。

精美佳餚，精緻裝扮，再加上各類價格不菲的器物，秦淮青樓的開支不輸大戶人家。有投資就有回報。青樓精心雕琢出外在的雅境，貌美佳人居於其中，之後就等著以士人為主力的消費者前來一擲千金了。

在青樓之中，文人們一擲千金，以博紅顏一笑，也有於其中將家業敗光者。風月場中機關重重，以致出現了《嫖經》，專門總結嫖娼心得，作為狎玩指南。《嫖經》共有一百三十餘經文，一萬多字的風月指南，將青樓中的機關陷阱一一列出。

對與青樓女子的感情，作者認為「其趣在欲合未合之際，既合則已。其情在要嫁不嫁之時，既嫁則休」。青樓女子所用的手段，作者歸納為走、死、哭、嫁、守、抓、打、剪、刺、燒。其中如剪，即青樓女子用剪頭髮來威脅。燒，即以香烙皮膚。抓，即留指痕於嫖客臉上，留齒印於嫖客脖子上，使嫖客家人一眼認出。

面對青樓女子的攻勢，嫖客要掌握主動權，反過來俘獲青樓女子之心。想俘獲青樓女子之心，最要緊的，一是要捨得花錢，二是要肯花費功夫。如果有才氣情趣，則更容易俘得佳人，為此嫖客也應能喝點酒，懂點音樂，能背出幾首詩詞。

青樓尋歡示意圖

青樓產業的發達，催生了一條產業鏈，老鴇、妓女、嫖客之間，還有一批稱為幫閒蔑片之徒。此類人主要是無業遊民，他們常年在青樓廝混，對行業內幕有較深瞭解，對青樓女子品性、風姿瞭若指掌。他們遊走在青樓與嫖客之間，牽線搭橋，居中調和。幫閒初時以地痞無賴居多，待大批文人湧入青樓之後，一些精通文墨、瞭解青樓行情的士人也扮起了幫閒的角色。

文人幫閒之中，做得最出色的就是王稚登。王稚登出身於富豪家庭，從小鮮衣怒馬，他自稱「年十二而遊青樓」。在青樓廝混幾十年，結交了大批名妓，王稚登幫助很多士大夫物色到了滿意的名妓，自己也賺得囊中滿滿。

秦淮河畔的青樓以虛擬家庭的方式經營，妓女稱老鴇為娘，稱嫖客為姐夫，嫖客則稱老鴇為外婆。青樓雖然以虛擬家庭的形式經營，但其中並無多少親情。老鴇培養妓女是為了賺錢，若不聽話則用刑罰懲戒。青樓中的保鏢每日裡監視著妓女，以防止她們出逃。被困在牢籠中的女子們，改變命運的途徑就是苦學才藝，揚名立萬後賺足本錢，贖身脫離苦海。

青樓女子有舉辦「盒子會」的習俗，青樓女子們結為金蘭姐妹，至清明節時用食盒攜帶佳餚相聚，互相媲美，輸者罰酒。盒子會期間，美酒沉香，山珍海味。《桃花扇》中對盒子會也有描寫，文人若是看中哪個名妓，就將物事拋上樓，樓上則拋下果子來。

明代青樓供奉白眉神。白眉神長髯偉貌，騎馬持刀，與關羽類似，只是眉毛雪白，眼睛赤紅。因「白眉赤眼」是妓女所供奉的神，京師中人吵架時，若罵對方為「白眉赤眼」，乃是對人最大的侮辱，必然要釀成一場血案。

妓女初次進行交易時，要與嫖客一起在白眉神前跪拜，然後定情。青樓中以果品供奉白眉神，若是生意清淡時，妓女們便對著此神脫得赤條條的，朝著白眉神祈禱一番，再用筷子在碗上連敲幾下，然後將神像藏在床頭，認為如此生意就會轉好。

據傳，白眉神還有一個奇特作用，逢農曆十五，妓女們以手帕、汗巾之類捆在白眉神頭上，然後祈禱。之後妓女若是遇到看中的子弟，用這手帕汗巾在他面前一晃，「子弟之心，自然歡悅相從，留戀不已」。至除夕夜，妓女要備上雞鴨魚肉、一碗米飯、三杯酒，裝在盆子裡供奉白眉神。然後將平日所用的馬桶洗乾淨，將裝著酒菜的盆子放入。到次日，有相好的嫖客來就取出來給他吃了，妓女們認為如此之後這人便會時刻思念著她。所以當時人云，好人家的好子孫，正月初二、初三必定不去青樓，以免吃了這馬桶裡的菜餚，被迷亂了心。

至於白眉神的由來，有說是洪崖先生，有說是盜蹠。傳洪崖先生是上古時期的樂人，因為青樓娼妓屬樂籍，遂將他視為保護神。至於盜蹠，傳說他因為死後打劫的財物無法帶到陰間，饑寒難耐。閻羅王怕他投胎再做盜賊害人，不許他轉世，連做畜生也不許。盜蹠無奈，就費盡心思，請青樓替他修了矮小廟宇，好混些酒食解饞。《斬鬼傳》中，白眉神（盜蹠）現身道：「俺自春秋以來，至於今日，娼婦人家，家家欽敬，大小奉祀，竟如祖宗一般。」

文人們往來青樓中，時間長了創造出青樓文化，其間湧出了一段段佳話。

就文人而言，在青樓中談詩論畫，將詩文的內涵與在青樓的歡愉融合，可拋棄八股文的羈絆，釋放科場中的巨大壓力。於此溫柔鄉中，彼此無拘無束地唱和，品味著女子們的豔麗，才情在此中展現。妓女們也期待能投入名士的懷抱，脫籍從良，擺脫煙花之地。晚明時節，青樓女子嫁給名士已成為一種風氣。

江夏營妓呼文如與湖北文士丘謙之一見鍾情，定下婚約。丘謙之父親對此極力阻止，丘謙之無奈，修書婉拒。呼文如大慟，刺血寫詩：「豈是黃金能買客，相如曾見白頭吟？」

數年之後，二人再見於武昌，飲茶於石榴樹下，呼文如問及婚事。

丘謙之答：「以官為期。」

文如笑道：「看你性格，不能長久於官場，你散髮，我結髮。」

呼文如苦苦等候經年，最終感動了丘謙之。萬曆十年（一五八二），他不顧一切，衝破阻力，將她娶進家門。此後丘謙之與妻呼文如暢遊天下，寄情於山水之間。

萬曆十年的這段故事感染了後世。錢謙益與柳如是、冒辟疆與董小宛、龔鼎孳與顧媚、一段段文士與名妓的故事被傳唱，被視為千古佳話。

在青樓之中，雖然她們都是被迫害之人，但亦有高低貴賤之分。

張岱就記載了揚州風月場中的情景，在高級妓院，富有財力的嫖客們需嚮導引路才能一親芳澤。高等妓女們自然無需憂慮生計，相對的面向底層民眾的妓女們卻連棲身之所也無。每日常有四、五百人至茶樓酒肆展露色相，招徠生意。

每當妓女被客人挑走，便興高采烈。未得生意者，只能湊些錢買點蠟燭，哼唱小曲，展露媚態，希望能吸引顧客。如若一天都無生意，輕者晚上沒有食物，重者要被老鴇責罰。

京師裡最窮困的人群，如販夫走卒、乞丐苦力，收入不多，吃了上頓沒下頓，老婆也娶不起。如同明代小說《玉閨紅》中所寫「一般肉長的身子，一樣也要鬧色」，可手頭沒錢，逛私娼小教坊，要存上半個月才能湊足錢去一回。於是，一些奸猾之徒發現了其中的商機，出現了面向底層民眾的「窯子」。

窯子設在窮人聚集的外城，尋找幾處破窯，再招募幾個女叫花子就可以開張營業。因為設在破窯之中，故而得名「窯子」。窯子的經營者，挑選稍有姿色的丐女，給她們買了點胭脂頭油，稍微打扮一下，並教唱俚詞歪曲。至於由老鴇負責的服裝則乾脆省了，丐女們幾乎都是一絲不掛，赤裸上陣。

「窯子」破敗不堪，連屋頂也沒有，面向路邊的牆壁上挖了幾個小洞，丐女裸體坐於其中，口中吟唱各類小曲，擺出各種姿態。屋外登徒子路過時，可從小洞中窺探，看後情欲勃發者即入內，投錢七文，便可攜手登床。

窯子本是幾個潑皮無賴想出來的生財之道，不想窯子開業之後，生意火爆異常，門庭若市。在窯子裡上班的丐女們忙得連上廁所的功夫也沒有，經營者遂招募新人，繼續增加營業點。看到窯子生意火爆，內城中低檔會所的姑娘們也眼熱，紛紛投身於窯子。不多久，外城的窯子不計其數，將內城的中低檔會所的生意全部搶走。

不過一到冬日，窯子的好時光不再，窯子裡的姑娘們沒法裸體招徠顧客。再者，窯子四處鑽風，寒冷徹骨，姑娘們不多久就生起病來。窯子的經營者緊急另謀他處，尋找了幾個有屋頂的民房，至於牆壁上的小洞，還是要繼續保留，以招徠顧客。

不論是高級妓女，還是低級妓女，她們終究只是玩物。「雖然日逐笙歌樂，長羨荊釵與布裙」。她們日夜渴望能脫離這苦海，哪怕嫁與他人為妾，也是命運的巨大改變。可從良之路，談何容易，她們得面對老鴇的阻撓，得有人願付出贖金，得有肯接納她們的家庭。即使成功從良了，她們在家中的地位也極其低下。許多不能從良的妓女，年老色衰後，只能貧困度日，甚至凍餓而死。

青樓女子們長吟：「莫攀我，攀我太心偏。我是曲江臨池柳，這人折了那人攀，恩愛一時間。」

第六章：魚龍江湖

豫章術士天下聞

明人江盈科言：「吾鄉行堪輿家術，皆江右人。」江右人，即江西人。風水術分為兩派，一派根據地在福建，主攻理氣星卦，用八卦五行，測定吉凶禍福，稱宗廟之法。另一派流傳在江西，以山形地勢，龍穴砂水，來測定吉凶，稱江西之法。

江西風水術主形勢，強調龍、穴、砂、水的配合，重分析地表、地勢、地場、地氣、土壤及方向，亦即尋龍點穴。龍脈，指山川的走勢、氣象、脈絡。龍脈位於陵墓後方，稱「玄武」。尋龍時，首先要看遠山，遠山要高大；次看較遠的山，要厚實；再看眼前的山。尋找到龍脈，然後就是點穴。穴與龍脈之間保持連接，地勢應較為平坦。點穴要查看草木泥土，「裁肪切玉，備具五色」的泥土最佳。

明代江西風水文化尤其發達，江西地方生活中的一切都與風水聯繫起來。如果村子周邊水聲隆隆，被認為會驚動地脈，地方上定要絞盡腦汁，改變水流。明代江西高縣，興修堤壩，疏導水利，農田得到澆灌，多年物產豐富，百姓生活滋潤。到了嘉靖年，一個風水先生對一戶靠近堤壩的人家提出意見，說此處水聲如雷，影響風水。這居民聽了蠱惑，每天去偷偷開挖堤壩，希望能將水利工程破壞，至於被水淹沒的後果，他卻絲毫沒有考慮。

依照風水理論，橋梁不能建在房屋前方，宜建在水流出入處。出殯遇到橋梁時，要以各種風俗表達對橋的敬意，如孝子鑽入棺材底部，在橋頭燒三柱香等。有迷信風水的村落，乾脆禁止外村人的棺材從本村橋梁上通過，生怕被「斬龍」。

戈陽縣地方上的人聽了風水先生的鬼話，認為生女會影響到「祖墓之蔭」，生了女嬰就溺死。瑞金縣地方則認為，媳婦頭胎生女兒，則後面必然還是要生女，不論貧富，只要第一胎是女嬰，立即溺死。

風水之流行，也造成了江西地方上停棺不葬的習俗。當地人認為，祖墳風水的好壞，往往決定著後世子孫的興衰，經濟條件稍好的家庭，必然要盡力追求風水寶地。江西山多地少，風水寶地一時難得，於是停棺不葬。停棺不葬，有一停十餘年的，最長的跨越幾代。也有為了追求風水寶地，下葬後多次遷移墓穴的。風水寶地被世人爭搶，各地都出現了為搶奪風水寶地鬧出人命的案件。

中國人講究的是入土為安，地方上流行停棺不葬，自然違背禮制。雖官府再三發出禁令，卻毫無效果。

弘治年間，江西有個官員很厲害，知道停棺不葬是為了求得風水寶地，庇佑子孫在科舉上有所突破。遂下令凡是停棺不葬的，家中子孫不得參加科舉考試，這下直接命中要害，此風氣稍得改變。

地方上如果長年沒有出人才，或是接連出現天災人禍，則被視為風水不佳。風水不佳，可以透過搬遷府衙，修建風水塔、風水林等措施加以補救。

贛縣城池處於二水合流之處，山川雄秀，風氣固密，自然是風水寶地。可贛縣連續多年在科舉上無所突破。經過風水先生鑑定後，認為贛縣府學在城內東南，面對城牆，未能吸收到風水靈氣。成化四年（一四六八），府學搬至城西北的景德寺，此地隆高亢爽，山勢隆拔如筆狀。

府學搬遷之後，第二年就有人考中進士。到了嘉靖四十一年（一五六二），地方官員又將府學從景德寺搬回原址，因為有風水先生說此地不如原址佳。萬曆年間，地方官員又被風水先生說動，再次將府學搬回景德寺。府學三遷，只為風水。

對於民間集資修建風水塔，地方官員也聽之任之，「許之不可，禁之不能」。官員對於民間的風水活動，一般是持消極態度；可涉及官府城池維護、官衙搬遷等，他們就立刻積極起來。為了保護地氣龍脈，一些官員還下令禁止挖煤、禁鏟削草皮、禁止煆燒石灰。

巧舌如簧的江湖術士們，奔走於各地，與權貴交往，為他們提供風水建議。不過，江西術士結交顯貴，並不全是安邦定國。明代寧王朱宸濠叛亂，就是深受江西風水術士蠱惑。

寧王多方尋覓，尋得精通風水的德興人李自然和贛州人李日芳。這兩名術士到了寧王身邊，一人說他風骨奇絕，是天子骨相，另一人則說寧王府所在地有天子氣。朱宸濠信以為真，唯恐天子氣過濃，洩露出去被人發現，特意修了座書院遮擋天子氣。朱宸濠的母親去世後，在李日芳的主持下，葬在了南昌郊外的西山青嵐龍口穴，這是上好的龍脈，寧王以為如此能增加他爭奪帝王之位的勝算。

正德八年（一五一三），李日芳說見有紫氣現於南昌，乃天子氣也。寧王在其鼓動之下發動了兵變。不想寧王剛一造反，就被經過江西興國縣三僚村風水大師鑑定的王陽明拿下。

江西風水師中，又以興國縣三僚村曾、廖二姓歷史最為久遠，其從事風水的生涯，可以追溯到唐代。唐末，戰亂頻繁，掌握朝廷天文、地理、陰陽的楊筠松，帶了有關堪輿方面的祕藏要籍出逃。他從長安一路南下，來到江西南部定居，因為「愛其風水」。定居之後，他收了曾、廖兩名弟子，傾囊相授。

楊筠松無後，將兩個徒弟視若己出，至晚年，為了讓徒弟們能世代安穩，就帶他們尋找安身之處。在僚溪，他發現此地群山環抱，水口密閉，明堂開闊，是上佳的風水寶地。此後，曾、廖二人定居三僚村，繁衍後代。宋元之際，曾、廖並未出名，人丁不夠興旺，科舉上也沒有突破，後來的三僚村人認為此與風水相關。三僚村風水雖好，但也有小缺陷。「吾村四面環山，雙溪水繞，故勝區也。惟是近祠，左腋地勢微低，元氣太舒。」風水中有左青龍右白虎之說，即村落的兩翼，稱為左右砂手。根據風向來判斷，風分上下砂，如果風從右邊來，則右為上砂。風從左邊來，則左邊為下砂。砂手可以是左右的山梁，也可以是人工堆積的土牆。

明初，在曾從政主持下，在村左修建了下砂；以完善風水格局。但三僚村的沈氏人丁興旺，壓過曾、廖二氏。曾、廖二氏改造風水的努力，被人多勢眾的沈氏多次干預阻攔。

永樂五年（一四〇七），朱棣詔令禮部在全國訪求風水先生，三僚村的廖均卿、曾從政被選中，朱棣的陵墓即由廖均卿勘定。曾、廖兩姓後人則供職於欽天監，專事皇家風水。除了幫皇室尋找墓穴外，曾、廖的子孫還幫助官方勘定長城、治理黃河、疏通漕運，屢被皇室嘉獎。此後幾百年間，江西風水先生稱霸於風水界。

明成祖第三次請曾從政進京為祈年殿擇址，曾從政年老體弱，不服北方水土，臥病北京。曾從政在北京病故後，朱棣派了宮中兩名太監護送曾從政靈柩回江西，其中一名太監病故於江西。在江西期間，此黃姓太監出面幫助曾氏修補了風水，完成了下砂工程。下砂是人工堆累而成的土牆，上面種有毛竹，砂手連接山梁餘脈，長約百米，寬十米，高四五米，一直延伸至河邊。為了感謝太監幫曾氏修補風水，曾氏特意請求將黃太監葬在三僚村。看到曾氏勢大，沈氏也不敢出面搗亂。

補好了下砂，在墳地上，曾、廖二族也選了塊無上的風水寶地。這塊墓地被稱為「羊背腦」，墓地北是高山屏障，左右被低嶺「青龍」、「白虎」環抱，墓地前方有河流蜿蜒流過，泥土也是上佳。曾、廖兩姓後人都以葬在這塊墓地上為榮。時至今日，外村人嫁入三僚村，考慮的條件之一就是這家人在羊背腦是否有祖墳。三僚村在明代以風水興盛，海內外巨室大戶、官宦世家，常不遠千里，聘請曾、廖二人的子孫前去看風水。

王陽明的父親王華，聘請了曾氏子孫曾誠綸去修祖墳。曾誠綸看了王家祖墳的風水後，說王家日後必出大儒，文治之外，還能立下武功。這預言在王陽明身上應驗後，王陽明多次邀請曾誠綸與他討論《易經》。

海瑞曾在興國縣擔任縣令，此間他對三僚村充滿興趣，多次到三僚村結交風水先生。據海瑞記載，當時山寮「約有千家」，一派興盛氣象。在三僚村風水先生的指點下，海瑞還進行了風水林建設。興國縣縣城三面環山，一面環水，本是好地方。但環水一面因河流過於開闊平坦，在風水師眼中這會導致地方上靈氣消散，難以湧出人才。於是在海瑞主持下，於縣城東南水口處植松樹萬株，以風水林彌補了風水上的不足。海瑞與三僚村風水名家廖菊泉交往甚密，海瑞離開興國縣時，寫詩贈送廖菊泉，詩云「此夜殷勤話知己，明朝帆影帶雲流」。

廖氏後人廖岐山年輕時遊覽至福建，與官員李廷機交好。廖岐山預言李廷機他日必登相位，後來果然驗證。李廷機入閣為相後，推薦廖岐山擔任欽天監博士，但廖岐山不肯入京，還是繼續做他的風水先生。

廖岐山次子廖惟志也是明末風水大師。明末清初，江西各地風雲變幻，山大王多如牛毛，官兵亦兵亦匪，乘機敲詐鄉里。廖惟志在地方上享有大名，不時在官兵與山大王之間調解。後來，廖惟志無意中得罪了官兵將領，被設計構陷。官兵將領稱廖惟志殺死官兵，遂將其與其子擒拿。

贛州知府郎永清對廖惟志還是有所瞭解的，出面加以營救，將廖惟志父子釋放。後郎永清離職，返回北京居住，特意請廖惟志入京相聚。廖惟志接到信後云，「吾有以報吾夫子矣」，便帶了兒子前去北京。在密雲，廖惟志找到一處風水寶地，推薦給郎永清安葬先人，言此處風水最佳，後世子孫有大富貴。郎永清後人果然飛黃騰達，成為封疆大吏。

江西在明代堪為風水術最為發達之地，這也與江西的獨特歷史人文、地理環境有關。歷史上風水大家，如晉代陶士行、唐代楊筠松均隱居江西。楊筠松更收曾、廖二人為弟子，此兩姓家族此後世代以風水為業。風水之說多與道教相關。江西的諸多名山大川，與道教人物如葛洪、許遜緊密相連，正一道張天師又世代居住在江西龍虎山。發達的道教文化，眾多的道觀、道士，也是江西風水興盛的宗教土壤。

明代，江西存在著人多地少的矛盾，為農則無田，從商則無資本，所以「世代務習經史，皆望由科舉出仕」。科舉成為改變命運的重要途徑，江西風水盛行在一定程度上也與當地人祈求在科舉有所突破有關。

可參加科舉考試，就好比買彩券，最終勝出拿到大獎的不過千分之一。在無望經由科舉改變命運的情況下，一些讀書人轉而謀求他徑，畢竟通往富貴的道路並不是只有科舉一條。

於是，江西人遊走各方，從事各種行當，堪輿、星相、醫卜等成了江西人的主要謀生手段。與經商、做手藝活相比，術士既不需要資本的投入，又沒有工匠的辛苦，只要你能言會道，把握術士中的門道，就能遊走江湖，衣食無憂。更重要的是，術士的市場比商人、匠人更為廣闊。上至王公貴族，下至販夫走卒，生活中大大小小的事件都離不開術士。生病了，找術士；求婚姻，找術士；求未來禍福，找術士。在最為重要的、關係到後人興旺發達的風水上，更離不開術士。

人們依賴術士去祈福祛禍、預測吉凶，尋找風水寶地。術士在人們的眼裡是神聖又神祕的，人們心甘情願地奉獻出財物供養術士。從事江湖術士這行當，最差也能混個溫飽，一般能過上田宅翁生活。混得最好的，莫過於三僚村曾、廖家族，成為皇家御用術士。對術士這一「前途光明」的職業，江西士人紛紛趨之若鶩，投身於探龍點穴的「偉大事業」中。

戴「狗頭帽」的浙東墮民

這是一群中國的流浪者，他們流浪於江南各地，他們從何而來，流浪了多少年，已沒有可靠記載。

他們分散於各地，他們受到各種限制，不得讀書識字，不得與良民雜居，不能耕種田地，不可與良民通婚，不能聚會，甚至不得昂首挺胸走路，夜間不得大聲說話。

這一切，因為他們是「墮民」，生而卑賤。

如果墮民到平民家中做工，在身分上他們就是奴僕，平民成為主子。墮民在路上遇到平民，必須為他們讓路，必須恭敬地行禮。對上了年紀的平民更要尊稱其為老爺，要以最卑微的姿態體現出丐戶的賤民身分。墮民在身分上屬於丐戶，「明太祖定戶籍，匾其名曰丐」。朱元璋還下令，墮民要在家門上標出丐籍，以便識別控制。

很多時候他們被視做樂戶，但他們卻不是。樂戶隸屬於官府，官員宴飲演出、立春迎神時，樂戶要提供各種服務。墮民則以各類賤業為生，不能為官府提供服務。墮民穿著黑色的衣服，戴狗頭帽，不同於樂戶的綠衣綠帽。

墮民與樂戶、世僕、蜑戶等，都屬於賤民。明代除貴賤之外，又有良賤之分。貴賤是官員與平民之間的地位差異，二者之間存在一定的流動性，平民子弟可以透過科舉躋身官場。良賤則是良民與賤民的身分差異，這種差異不存在流動性，賤民只能世代為賤民。在被統治者中，再弄出一個更低微的群體來，讓作為被統治者的平民也能獲得心理安慰，這也是一種高明的統治術。

墮民主要分佈在浙東寧波、紹興、臺州一帶，其中紹興最多。紹興墮民，將及萬人。在其他地區也有零星墮民存在，徽州也曾有墮民出現，他們「出入三尺竇，戴狗皮帽」，被地方上的貧民所不齒。徽州墮民數量較少，被劃入了破落戶階層，由官府供給衣食，相當於現在城市的低收入戶了。

墮民在職業上受到限制，只能從事一些所謂的卑微職業，「其人止為樂工、為輿夫，給事民間婚喪。婦女賣私窩，侍席行酒與官妓等。其旁業止捕鱔、釣水雞」。

但這些職業與務農相比卻不一定較為辛苦。理髮、捕捉黃鱔、釣青蛙、做轎夫、辦喪事等工作反倒相對輕鬆。有的工作如辦理喪事，收入頗是可觀。在一些地區，某些職業被墮民所壟斷，成為墮民的標誌，如做麥芽糖，因而麥芽糖也被稱為「墮民糖」。

墮民之中，男性平日裡從事各類雜役工作，女性或到大戶人家做僕人，或是做「喜娘」。墮民婦女婚前稱為小鰻，婚後稱老鰻，又稱「喜鰻」。喜娘在婚禮中負責新娘指導工作，幫助其梳妝打扮，祈禱祝福，主持禮儀，直至送入洞房。浙東地區的喜娘基本上由女性墮民充當。喜娘收入不菲，除了固定的報酬外，還有各類賞錢，顧客家境越富給的錢財越多。女性墮民的收入往往比男性墮民高，「所獲常百倍於男」。

每至各種重要節日，墮民可以上門去喝彩，說祝福話，討得賞錢，稱為「討彩頭」。「討彩頭」的墮戶主動上門請求依附，戶主不能拒絕。墮民依附後會提供某些服務，包括提供趨吉避邪的巫術活動，其所服務的平民稱為「門眷」。

這種巫術活動稱為「跳灶」，在南宋《嘉泰會稽志》中就有記載。至十二月底，「丐人」裝成神鬼、判官、鍾馗等，敲鑼擊鼓，仗嗚鑼鼓，沿門叫跳，巡門乞錢，象徵驅逐瘟疫鬼祟。

某個區域被墮民分割，每個墮民有各自的「門眷」，數量從上百戶到上千戶人家。家境較好的「門眷」，會給些稻穀、月餅、年糕等，窮苦人家至少得給稻草、麥稈等燃料。如果一戶人家因為太窮賞的錢太少，沒有墮民依附，則會被人恥笑。

過年是墮民最盛大的節日，如果是豐收之年，富裕人家會賞一、二斗米，一般人家會給個一、二升米和幾塊年糕。墮民身上穿著寬大的衣服，以裝下別人賞的年糕，至於賞的大米，一些墮民甚至用船裝運。擁有的「門眷」戶數越多，收入自然就越多。對於「門眷」，墮民可以世代繼承，也可以買賣。

每逢一些人家有婚喪事，墮民通宵達旦等候，索要酒食。面對墮民的索取，戶主家庭只能打賞，不能拒絕。即使主人家家境再困難，逢年過節、婚喪嫁娶時，也一定要給墮民打賞錢。有的主人家為了省錢將婚事隱瞞，事後墮民得知，仍可以上門討要賞錢。

農村中的墮民較少，他們多居住在宗族祠堂、廟宇之中。依照風水理論，這些地方陰氣較重，不適合普通人居住。不過，墮民在外人眼中是能吸收陰氣的，所以墮民居住在宗族祠堂、廟宇中，也無人前去驅逐。墮民對農村的祠堂、廟宇加以打點，他們從中也能獲得一定收入。

《繡襦記》插圖，乞丐教唱蓮花落，同屬丐戶，墮民的生活狀況卻比乞丐強多了

墮民時常會遭到凌辱毆打，甚至連最卑賤的平民都可以公開欺凌墮民。墮民女子姿色尚可者，若是被非禮也只能不了了之。平民毆打墮民，墮民不能還手，還手了就是「良賤相毆」。良賤互毆，法律自然是傾向於良民的。賤民打良民，罪加一等，反之則罪減一等。

身分上的差異表現在各方面，浙東平民上墳，若墓主當年入土，則要在清明當日祭掃。若是入土多年，則可以在清明前幾日上墳，但不得在「穀雨」後上墳，否則被人嘲笑，因為這是墮民上墳的時節。墮民身分低微，不能與平民一起舉行祭祀，只能等平民祭掃完畢之後，差不多就是「穀雨」後方可進行祭祀。

墮民的社會地位之低，還表現在不得與平民通婚。法律規定：「凡家長與奴，娶良人女為妻者杖八十，女家減一等，不知者不坐，其奴自娶者罪亦如之。」

社會上對於良賤通婚也予以鄙夷。如果誰與墮民通婚，鄰里就會與他斷絕往來，親友會蒙羞。嘉靖初，會稽有個叫作董大貧的人（大貧是墮戶別稱），家中巨富，有個女兒很是美麗，欲嫁給良民。可哪怕是赤貧的良民也不肯與其女結婚，「婚即閭裡不敘矣」。

墮民多數會唱戲，崇拜據說原型是唐明皇的「老郎菩薩」，凡求財運、禍福者，都要到神像前祈禱。江南地方上供奉有驅逐蝗蟲的大神「劉猛將」，也被墮民所祭拜，「而丐戶奉之尤謹」，這讓當時人頗是不解。墮民也有自己的祠堂，但不敢與平民一樣稱「祠堂」，而稱「祖堂」。墮民婦女行走江湖禁忌較少，可以進入祖堂，而平民祠堂則嚴禁女性進入。

明代平民在衣食住行上受到諸多限制，對賤民更有無數歧視性規定。比方賤民不能乘坐車馬，只能步行。所幸，皇帝並沒有規定賤民不能乘船，在江南水鄉，墮民們可以借助小舟出行，只是這舟得是最小的。在居住上，賤民雖然有錢也不能住高大的房子，他們只能聚居在一起，形成了所謂的「墮民街」，以姓氏來命名村落。男戴狗頭帽，不穿長衫，著橫布裙，住在低矮小屋，這就是墮民的形象。

在良民看來，墮民天生就是下賤的，是可以蹂躪的。墮民在這個世間存在的「價值」，就是傳播流言，製造是非。平民碰到墮民，哪怕墮民低著頭，畢恭畢敬地站在一旁讓路，平民也會自認為晦氣，大罵一聲「墮民那兒子」，吐口痰，消口氣，再上路。

可墮民也會反抗。紹興地方上的墮民若是被無端欺淩了就抱團告官。打官司時，一些不知道墮民身分的官員竟然做出了有利於墮民的判決。官司輸給了賤民，平民在感情上受到了沉重傷害。他們奔相走告，製造壓力，讓官員們知道這是良賤之間的官司。面對墮民的反擊，平民怒罵：「丐者俗之瘤也。」

至於墮民的由來，眾說紛紜。

在南宋與金國的戰爭中，有一些官兵叛變投降金國。這些人叛變後，南宋朝廷將他們的家人發配到浙江各地，從事賤業。元代，乃顏叛亂失敗後，其餘黨被遷徙到浙東，淪為丐戶。元末，張士誠、方國珍戰敗後，一些餘部也被貶為丐戶。朱元璋滅元朝後，元朝降兵乞求勿殺，寧願在民間為奴，於是被貶為墮民，所以六小齡童說他的祖先是元末蒙古人的後裔。

那麼，墮民的真正來源是什麼？

在浙江還有一種賤民，就是九姓漁戶，他們貫屬浙江嚴州府建德縣，蹤跡遍佈杭州、紹興、金華、衢州四府。九姓漁戶以船為家，或在江上結網打魚，或從事沿江客運，婦女多在船上從事賣淫活動，這類漁船稱為「江山船」。

九姓漁戶與分佈在廣東、福建等地的蜑戶，在生活習俗、水上居住等方面，有著較多共同點。蜑戶的記載，則歷史更久，《史記》中有「夷越」的記載，晉代有關於「夷蜑」的記錄。隋代則有記載「長沙郡，又雜有夷蜑」。

在穿著上，墮民也有能識別他們身分的標識。有記載，墮民「帽以狗頭」，即戴狗頭帽。古越族崇尚黑色，一些古越族遺脈，至今仍使用狗頭標識。作為越族分支的瑤族、佘族都有狗祖先好磐瓠的神話。

蜑戶可能是古越族的後裔。「越有百種」，早先分散在東南沿海及嶺南地區。戰國時期，在諸國混戰之中日益衰落的越人開始遷移。「秦始皇併楚，百越叛去。」留在原地的越人，一部分選擇了在水上居住，最後成了蜑戶，一部分居住於陸地，可能發展成了墮民。

因為他們自古以來就受到歧視與限制，只能從事各類低賤的職業。而在宋、元、明三代的歷史發展中，一部分在戰爭中失敗了的集團，如乃顏部，也被送到浙東地方，最後融入了他們之中，發展成為墮民。

墮民如同吉普賽人一般，散布在浙東各地，雖然受到各種歧視，但他們自有一方天地，在這方天地裡，他們也有歡樂，也有溫情，也講人倫。在千百年的歧視之下，他們對一切外界的鄙夷都已能坦蕩承受，他們過著寄生生活，在社會生活中起著某些作用，如討彩、料理喪事等。在某些時候，他們也會抱團抵抗不公，維護自己的尊嚴，雖然他們努力的效果微乎其微，但到底，他們表現出了人之為人的一面。

「幫閒」的無賴人生

幫閒，也稱「清客」、「篾片」。他們能說會道，精通江湖中的各種門道。他們善於洞察人的心理，投其所好，溜鬚拍馬，讓人愉悅。他們才藝出眾，琴棋書畫、古玩器物，無不精通。

《初刻拍案驚奇》描繪了他們的生活：「每日張魚又捕蝦，花街柳陌是生涯。昨宵賒酒秦樓醉，今日幫閒進李家。」吃喝嫖賭，紙醉金迷，寄生於世，專注幫閒。

作為一個群體，幫閒發端於蘇州，蔓延至松江，其後遍佈各地。各地的幫閒不務正業，遊手好閒，跟在土豪財主身後混吃、混喝、混嫖。他們為世人所不齒，卻不以為意，沾沾自喜，並沉迷其中。

幫閒是吃喝的行家，嫖賭的好手。大戶人家子弟、未曾見過世面的土豪，雖家財萬貫，對於外面的江湖卻還是有點陌生。想去青樓中瀟灑快活，又不知從何下手；想玩古玩字畫，又怕買了贗品；想去小賭怡情，卻不知哪裡可以找到賭友。這一切都需要幫閒來指點。就是久經江湖的人物，身邊也需要隨時插科打諢、吹牛拍馬的人物。

於是，幫閒成為一種職業，兜售業務的幫閒店也隨之出現。《豆棚閒話》中，描繪了蘇州地方幫閒店的模樣：「手掌大一間房兒，卻又分作兩截。候人閒坐，兜攬嫖賭。」幫閒店中並無他物，只有茶具爐瓶，做的是見不得光的事，佈置得卻是清雅脫俗。

幫閒的出身複雜，既有落魄文人，也有家產敗光的大家子弟。《忠烈全傳》中記載了諸多幫閒，有揮霍光家產的富家官宦子弟，也有破落戶出身或戲子出身的幫閒。多年吃喝嫖賭積累的經驗，以及洞悉江湖門道，使他們能靠幫閒度日。

幫閒是門技術，有諸多從業要求。從才藝上講，幫閒要會下圍棋、能作歪詩、能唱昆曲、能打馬吊。從性格上講，幫閒要八面玲瓏，十分和氣，能揣摩主子心思，臉皮又要厚，不在乎外界嘲諷。幫閒要有好酒量，懂美食，不然在社交場上無法應對。

幫閒還要注意形象，需打扮得清雅脫俗，與眾不同。若是長得俊逸脫塵，自然又能在幫閒界中為自己加分。

明代松江府的幫閒，一身時尚打扮。他們足蹬最流行的蕩口鞋，身穿綿綢直裰，衣身長可及地。袖中要帶著最時興的汗巾，手裡要拿著圓頭摺扇，喝茶要用宜興紫砂壺。幫閒還要能鑑別古董，對各類玩物有所瞭解，不時能發表點意見。幫閒還要會唱幾句昆曲，說幾段笑話，能在酒席上插科打諢助興。幫閒看到人就會遞送上門帖，滿口「老兄」、「小弟」拉攏感情。

萬曆年間，松江地面上有幾個知名幫閒，他們「能壞人名節，破人家產」，多少富家子弟受他們影響敗光家產。這幾個幫閒中的頭面人物，為松江父老所痛恨，被稱為「一郡之蠹」。萬曆二十年（一五九二），這幾名幫閒被官府拿下嚴懲，幫閒們這才稍微收斂了一下行為。不想一年之後，幫閒死灰復燃，又有囂張之勢。松江地方上的兩個幫閒，一個姓包、一個姓陸，引誘丁姓宰相府的子弟賭博。不到五年，丁家「萬金家業俱成烏有」。

頂級幫閒身上有股魔力，這魔力能讓他所依附的主子反而對他產生依賴，無他不歡，缺他不樂。《金瓶梅》中有個人物應伯爵，堪稱頂級幫閒的代表。

應伯爵的父親開綢緞鋪，家境本來尚可，只是家財被他嫖光了。此後應伯爵靠著嫖賭經驗，專門跟著富家子弟吃喝嫖賭，可謂是蹭吃、蹭喝、蹭嫖，外號「應花子」。

自從投靠西門慶之後，二人一拍即合，須臾不可分離。西門慶若是幾日不見到這幫閒，就茶飯不思。應伯爵可以隨意出入西門慶府邸，翻看西門慶的帳簿，西門慶家中小廝對他畢恭畢敬，連最囂張的狗兒都與他親熱。

幫閒所需要的一切功夫，應伯爵都具備，並將之發揮到了極致。他臉皮厚、心思活，能刺探主人心思，洞悉江湖玄機。做幫閒的關鍵是要識趣，該說則說，不該說則不說；該出現時出現，不該出現時就走，這些對應伯爵都不是問題。西門慶對應伯爵的識趣很是喜歡，屢屢誇他是「知趣著人」。

幫閒還有個外號「老白賞」，不管山水園亭、古董女客，不費一文，白白賞鑑。應伯爵有著一身好才藝，他「會一腳好氣球，雙陸棋子，件件皆通」。對於飲食、唱小曲、賞花、品茶、鑑別古董、行酒令，他無不精通。應伯爵不時顯示出自己鑑賞器物的功夫，反襯出西門慶的品位與財力。

西門慶剛做理刑副千戶，買了幾條官服上的腰帶，拿給應伯爵鑑賞。應伯爵吹捧道：「虧哥那裡尋的，都是一條賽一條的好帶，難得這般寬大。別的倒也罷了，只這條犀角帶並鶴頂紅，就是滿京城拿著銀子也尋不出來……這是水犀角，不是旱犀角。旱犀角不值錢。水犀號作通天犀。你不信，取一碗水，把犀角安放在水內，分水為兩處，此為無價之寶。」

應伯爵到西門慶家中看到劉太監送的菊花，連連稱好，又講出了一番道理：「這菊花雖好，倒不是很稀奇，最好的是花盆。這盆是官窯雙箍鄧漿盆。又吃年代，又禁水漫，都是用絹羅打，用腳跳過泥，才燒造這個物兒，與蘇州鄧漿磚一個樣兒做法。如今那裡尋去。」

真是一張巧嘴，一顆玲瓏心。

幫閒的主要目標是混白食，吃了之後再圖其他。在混吃上，應伯爵功力深厚，且他還是名老饕饕。應伯爵「在各家吃轉來」，學得一手上好的烹調，面對專業廚師也不遑多讓。他能將鰣魚分為一份份品嚐，吃得「牙縫裡也是香的」。他能一口品出茶的產地和市價，說出茶葉的好處。

《金瓶梅》第十二回中：「只見少頃，鮮紅漆丹盤拿了七鐘茶來。雪綻般茶盞，杏葉茶匙兒，鹽筍芝麻木樨泡茶，馨香可掬，每人面前一盞。」

應伯爵道：「這細茶嫩芽，生長在春風下，不揪不採葉兒楂，但煮著顏色大。絕品清奇，難描難畫。口兒裡常時呷，醉了時想他，醒來時愛他。原來一簍兒千金價。」

有天，應伯爵一早去找西門慶，看到有兩盞酥油熬的牛奶子，上面飄著白鵝脂般的酥油。他不等招呼，拿起一盞，嘴裡嘟囔著「好滾熱」，幾口就喝完。應伯爵邊說好吃，邊看著另一碗，饞態畢露。

西門慶見狀道：「我且不吃，你吃了，停會我吃粥罷。」

應伯爵也不客氣，拿在手中一吸而盡。

蹭吃喝叫做「打秋風」，明代又稱「打抽豐」。應伯爵很識趣，他不能老吃西門慶白食，有時他也咬著牙想請西門慶吃頓酒：「不住的來擾宅上，心上不安的緊，明後日待小弟做個薄主，約諸弟兄，陪哥子一杯酒何如？」

西門慶聽了自然歡喜，可也知道應伯爵手裡沒錢，就道：「你別要費，我有些豬羊剩的，送與你湊樣數。」

應伯爵既討了西門慶歡心，又不出錢就辦了酒席。

為了討好主子，應伯爵無所不用其極。在酒席上，西門慶讓應伯爵給妓女倒酒。妓女們刁難應伯爵不肯吃。愛月兒道：「你跪著月姨兒，教我打個嘴巴麼。我才吃。」

應伯爵還「真個直撅兒跪在地下」，讓愛月兒打嘴巴。

應伯爵對西門慶的脾氣性格瞭若指掌，被他罵幾句、說幾句，根本不在乎。應伯爵曾傳授祕訣：「他有錢的性兒，隨他說幾句罷了。」「如今時年尚個奉承的……你若撐硬船兒，誰理你？」

應伯爵有著一顆玲瓏心，能猜透主人心思。他曾對西門慶道：「我恰似打你肚子裡鑽一遭的。」

西門慶所好不過財色，應伯爵常年廝混於此間，對地方上的妓院、妓女的情況，瞭若指掌。西門慶在花子虛家飲酒，看到妓女李桂姐姿色出眾，就問東家花子虛這是誰。東家尚未回答，應伯爵就急忙插嘴，詳細介紹了李桂姐的來歷。又幫忙搭線，讓西門慶「梳籠」了李桂姐。

當依附的主子在妓院中「梳籠」行樂時，幫閒們要徹夜陪伴，但是又不能在妓院裡過夜，只好借一條板凳，在巷子裡睡到天亮，由此幫閒還得了個外號「忽板」。

西門慶是江湖老手，手段毒辣，在風月場上縱橫多年。這樣的主子，不是剛出茅廬的雛兒那麼好欺騙，應伯爵不得不打起十二分精神，將西門慶的馬屁拍好，討他開心。同時，他也必須顯示出自己幫閒的價值，若只會混白食，入不了西門慶的法眼。

應伯爵推薦了幾個人物，都是善於經商的，能幫西門慶打點生意。他左右逢源，幫助西門慶處理了很多不好處理的事件。當西門慶因為李瓶兒去世亂了頭腦，在葬禮上弄出僭越禮法的事情時，他及時指出，加以糾正。

作為幫閒，主子家裡有婚喪嫁娶這類大事，自然要搶先趕到，該祝賀的時候祝賀，該哭喪的時候哭喪，該安慰的時候安慰。

西門慶得了兒子後，應伯爵慌得兩步做一步走來賀喜。西門慶兒子滿月，應伯爵送了份薄禮，在一方錦緞兜肚上「著一個小銀墜兒」，「一柳五色線，上穿著十數文長命錢」，意為長命富貴。禮雖薄，可應伯爵能拍馬屁，他誇獎西門慶兒子「相貌端正，天生的就是個戴紗帽胚胞兒」。

西門慶聽了大喜，作揖謝了他。

再說喪事，李瓶兒死後，西門慶幾日不吃不喝，罵丫頭、踢小廝，放聲哭叫，誰勸他也沒用。

小廝玳安機靈，建議去請應伯爵，應伯爵來了後，「消不的他幾句言語兒，管情爹就吃了飯」。

吳月娘不信，認為幾個老婆都說不動西門慶吃飯休息，應伯爵有這等功夫？

玳安道：「爹隨問怎的著了惱，只他到，略說兩句話兒，爹就眉花眼笑的。」

應伯爵來了後，進門先是撲倒靈前地下，哭了半日，只哭「我的有仁義的嫂子」。

待西門慶與他回禮時，應伯爵又哭了，說道：「哥煩惱，煩惱。」

接下來，經過應伯爵一番開導，西門慶立馬「心地透徹，茅塞頓開，也不哭了。須臾，拿上茶來吃了」。又囑咐玳安安排飯菜，與應伯爵同吃。

玳安得意洋洋地去對吳月娘道：「如何？我說的娘每不信，怎的應二爹來了，一席話說的爹就吃飯了。」

幫閒是浪裡浮萍，糞裡臭蛆，寄生於主子，自然要利用各種方式撈錢。《豆棚閒話》中，幫閒帶客人到蘇州買了些玉器之類的貨物，然後向店主討要「趁錢」。「趁錢」就是私下拿的回扣。作為幫閒，應伯爵自然也撈「趁錢」。湖南商人何官兒急於將貨物脫手，找應伯爵做仲介賣給西門慶，應伯爵就從中賺了三十兩的差價。

應伯爵因為生了兒子，手裡沒錢，就去找西門慶借錢。不過他借錢的方式比較高明，先是裝出憂慮重重的樣子，招得西門慶探問，然後將缺錢的事坦白，再拿出早已寫好的借條（符兒），借銀二十兩。西門慶看了借條後笑道：「沒的扯淡，朋友家，什麼符兒。」隨後送了五十兩銀子給應伯爵。作為幫閒，應伯爵很會拿捏分寸，也知道如何向主子索取財物。一次酒宴中，應伯爵發現西門慶與李桂姐離席很久，就偷偷離席尋找，發現二人躲藏起來苟合。應伯爵在門外偷聽了一會，然後大叫一聲，推門進來。

西門慶笑罵道：「怪狗才，快出去罷了。」

應伯爵卻不急不慢，調侃了一番，又硬是親了李桂姐一口才走出去。西門慶看他出門，急道：「怪狗才，還不帶上門哩。」

應伯爵回來說道：「你頭裡許我的香茶在哪裡？」

西門慶道：「怪狗才，等住回我與你就是了，又來纏人。」

應伯爵方才笑著出去了。

作為幫閒，應伯爵還稍微顯示了那麼一點專一，跟了西門慶之後就不再「朝秦暮楚」。當年結拜的十兄弟中，其他幫閒就不夠專一，最終被西門慶趕走。

不過這專一是有條件的，即西門慶活著，可以讓他蹭吃蹭喝。等西門慶一死，應伯爵立刻投奔了新的主子——富豪張二官。應伯爵還挖起了西門慶的牆腳，「無日不在他那邊趨奉，把西門慶家中大小之事，盡告訴與他」。

應伯爵慫恿張二官娶西門慶的小妾李嬌兒為二房娘子，又挖走了西門慶的小廝春鴻，還幫張二官打起了潘金蓮的主意。應伯爵策劃裡應外合，將潘金蓮娶來，「但有嫁人的風縫兒，憑我甜言美語打動春心。你卻用幾百兩銀子，娶到家中，盡你受用便了」。

「昔年意氣似金蘭，百計趨承不等閒。今日西門身死後，紛紛謀妾伴人眠。」

「打行」惡少的業務

到了明代後期，江南社會發生了諸多變化，各類新興行業湧出，千奇百怪；諸多故事發生，讓人目眩神迷。江南地方上出現了新的組織，稱「打行」，初期讓世人讚歎，再則讓人驚訝，最後讓人畏懼厭惡。

打行的出現，與明代江南經濟的快速發展相關。經濟發展，社會穩定，造成了人口的激增，「皆由三十年來承平生育，兼以生計甚難，禍必日熾」。

蘇州地方上，有著各類新奇且背離禮法的「蘇意」服裝、髮型、飲食、思想，後人眼中文弱的江南少年郎們，卻是昂首挺胸，展示著自己的雄健彪悍。

一群群在蘇州街頭上廝混的少年們，大概受了小說中各類英雄好漢結義的影響，焚香歃血，發下誓言要共患難，同富貴，真是一腔少年血，潑天豪放膽。

要做江湖人士，就要從著裝打扮上做起。當日的打行少年在外型上還是蠻酷的，他們身著短衣，臂膀上全是花繡，身上攜帶牛角短刀。他們雖出身低賤，常三餐不飽，可當他們結成一團時，他們發現了自己價值。他們出入茶坊酒肆，小館青樓，看到不平之事就出手相助，此時打行少年郎們，還真有點俠少風範。

不過，打行少年們多是出身底層，為了在城市中生活，他們就必須做一些能帶來收益的業務。於是，有些俠少變成了惡少，他們的團體也有了正式的名稱——「打行」。

「市井惡少，恃其拳勇，死黨相結，名曰『打行』。」

打行惡少們的行為，很快風靡東南，為各地不良少年所效法。

南京城中「十步之內，必有惡草。百家之中，必有莠民」。《上海縣誌》載，萬曆時縣內打行之風頗盛，此輩皆係無家惡少，東奔西趁之徒。《無錫縣誌》載，不良少年群聚夜遊，以詐謀拳勇，欺負老弱。浙江、安徽、廣東、山西等地都有打行成立，惡少們攜帶武器，成群結隊，橫行市井，無視官府。

這幫少年郎們靠著一身的勇力，從事各種不法勾當，牟取錢財。

打行之中，以精於武藝者為頭目，如松江打行頭目朱現，綽號「地扁蛇」，嗜槍如飴，走險若鶩。

諸多無賴少年彙集於打行，其經營方式如同商行一般。打行初期的主要業務就是打人，為了打人，打行對成員進行訓練。

一些功夫高強的打行惡少，能根據業務情況需要決定出拳輕重。受過訓練的打行惡少，甚至可以控制被打者死亡的時間，讓被打者在過了三個月或半年或一年後死去，如此打人者可以逃避刑法懲罰。打行的武器除了常使用的鑲鐵拳套、貼身小刀外，還有流星錘、檀木棍、鐵鎖鏈、棒錐等。

越往後，打行的業務種類越多，這讓打行惡少們忙碌不已。比較輕鬆的業務，就是幫人報復仇家。收到錢財之後，打行惡少故意挑釁雇主的仇家，如果仇家反抗，一群早就埋伏好的惡少們立刻湧出來對其進行圍毆。被打之後，打行中人還倒打一耙，逼迫受害者拿出錢財謝罪。

晚明時期，江南地方上喜歡打官司。打官司前，不論是原告還是被告，都要去請打行幫忙。在開庭當日，原告、被告被一群打行惡少簇擁著行走，威風八面，也不用怕對方在中途謀害，更可以藉打行壯大聲勢，威脅對方。

審判後，原告、被告若是對審判結果不滿意，出了公堂，就在堂外械鬥。打行惡少們各自抽出隨身藏著的木棍、鐵尺，大打出手。縣衙裡的官員們對此也不聞不問，隔岸觀火。不是不想管，是管不了。架打完之後，雇主要將出戰的打行惡少的酬金交給打行頭目，而頭目則另外有酬勞。

江南地方上不時為了墳地、風水、宅基地等發生衝突，此時又要請打行惡少幫忙了。但本地的打行惡少各自相熟，見了面也不好意思往死裡打。一般涉及到風水、墳地的鬥毆，不死人雇主是不肯甘休的，於是常花重金請外地打行惡少過來出戰。上海縣就經常有人請嘉定縣的打行惡少過來打架，雙方反正不熟，見了面後劈頭蓋臉就是一頓好打。

幫人挨打也是打行的業務之一。每逢有人吃了官司，要挨笞、杖刑時，可以出錢請打行代替。打行替身的價格，依照被打的數量來計算。蘇州地方上，挨一板子的價格是二錢。對於打行惡少們來說，挨一頓打，賺足銀子，躺在家裡，好吃好喝養個半年傷，還是值得的。

隨著打行的壯大，其業務範圍也從單純的打人或者被打，發展到了看家護院。松江地方上經濟發達，豪門巨室眾多，自然是打行的最大市場。打行投靠豪門，幫其看家護院，但另一重動機是獲取豪門的庇護。豪門則透過打行從事一些欺壓平民的勾當，雙方各取所需。

打行在看家護院上顯示出了足夠的職業素質，此類故事在松江地方上頗多。曾有刁民六七人，衝入退休的首輔徐階家中，想勒索一番。不想徐家養了健兒百餘，將刁民抓住，取了泥糞，從頭至腳，且塗且灌。這些刁民從頭髮至腳，遍佈泥糞。有人裝死倒在地下，「健兒爭溺其口」。這些「健兒」正是徐府僱傭的打行惡少。明代法律中規定，以「穢物灌入人口，杖一百」，可打行惡少們哪裡在乎這些。

萬曆四十四年（一六一六），在松江民眾衝擊董其昌府邸一案中，更可見打行惡少戰鬥的身影。

董其昌書畫絕倫，於文化史上佔據了重要的地位，可他在松江地方上卻聲名狼藉。他僱傭打行惡少，巧取豪奪，兼併土地，強拆民房，為所欲為。

董其昌次子董祖常更是紈絝惡少，萬曆四十三年（一六一五），他誘姦了松江府生員陸兆芳家中僕人的女兒綠英，並想將綠英長期霸佔。陸兆芳不同意此事，董祖常就派了家中惡奴帶了兩百多名打行惡少，闖入陸宅，將綠英搶走，又順手將陸家財產擄走不少。陸兆芳到官府控告，地方官袒護董其昌，此事遂不了了之。

此事過去不久，市面上出現了名為《黑白傳》的戲曲，諷刺董其昌父子。董其昌父子大怒，採聽之後得悉戲曲是生員范昶所寫。董其昌就讓惡少將范昶抓到家中，一番羞辱後逼迫他對著城隍發下毒誓。范昶被從董府釋放後羞辱難當，沒幾天就病發死掉。

范昶的母親范氏與董其昌家還有親戚關係。八十三歲的范氏看到兒子死掉了，就帶了兒媳和幾名婢女到董家宅子前哭鬧。董祖常坐鎮家門口，命奴僕將范氏及其媳婦、婢女帶入府邸旁邊的坐化庵中，用泥塗面，又「剝褌搗陰」，范氏等人「兩股血下如雨」。此日圍觀者摩肩接踵，人人憤怒，「感謂董氏之惡，至此極矣」。

三月十五日，民眾彙集街道兩旁，「不下百萬，而罵聲如沸」。「董宧見萬民洶洶，禍在旦夕，糾郡中打行惡少捍衛。」

董家此番僱傭了打行一百多人看守宅院。民眾湧至董宅門前準備衝入，負責守衛的打行惡少盤踞在房屋頂上，潑下糞便防守。前方民眾頂著糞便的威脅，拿了磚瓦反擊，後方萬千圍觀者紛紛傳遞磚塊，真是一場人民戰爭。最終，董宅被攻破，打行惡少撤退。十六日，董其昌、董祖常的宅邸被焚搶。

此案發生後，董其昌全家逃離松江，過了風頭才敢回來。到了萬曆四十七年（一六一九），新任督學御史看到此案後大罵董祖常：「即『剝褌搗陰』四字，已死有餘辜。」又將他抓來打了二十大杖。至於打行惡少只是幫董家看家護院，盡本職工作而已，沒有受到太多追究。

除了從事街頭械鬥，幫人看家護院外，打行的業務越發廣闊。他們此時已不知廉恥地去敲詐寡婦，利用一切機會勒索錢財，進行詐騙。

《大明律》中明令禁止以外力逼迫寡婦改嫁，可寡婦改嫁涉及家族中財產的分配，一些不希望寡婦留在家族中的人，就出資請打行惡少出面，逼迫寡婦改嫁。打行對於此類業務充滿了興趣，惡少們三五成群圍在寡婦門外，說出各種污言穢語。如果辱罵不能逼迫寡婦改嫁，打行惡少或是挑起事端，或是找媒婆強嫁，或是以武力威脅。在打行惡少的威脅之下，寡婦常不能堅持，只好改嫁。再婚之婦，人去財空，見者傷心，聞者膽顫。

打行惡少最喜歡聚集在商鋪雲集、人口密集的鬧市。在繁華鬧市中，既容易進行各類不法勾當，犯了事後也容易藏身。上海縣的打行在鬧市設局開賭，多少富家子弟在其中敗光家財。南匯的打行還幹起了「包娼」的勾當，控制地方上的賣淫產業。常熟地方的打行為了勾引良家子弟入圈套，往往投其所好，以武術、戲曲之類對其加以誘惑。

作為打行的發源地，蘇州打行劣跡斑斑，敲詐勒索案中都可以看到打行惡少的影子。每看到有鄉下人持了財物進蘇州城，打行惡少就設計將他騙至無人之處，然後半騙半搶，稱「撞六市」。如果不巧失手被抓，在扭送官府的途中，打行同黨群起將其救下，扭送者反而被敲詐勒索。

碰到有自殺的案件，打行就慫恿死者親屬聚眾抬屍，敲詐勒索。碰到人家有喜慶之事，打行惡少插身其中，吃飽喝足之後再敲詐錢財。遇到民間喪葬，打行惡少就聚眾攔路，稱有礙風水，肆意敲詐，不達目的不甘休。

打行惡少本以無業遊民為主，隨著打行的興盛，一些底層文人也投身其中，想分上一杯羹。知識份子的加入，提高了打行的文化層次，使得打行業務增加了技術含量。此後，地方上富豪請客吃飯時，常有一兩個打行中的秀才入席，以防打行惡少過來滋事。民間訴訟時也請打行中的秀才出謀劃策，秀才赤膊上陣械鬥的景象，偶爾也可一見。

打行的出現，惡少們的猖狂，刑事案件的頻發，甚至讓中央朝廷震驚。《皇明大事記》中，將打行與甘州事變、大同兵變、遼東兵變、南京兵變視為同等大事。

嘉靖三十八年（一五五九），蘇州打行惡少猖獗，應天巡撫翁大立下令各州縣抓捕。十月，翁大立親自到蘇州指導搜捕工作，督導甚急。打行惡少十分憤怒，決定給翁大立一個下馬威。

一日，翁大立的轎子從巷子中經過時，突然有人衝上來抽了他一記耳光。翁大立與護衛還未反應過來時，此人已「撤去如飛鳥，莫可蹤跡」。

翁大立被打了記耳光，這對其來說是從未有過的羞辱，遂發誓：「鼠輩敢爾，必盡殺乃已。」翁大立是浙江餘姚人，其同鄉中有武林高手邊成，這次也隨同他來到蘇州。邊成熟悉江湖內幕，翁大立就向他請教，該如何對付打行中的這群惡少。

邊成對翁大立說了老實話，這些打行惡少不過是玩花架子而已，碰到高手他們就會躲避起來，等風頭一過又重新出動。如果用懷柔的手段來對付打行惡少，他們就會消失。但切不可與其硬爭，將其少年血性激起，則會激化事態。

翁大立聽了邊成的勸告，想將此事淡化。不想地方上的捕快急著想立功，四處抓捕打行頭目。打行惡少群情激動，洶洶不安，最後歃血為盟，約了一起鬧事。打行眾人以白頭巾裹頭，各自持了長刀巨斧，半夜發動，圍攻吳縣、長洲、蘇州各監獄。囚犯被放出來後跟隨打行惡少一起鬧事，湧到都察院，刀砍斧砸，將門劈開衝了進去。翁大立帶了老婆孩子爬牆逃走，撿了條性命。

打行惡少進入都察院後，一把火將官衙焚毀，又準備去攻打蘇州府府治。蘇州知府王道行早有準備，將兵勇排列，嚴陣以待。打行惡少到底不是正規軍對手，全都四下逃散。到了次日早上，眾多打行惡少從葑門斬關出逃，躲入太湖中。

所幸此時倭寇已被平息，不然內外結合，局勢將不可收拾。事後翁大立派人四處抓捕，捉到首犯二十餘人。嘉靖帝得悉此事後，命令翁大立繼續戴罪立功，限期將逃入太湖的打行惡少抓捕歸案。

此次事件之後，蘇州打行氣焰被打壓了下去。蘇州打行惡少或是隱遁，或是轉移到附近的松江、嘉定等地發展，反而壯大了這些地方打行的實力。到了明末，嘉定到處是打行惡少，遍佈城鄉，官府也不能收拾。至清代，在江南各地仍可以看到打行惡少們的身影。

明代有記載稱：「吳中為奸民者有二，一打行，一訪行也。」

打行之外，什麼是訪行？

有筆如刀説「訪行」

明代中葉之後，江南民風被形容為一個「刁」字。「刁」的表徵之一就是喜歡訴訟，這卻違背了官府的願望。千年來，官方所崇尚的是「獄空」、「無訟」，將此作為吏治清明的象徵。在民間，依照先賢「和為貴」的教誨，有了糾紛不可怕，可以調解。一旦鬧去官府才是可怕，既要面對讓人斯文掃地的刑罰，還要掏出大把銀子打點。

明初，除了人命官司等重案不得不進衙門外，民間素來有著老死不進官府的習俗。明中葉之後，社會觀念改變，訴訟之風興起。松江以好打官司而聞名全國，官員被分到松江做官就頭大，刁民難治啊。

明代打官司，第一件事就是請訟師，某種意義上相當於找律師。不過，明代的訟師一般不會提供什麼法律指導，他們的主要業務是寫訟狀。訟師行業是自由准入，沒有官方的統一管理，也沒有文憑、年齡、籍貫等方面的要求。訟師只要粗通文墨，能寫各類訟詞即可。

就當時而言，底層社會的生員能一路高中，最終出仕，其機率與中彩券一般渺茫。大批生員在現實生活中沉淪，為了生計而奔波。現實與理想之間的落差，生活中的種種磨礪，讓底層生員心中總有不平之氣。不平則鳴，生員們以筆作刀，在訴訟官司中縱橫馳騁。

不過，對於落魄生員參與訴訟，老謀深算的朱元璋早就做了預防。「學禁」中規定「生員事非干己之大者，毋輕訴於官」。

到了明代中期，面向社會討生活的生員參與訴訟已成為普遍現象，沒有人在乎什麼禁令。常熟地方上有五位生員，外號「五尖嘴」，每日裡在官府外面兜攬官司，看到告狀的就過去攔住詢問：「您需要寫訟狀嗎？」

除了以訴訟為業的生員外，一些靠私塾糊口的生員，到了冬日都歇館在家等著過年。此時閒極無聊，也幫人訴訟打官司，賺點銀錢過年。

生員在地方上靠筆謀生，以嘴論事，輿論造勢，「挾制官府，欺凌師長，害眾成家」。對這些尖嘴書生、刁鑽秀才，地方官心存畏懼，到底強龍難壓地頭蛇。精明點的官員上任後趕緊提高秀才的待遇，希望生活改善後，秀才們能安心讀書，少鬧點事。

可刁鑽秀才，始終是地方上難治的頑疾。

江陰、常熟等地的富豪，憑藉手中的錢財僱傭一些訟師告狀，以報復打擊仇家。訟師對於這類業務是滿心歡喜，將一根筆運轉得如風火輪一般，被牽連者眾多，地方上不得安生。法律「教唆詞訟條例」規定：代人捏寫狀子誣告，教唆進京上訪等事件，誣告達十人以上者，發配邊疆充軍。對於猖獗的訟師，官方曾嚴打懲處了一批。不料被發配充軍的訟師，到了邊疆之後仍不思悔改，三五成群，教唆詞訟，把持官府。

訟師操作案件功夫驚人，甚至能讓涉及人命案者逃避刑罰。《初刻拍案驚奇》中講述了一個訟師的過人功夫。

蘇州有富豪王甲與李乙是世仇。在一個大風大雨之夜，王甲用朱黑墨塗了臉，闖入李乙家中，將李乙砍死後逃走。王甲行兇之後，李乙的妻子去官府告發，王甲在公堂上吃不消夾棍之刑，就如實招供。王甲雖然招供了，但還想翻盤，就讓兒子去找訟師鄒老人。鄒老人要了三百兩銀子，跑去南京打通關節，與刑部浙江司郎中徐公結識。某日，有二十名海盜被押解到刑部，鄒老人察覺到了機會，就請徐公喝酒。

酒酣之時，鄒老人拿出一百兩銀子，請關照王甲。

徐公為難地說道：「王甲是在蘇州犯的事，我負責的是浙江，很難處理。」

鄒老人道：「這個無妨，現在有海盜二十人，其中有兩人是蘇州人，只要此二人肯承認是他們殺了李乙，就可以擺平。這二人是死罪，也不在乎承認多殺人，這事由我來搞定。」

徐公看有操作的可能，就收下銀子。鄒老人返回蘇州，祕訪兩個海盜的家屬，以一百兩銀子的價格搞定。等到會審時，兩個海盜招供於某月某日曾在蘇州殺了李乙。徐公將口供錄下交給鄒老人。鄒老人回蘇州後，立刻將口供交給地方官府，王甲隨即被釋放。

訟師做的是衙門裡的買賣，少不得要與江湖大哥、官府衙役打交道，最後三者結合，發展成獨具江南地方特色的「訪行」。

「訪行」，以訪為主。訪行的發展與官方的政策漏洞相關。明代，官方時常要查探地方有無「奸民」作惡，稱為「訪惡」。官員沒有順風耳，只能依靠手下親信與衙役去探訪。由此，也產生了「賣訪」的產業，由專業人士負責打探消息。

權力一旦被託付給他人，其中就會滋生可供操作的空間。衙役、親信利用探訪的機會，報復仇家，敲詐富戶。一旦上了「奸民」榜，則要送出大量錢財，將名字從榜單上移除。

訪行初期叫作「保生社」，興起於常熟，透過刺探消息，進行敲詐勒索。不想「保生社」剛剛起步就被官府鎮壓。「保生社」中的漏網之魚朱靈均，隨後重新召集同黨，創辦了訪行。

訪行以一人為頭目，其他人配合，一呼百應。訪行頭目朱靈均本是大戶人家家奴，創辦訪行發家，地方上的豪紳都拜在他門下。朱靈均號稱「朱相」，家中養了打手，收羅了訟師，把持官府。地方官員與他名帖來往時，朱靈均看了嗤之以鼻：「彼固有求於我。」

常熟訪行人數眾多，組織嚴密，並按照地域劃分勢力範圍。常熟城有六個城門，各有宗主一人，稱「六門伯」。以六門為中心，城內又被分為四十九區，每區設小頭目，稱「地虎」。地方上哪些是大戶，誰家有多少錢，地虎要負責打探清楚，然後匯總編製成表交給六門伯，以便其使用。

訪行頭目需有計謀，且要奸詐、狠辣。有才氣但手段不夠狠辣，聲名不顯者，均不能當選。

常熟訪行中的著名人物戈樹仲，江湖人稱二伯伯，在常熟地方上招納亡命之徒，結交豪紳。各級官吏上任後要先拜訪二伯伯，然後才能做事。地方上的訴訟爭端，二伯伯根據送的錢財多少，決定幫誰。打官司時，官員下令行刑，受刑人只要大喊一聲：「二伯伯」，衙役就不敢下手。趕緊去告訴官長：「這是二伯伯的人呢。」

官長一聽是「二伯伯」的人，自然一切都好商量。「二伯伯」勢力之盛，且聽常熟民謠，「寧見閻羅王，莫犯二伯伯」。

訪行刺探地方消息，每遇有可乘之機，就將事主抓來談判。這些人有如尾巴被訪行捏住，如果告官，所耗銀錢更多，遂花錢擺平了事，這在訪行中稱為「造訪」。如果「造訪」不成功，則由地虎出面，慫恿人去控告事主。被控告後，事主畏懼，主動求和，地虎就帶了事主去見某門伯，根據其家產算出費用。款項繳納之後，至審判時對主審官介紹：「這是屬於某門伯的。」此事也就甘休。民間稍有風吹草動，口舌之爭，訪行打探到後立刻來慫恿當事人告狀，然後包辦官司。訪行中還有「賒人命」一說，即無端誣告。訴訟時尚無屍骸，待官府准了官司後，訪行或是到水中去打撈屍體，或是挖墓盜屍，然後長年進行訴訟，拖累無數。士人本來就好訟，投身訪行後尊訪行頭目為生身父母，依靠訪行拓展業務。在設計害人、捏造偽證上，士人們並不輸給市井無賴。有富豪張謙甫被訪行盯上，恰逢仇家鬧事，將屍

崇禎刻本講史類小說《斥奸書》中表現審訊場景的插圖

體移到張家門口，生員陸子嵩得悉後大喜，此事是「奇貨可居」。陸子嵩守住屍體不肯移動，揚言要打官司，拖了三天三夜，敲詐到十兩銀子方才甘休。

士人加入訪行後，時常成群結隊出沒，在街道上鬼混。士人混江湖，還是有點心理壓力，唯恐鬧得過大，被革去了功名。因此，士人出行時會先派一人在前方查探看有無官府中人，如若安全，則成群結隊蜂擁而來，毫無忌憚。此種行動方式與大雁類似，故稱為「雁來也」。「雁來也」，良民紛紛避讓。

打行業務的發展，也使訪行與打行相結合。二者彼此利用，互為羽翼。打行出力，訟師出主意，雙方密切結合。常熟訪行頭目方洪坤，家中網羅了訟師數十人、打行惡少數十人，幫閒數十人，陣容強大。方洪坤利用訟師逼迫地方上民眾打官司，往往官司還未打，當事人就被勒索光錢財。如果敢於反抗，則由打行出面，「多斃其命」。訪行猖獗的常熟縣，「自東門至虹橋三十里，鄉民無不以訟破家」。

訪行不但危害常熟一方，在江南各地都可見由落魄書生為主力的訪行，刺探地方上的各類情報，擇取其中有用資訊，然後透過打官司勒索錢財。

訪行的存在，是明代官府設置中的漏洞所致。一方面，官府不主張打官司，鼓勵民間調解了事，若是地方上官司多了，則說明為政者無能。另一方面，一旦打了官司，則當事人要面臨衙役、書吏的多番勒索，打官司的成本過於高昂，如此，民眾對打官司普遍存在畏懼心理。訪行遂利用民眾的矛盾心理，操控官司，勒索錢財。

亡明之過怨賭博

大明王朝建立後，朱元璋端坐於龍椅之上，俯視天下蒼生，他想讓他的意志貫徹於社會生活的方方面面中，以主宰萬民。可總有人不聽話，民間賭博是一刻不曾停息。朱元璋惱羞成怒，憤然下令，「下棋、打雙陸的斷手」。

打雙陸，是歷史久遠的賭博項目。雙陸設有棋盤，子分黑白二色，各十五枚，骰子為六面體。棋子的移動以擲骰子的點數決定，先把所有棋子移出棋盤者勝出。象棋與雙陸都是明初最流行的賭博工具，故而時人將打雙陸與象棋並列。《金瓶梅》中，在介紹西門慶、應伯爵、潘金蓮和孟玉樓等人時，必有「雙陸象棋，無不通曉」的描述。《金瓶梅》中，但凡妓女、幫閒之類人物，都要精通「雙陸象棋」。

明代初期以象棋、圍棋、雙陸、骰子等為主要賭博工具，至天啟年間葉子戲興起後，雙陸、象棋反成了賭博工具中的次要角色。明代中後期賭博方式多種多樣，不勝枚舉。以太監為例，他們在宮中「三五成群，飲酒擲骰、看紙牌、耍骨牌、下棋、打雙陸，至二三更始散，方睡得著也」。除了上述賭博方式之外，其他流行的賭博方式還有鬥雞、鬥蟋蟀、骨牌、壓寶等。

明代最流行的當屬紙牌葉子戲（也稱馬吊），葉子戲共有紙牌四十張，四人同玩，每人八張，餘下八張置於桌中央。四人中以一人為莊家，三人同攻莊家。「出奇制勝，變化無窮。」

葉子戲在士大夫階層中流行，「進士有以不工賭博為恥」者。好賭的士大夫們也很瘋狂，賭起來「窮日累夜，紛然若狂」。

士大夫們專心於賭博之中，對軍國大事也心不在焉。明末大學士周延儒酷愛葉子戲，崇禎十五年（一六四二），京師戒嚴，崇禎派他出京檢閱軍隊。崇禎對他寄予了厚望，親自為他餞行，賜尚方寶劍。不想出京之後，周大學士突然派人持令箭快馬回京。京師中人看了大驚，以為軍情告急，之後才知道只是派人回來取紙牌而已。「飛來頃刻原飛去，立限回京取紙牌。」

葉子戲從最初的四十張紙牌，一變六十張，二變為一百二十張，三變為一百三十六張，此時稱「馬將」。因為紙牌容易損壞，又改用骨牌來製作，將骨牌立在桌子上玩，這與後世的麻將無異了。葉子戲牌面上繪有人物，都是「才力絕倫之人」。葉子戲繪像，最有名者當屬陳老蓮所繪水滸四十人，堪為經典。在葉子戲的演變過程中，紙牌上的人物慢慢變為鳥獸蟲草，「馬吊」也變為「馬將」，再成為「麻將」。時至今日，在一些地方仍可看到當年馬吊的殘影。

賭博從來不是上流社會的專屬，底層社會中的賭徒往往更狂熱。

京師中乞丐浩浩蕩蕩不下萬人，多是好賭之徒。乞丐們「三五成群，為非作歹，人號喇虎」。喇虎早在明初就已出現，只是當時朱元璋管得嚴，下手狠辣，喇虎們不敢輕舉妄動。到了明中葉以後，官方對整個社會的管理鬆弛，喇虎們傾巢出動。

喇虎們乞討到銅錢之後，立刻在地上投擲賭博。擲錢時以銅錢的正負面朝向決出勝負。如果所有銅錢都是同一面，稱「渾成」，自然是無敵通吃了。乞丐也講究賭品，輸錢不輸人品，輸光銅錢就脫了褲子抵債。錢輸光，褲子抵掉，當腹饑身寒時就鋌而走險，在京師內行兇搶劫。

張岱在《陶庵夢憶》中記載了揚州賭徒玩擲錢的景象，場面與喇虎們賭博場面有雲泥之別。擲錢時要選擇空曠的地面。空地兩邊放置各類飲食水果，銅爐酒壺。開賭時，賭徒們帶了小板凳坐著擲錢，且賭且豪飲。賭博時熱鬧非凡，無賴們紛紛聚上前來圍觀，賭徒們很少出現輸光脫褲子的尷尬場面。

明代流行各類動物搏鬥，鬥魚、鬥雞、鬥蟲、鬥鴨、鬥鵝、鬥蟋蟀，當中最具技術性與觀賞性的還是鬥雞與鬥蟋蟀。從當時的詩文中，可見常熟鬥雞流行，「不及城東年少子，春風齊上鬥雞臺。」、「不聞西市曾牽犬，浪說東城再鬥雞」。常熟的各路紈絝惡少、才子書生，每日裡捧著鬥雞，神情肅穆地湧向城東，參加鬥雞大會。

徐州地方上樊噲的後世子孫不曾「辱沒先人」，「鬥雞雄霸天下」，無數好鬥雞之徒為求一勝，派遣密使去徐州學習取經。張岱在紹興創設「鬥雞社」，每日「鬥雞臂鷹」。張岱的叔叔拿了古董、書畫、文錦、川扇等物件與侄兒鬥雞，結果全部輸光。

宮內太監尤好鬥雞，一些太監花重金購買「好健鬥之雞」，用高價僱傭善於養雞者調教，白天進行鬥雞訓練，晚上則予雞加餐，稱「貼雞」。雞加餐時，太監要豎起耳朵計算雞啄米的次數，若是雞能啄三四百次，則說明戰鬥力較強。看雞、餵雞、聽雞，忙到深夜，太監們才欣然入夢。這樣培養出來的高品質鬥雞，能賣出十兩銀子的高價。

鬥雞時為了增加刺激性，常在雞爪上綁上鋒利刀片。鬥雞飛舞之間，刀光寒氣森森，雞血飛濺。圍觀者癡迷於押注求勝，更被現場的激烈場景所刺激。鬥雞相搏，不死不休，兩隻鬥雞筋疲力盡，帶著一身雞血躺下後，仍堅持著叼啄對方，或者對主人發出最後的哀啼。

鬥雞之外，鬥蟋蟀也風行，還有專門的蟋蟀角鬥場，供蟋蟀廝殺。蟋蟀廝殺之前，兩方主人都要觀摩對方的大小，不讓重量級與羽量級相鬥，「然後登場決賭」。鬥場上的人各自選擇押注，至萬曆年間，鬥蟋蟀時「每賭勝負，輒數百金」。

明宣宗最是熱衷鬥蟋蟀，被稱為「促織天子」。宣宗嫌棄北京周邊土質瘠弱，養不出上好的蟋蟀。為此宣宗特意命太監到蘇州採辦蟋蟀一千隻，密令蘇州知府況鐘協助辦理。為了皇帝的需要，蘇州市面上雞飛狗跳，蟋蟀價格暴漲幾十倍，最貴的要十幾兩黃金。

蘇州楓橋有個糧長，以一匹良馬換到一隻高品質蟋蟀。家中妻妾聽說一匹馬換了一隻蟋蟀，無不好奇，偷偷打開蟋蟀籠觀看。這蟋蟀精靈得很，竟乘機逃走。妻妾驚嚇，無奈自殺，糧長也跟著自殺。後來蒲松齡根據這個事件，寫就聊齋中的名篇《促織》。

皇帝所好，民間自然風行。每至七、八月間，京師中隨處可見養蟋蟀的、鬥蟋蟀的、抓蟋蟀的，真是蟋蟀王國。郊野之外到處是尋覓蟋蟀之人。眾多無賴漢分佈在草叢中，豎起耳朵查探有無蟋蟀的聲音。斷牆頹屋、磚瓦土石，即便是骯髒不堪的茅廁之中，若有蟋蟀聲傳出，各路好漢，奮勇疾奔，如饞貓見鼠。

賭博盛行，危害地方。明英宗時，京師就有自稱「風流漢子者」，利用賭博撈錢「充花酒費」。嘉靖中期之後，各地無賴橫行鄉里，開設賭場，無惡不作。

蘇州、常州地方上的官員退休回老家後，更是開辦賭場，公開賭博。太倉地方上紳士、衙役公然聚眾賭博，農民在賭場中輸光家產，就拒不繳納官府錢糧，又生出是非無數。昆山地方上賭博盛行，「富者貧，貧者凍餒，病狂喪心，不死不休」。精於賭術者被地方上紈絝惡少們崇拜，蘇州皇甫沖精通賭術，「吳中文士與輕俠少年咸推服之」。

賭騙不分家，所以十賭九輸。以賭博詐騙錢財的賭棍結成一黨。賭博時，賭棍們以鉛沙灌成藥骰子，經過訓練之後，一擲即能得出自己想要的點數。被哄騙入局者，只有輸光的份。

面對賭博風氣的蔓延，朝廷想起了朱元璋在《大明律》中的規定：「凡賭博財物者皆杖八十，攤場錢物入官。其開張賭坊之人，同罪。」可天下賭徒萬千，抓不勝抓，官方只能懲戒一二，希望能殺雞儆猴，剎住賭博之風。明英宗下令讓賭博者

《三才圖會》中的《鬥雞圖》

「運糧口外」，同時嚴令軍民家、娼妓院「不得有雙陸、骨牌、紙牌、骰子」。明憲宗登基之初，大概是京內喇虎鬧騰得太厲害了，朝廷責令錦衣衛、五城兵馬司發起禁賭行動。

成化四年（一四六八）的一次行動中，抓獲賭徒郭豬兒等四十三人，「枷項示眾」，以示懲戒。可沒過多久，這批人又重操舊業，繼續賭博。成化十六年（一四八〇），朝廷下令禁止京城內外開設賭場，整頓借給賭徒高利貸的「印子鋪」，違者房舍沒官，治以重罪。到了弘治十二年（一四九九），針對士人中好賭、好嫖的風氣，朝廷下令凡國子監生員「挾妓賭博」者，一律革去功名。一年以後，針對軍中嚴重的賭博現象，朝廷下令凡軍人進行賭博的，一概發配邊關去吃苦。

可賭博之風從來沒有得到抑制，到了明末更是賭博之風盛行，各類賭博方式湧出，無數賭徒聚眾賭博，輸光了就集體鬧事。在推倒大明王朝的農民軍之中，不乏帶了紙牌、骰子、鬥雞之類隨軍作戰的賭徒。

明末李式玉認為：「馬吊風馳，幾遍天下……抑亦世變風會使然。」他由賭博的風行看出了社會風氣的變化。明亡之後，更有人聲稱從賭具之中發現了其包含的神祕預言。馬吊中有闖、獻之類的術語，花色裡有大順、百闖、百獻等，馬吊是三家聯合起來打一家。明末李闖王、張獻忠崛起，清軍於關外逼迫，有三家打一家之勢，於是馬吊也被視為明亡的徵兆。

賭博雖然導致社會風氣糜爛，但它終究只是一種社會現象，賭博能亡一家，不能亡一國。能亡一國的，卻是國之君主與「食肉者們」，而非葉子戲了。

古學今用 160
明人的率性生活

海鴿文化出版圖書有限公司
Seadove Publishing Company Ltd.

作者　袁燦興
美術構成　騾賴耙工作室
封面設計　斐類設計工作室
發行人　羅清維
企畫執行　林義傑、張緯倫
責任行政　陳淑貞

出版　海鴿文化出版圖書有限公司
出版登記　行政院新聞局局版北市業字第780號
發行部　台北市信義區林口街54-4號1樓
電話　02-27273008
傳真　02-27270603
e - mail　seadove.book@msa.hinet.net

總經銷　創智文化有限公司
住址　新北市土城區忠承路89號6樓
電話　02-22683489
傳真　02-22696560
網址　www.booknews.com.tw

香港總經銷　和平圖書有限公司
住址　香港柴灣嘉業街12號百樂門大廈17樓
電話　（852）2804-6687
傳真　（852）2804-6409

出版日期　2023年05月01日　二版一刷
定價　360元
郵政劃撥　18989626戶名：海鴿文化出版圖書有限公司

國家圖書館出版品預行編目資料

明人的率性生活／袁燦興著--
一版，--臺北市 ： 海鴿文化，2023.05
面 ；　公分. ——（古學今用；160）
ISBN 978-986-392-485-2（平裝）

1. 社會生活　2. 生活史　3. 明代

636　　112003492